Blickpunkt Tiere

Professioneller Tierschutz im Lauf der Zeit

Claudia Schnieper

Tierschutzverlag Zürich

Wale und Delphine sind für uns heute von ausserordentlichem Interesse. Sie scheinen von einer Bewusstheit zu zeugen, die in unserem eigenen Inneren von neuem zu erkunden, wir gerade die ersten Schritte tun. Sie helfen uns, die Wildnis unseres eigenen Inneren zu vermessen. Wir können die Wale singen hören. Wenn wir uns ihnen zuwenden und sie am Leben lassen, können wir sie eines Tages vielleicht auch sprechen hören, in ihrem eigenen Tonfall und ihrer eigenen Sprache. Der unschätzbare Lohn für uns könnte darin bestehen, dass wir durch Einfühlung eine vollkommen andersartige Wirklichkeitsdimension erfahren.

Joan Mc Intyre, Vorsitzende von Project Jonah

Die Faszination des ersten engen Kontakts mit einem in Freiheit lebenden Schimpansen und der seltsame Zufall, der meinen Schatten über David warf, während er mir forschend in die Augen blickte: All das prägte sich mir tief in mein Gedächtnis ein. Später gewann dieser Augenblick eine fast allegorische Bedeutung für mich; denn unter allen Lebewesen, die heute die Erde bevölkern, ist es allein der Mensch mit seinem überlegenen Gehirn, seinem überlegenen Verstand, der den Schimpansen in den Schatten stellt. Allein der Mensch mit seinen Gewehren und seinem Siedlungs- und Zivilisationsdrang wirft seinen verhängnisvollen Schatten über die Freiheit der Schimpansen in den Wäldern.

Jane Goodall, Primatologin

Sein Blick ist vom Vorübergehn der Stäbe

So müd geworden, dass er nichts mehr hält.

Ihm ist, als ob es tausend Stäbe gäbe

Und hinter tausend Stäben keine Welt.

Der weiche Gang geschmeidig starker Schritte,

der sich im allerkleinsten Kreise dreht,

ist wie ein Tanz von Kraft um eine Mitte,

in der betäubt ein grosser Wille steht.

Nur manchmal schiebt der Vorhang der Pupille

Sich lautlos auf –. Dann geht ein Bild hinein,

geht durch der Glieder angespannte Stille –

und hört im Herzen auf zu sein.

Rainer Maria Rilke

Wie wichtig ist es doch, sich bei Delikatessen und ähnlichen Speisen vorzustellen, dass dieses die Leiche eines Fischs, jenes die Leiche eines Vogels oder Schweines ist, ebenso, dass der Falerner der Saft einer Traube ist und das Purpurgewand die Wolle eines Schafes mit Blut einer Muschel benetzt.

Kaiser Marc Aurel

Ganze Weltalter voll Liebe werden notwendig sein,

um den Tieren ihre Dienste und Verdienste an uns zu vergelten.

Christian Morgenstern

Beim Dählhölzli stehe ich manchmal vor den Tiergehegen still, grüsse ein Wildschwein, das aus irgendeinem Grund den feuchten Boden aufwühlt, aber es beachtet mich nicht. Dabei gehöre ich zur Krone der Schöpfung.

Franz Hohler, Kabarettist

Da habe ich nun allerlei erfahren, aus dem zwar nicht hervorgeht, dass das Tier ein Mensch sei, aber doch, dass es sehr ähnlich einem Kinde sei, das stets ein Kind bleibt, und dass es in seinem Innern und Bereiche Dinge habe von denen wir uns nichts träumen lassen, und dass wir erst recht bedeutende Entdeckungen machen würden, wenn wir das eine oder das andere Tier so studierten wie die Kinder...

Adalbert Stifter

Inhalt

22 Grusswort des Präsidenten

24 Vorwort

26 150 Jahre Engagement für eine humanere Welt
Die Geschichte des Zürcher Tierschutzes

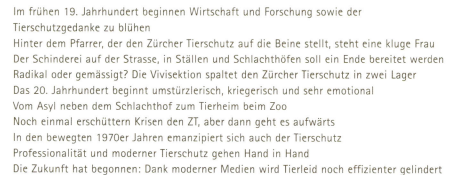

Im frühen 19. Jahrhundert beginnen Wirtschaft und Forschung sowie der Tierschutzgedanke zu blühen
Hinter dem Pfarrer, der den Zürcher Tierschutz auf die Beine stellt, steht eine kluge Frau
Der Schinderei auf der Strasse, in Ställen und Schlachthöfen soll ein Ende bereitet werden
Radikal oder gemässigt? Die Vivisektion spaltet den Zürcher Tierschutz in zwei Lager
Das 20. Jahrhundert beginnt umstürzlerisch, kriegerisch und sehr emotional
Vom Asyl neben dem Schlachthof zum Tierheim beim Zoo
Noch einmal erschüttern Krisen den ZT, aber dann geht es aufwärts
In den bewegten 1970er Jahren emanzipiert sich auch der Tierschutz
Professionalität und moderner Tierschutz gehen Hand in Hand
Die Zukunft hat begonnen: Dank moderner Medien wird Tierleid noch effizienter gelindert

46 Wilde Nachtschwärmer in Haus und Garten
Igel und Fledermäuse

Abschied von der Wildnis?
Den Zürcher Stadtigeln auf den Fersen
Wo sich alles ums Stacheltier dreht
Hilfe für Fledermäuse in Not
Bedroht, geheimnisvoll – und stark im Aufwind
Hier konnten wir helfen...

64   Eine Arche für Rhinos und Zebras
        Lewa-Schutzprojekt in Kenia

                Die Rhino-Queen von Kenia
                Intelligent, friedliebend, kommunikativ
                Das Reservat wächst und gedeiht
                Hoffnung für das Grevy-Zebra
                Harambee!
                Hier konnten wir helfen...

82   Der Fischotter schwimmt schweizwärts
        Renaturierung und Vernetzung der Gewässer

                Stromlinienförmiges Phantom
                Am gefährlichen Ende der Nahrungskette
                Ein Opportunist mit Ansprüchen
                Durchgangszone für Fernwanderer?
                Hier konnten wir helfen...

94   Damit es Wildkatzen im Zoo besser geht
        Ein ethologisches Forschungsprojekt mit Zukunft

                Geheimnisvolle Unbekannte
                Ein Flair für Raubkatzen
                Wild bleibt wild
                Dem Raubtier geben, was es braucht
                Gesellschaftstüchtige Einzelgänger
                Das Beste ist auch gut für die Zoobesucher
                Hier konnten wir helfen...

110 Sei fairer mit den Fischen!
   Kaltblütig – und dennoch leidensfähig

   Fischstäbchen haben keine Augen
   Lebewesen wie du und ich?
   Gegen den Strom
   Wenn schon angeln, dann wirklich weidgerecht!
   Ressourcen schonen und fair handeln
   Hier konnten wir helfen...

124 Fortschritt um jeden Preis?
   Gentechnik als tierschützerische Herausforderung

   Ein Interview mit der Zoologin Claudia Mertens,
   Sachverständige für Tierversuchsfragen des Zürcher Tierschutzes
   Hier konnten wir helfen...

140 Weder Spielzeug noch Konsumgut
   Für die artgerechte Haltung von Heimtieren

   Die entthronten Götter
   Das Heimtier als Wirtschaftsfaktor
   Modeartikel und Renommierobjekte
   Fast wie im richtigen Wildtierleben
   Wohlstandsopfer Pferd und Esel
   Hier konnten wir helfen...

154 Chronologie eines jahrzehntelangen Engagements
   Vom Anti-Pelz-Feldzug zur Konsumenteninformation

164 Produzieren und geniessen mit Herz und Verstand
Den Menschen zum Nutzen, den Tieren zum Wohl

Morgenröte der Technokraten und Ökologen
Albträume erzeugen Tagträume
Hinaus ins Freiland!
Im Einsatz für Eber, Hähnchen und Kaninchen
MUT für eine neue Agrikultur
Bäuerliche Arche
Hier konnten wir helfen...

180 Dienstleistungszentrum für Mensch und Tier
Das Tierheim: Heimat auf Zeit

Klassischer Tierschutz im Wandel
Wo sich Zwei- und Vierbeiner finden
Menschen im Tierheim
Multimediale Pionierleistung des Zürcher Tierschutzes
Hier konnten wir helfen....

197 Anhang

Vorstand und Geschäftsführung 2006
Bibliographie
Verzeichnis der vom ZT herausgegebenen Schriften und CDs
Register
Bildnachweis
Dank
Impressum

Wir helfen! Seit 150 Jahren.

1856 wurde der «Zürcherische Verein gegen Thierquälerei» durch Pfarrer Philipp Heinrich Wolff aus Weiningen gegründet. Die Arbeit dieses Vereins, des heutigen Zürcher Tierschutzes, war in den letzten 150 Jahren alles andere als leicht. Und doch war sie, in kleinen und manchmal grösseren Schritten, immer wieder erfolgreich, nicht zuletzt auch dank der wachsenden Zahl von Mitgliedern, Gönnern und Testatoren, welche unsere Arbeit ideell und finanziell unterstützt haben.

Dass Tierschutz-Postulate leider auch heute noch zeitgemäss sind, soll Ihnen dieses Buch vermitteln, das einen Einblick in die aktuellen und zukünftigen Tierschutzprobleme und -aufgaben gibt.
Es freut uns dabei ganz besonders, dass wir neben unserem Engagement im Kanton Zürich und in der Schweiz auch im Ausland wichtige Projekte unterstützen durften, denn der Tierschutzgedanke kennt keine Grenzen.

Wirklich erfolgreich werden wir erst dann sein, wenn sich der Verein Zürcher Tierschutz selber auflösen kann, weil es ihn ganz einfach nicht mehr braucht. Bis dahin liegt noch ein langer Weg vor uns, und wir sind weiterhin auf die Unterstützung von Tierfreundinnen und Tierfreunden angewiesen, die es uns ermöglichen, die vielfältigen Aufgaben heute und in Zukunft zu erfüllen.

Zürich, im Oktober 2006

Dr. Hans H. Schmid
Präsident Zürcher Tierschutz

Professioneller Tierschutz im Lauf der Zeit

Der Zürcher Tierschutz, gegründet 1856, feiert einen stolzen runden Geburtstag. Anlässlich dieses Jubiläums legen wir allen an Tieren und Tierschutz Interessierten ein Buch in die Hände, das Einblicke in die Fülle heutiger professioneller Tierschutzarbeit geben soll. Das Buch tut dies anhand von Projekten, die der Zürcher Tierschutz in den vergangenen Jahren und Jahrzehnten unterstützte oder selber lancierte und durchführte. Eine Reihe dieser Projekte, die wir zum Teil seit vielen Jahren verfolgen, werden wir auch in Zukunft begleiten.

Zeitgemässer Tierschutz befasst sich heute mit einer Vielfalt von sehr unterschiedlichen Themen. Dazu gehört die Tierfürsorge und mit ihr die Führung eines Tierheims ebenso wie die Sensibilisierung der Bevölkerung für die artgerechte Haltung von Tieren in menschlicher Obhut. Unabdingbar für einen professionellen Tierschutz ist auch die Unterstützung der wissenschaftlichen, tierschutzorientierten Forschung, denn Tiere schützen heisst Tiere und ihre natürlichen Bedürfnisse kennen. Erst mit Hilfe solcher Erkenntnisse lassen sich tierschützerische Massnahmen oder Verbesserungsvorschläge fundiert formulieren; etwa bei der kritischen Betrachtung der landwirtschaftlichen Nutztierhaltung oder der Bio- und Gentechnologie am Tier.

Eine Tierschutzorganisation darf und muss sich zudem mit einer Reihe von Themen befassen, die wenig spektakulär sind und sich eher im Hintergrund abspielen, jedoch viel Fachkenntnis und oft auch ein grosses zeitliches und finanzielles Engagement abverlangen: so zum Beispiel der Einsitz in Gremien wie Tierschutz-, Tierversuchs- und Ethikkommissionen oder politische Stellungnahmen zu laufenden Verfahren in der Gesetzgebung von tierrelevanten Themen. Um alle diese Aufgaben erfüllen zu können, ist die Zusammenarbeit mit anderen Tier- und Naturschutzorganisationen, mit Behörden und Politikerinnen und Politikern unabdingbar.

Dieses Buch will Einblick in die Breite der Tierschutzthemen geben und aufzeigen, dass es das Engagement von Tierschützerinnen und Tierschützern – ja der Tierschutzbewegung schlechthin – heute und in Zukunft dringend braucht und wir noch lange nicht am Ziel einer Gesellschaft angelangt sind, die allen Tieren mit dem nötigen Respekt begegnet und ihren Bedürfnissen gebührend Rechnung trägt. Im Gegenteil: Bedingt durch wirtschaftliche Zwänge wächst in vielen Bereichen der Druck, etwa auf die Tierhaltungen und damit auf die davon betroffenen Tiere. Dies zeigt sich in der Landwirtschaft, wo zum Beispiel die Maximalzahl Tiere pro Mastbetrieb heraufgesetzt wird, oder in der medizinischen Forschung, wo der «Verbrauch» an Versuchstieren wieder zunimmt.

Mit dem vorliegenden Bildband wollen wir uns jedoch nicht nur mit Problemen und ungelösten Fragen befassen. Es soll auch einen spannenden Einblick in das faszinierende Leben verschiedenster Tierarten und ihrer Erforschung geben und mit der reichen Bebilderung die Schönheit und den Reichtum der Tierwelt erlebbar machen. Es freut uns dabei ausserordentlich, dass wir für dieses Buch die Journalistin und erfahrene Sachbuchautorin Claudia Schnieper gewinnen konnten. Dem Gestalter Peter Jaray gelang es zudem, die Inhalte stilvoll und grafisch ansprechend umzusetzen. Ihnen beiden sei für ihre wertvolle Arbeit herzlich gedankt.

Wir wünschen Ihnen bei der Lektüre oder ganz einfach beim Durchblättern dieses Buches viele spannende Ein- und Ausblicke.

Zürich, im Oktober 2006   Das Redaktionsteam
                                Dr. Sandra Gloor, Elisabeth Lubicz, Bernhard Trachsel
                                Vorstandsmitglieder und Geschäftsführer des Zürcher Tierschutzes

Die Geschichte des Zürcher Tierschutzes

150 Jahre Engagement für eine humanere Welt

Die Rückschau auf 150 Jahre Kampf um Tier- und Menschenwürde gleicht einem Schattenriss, der vom Kontrast lebt: Hell und Dunkel, Gut und Böse, Tod und Leben spielen die Hauptrollen. Vom Wunsch, das Leiden der Tiere zu verhindern oder wenigstens zu mildern, wurden häufig leidenschaftliche Menschen mit hohen ethischen und moralischen Ansprüchen beseelt. Frauen und Männer, die dünnhäutiger waren als andere und es in Kauf nahmen, ins gesellschaftliche Abseits gedrängt, verspottet und gar gerichtlich verfolgt zu werden. Dennoch ist die Geschichte des Tierschutzes ein Paradebeispiel für den Erfolgsweg der kleinen, pragmatischen Schritte: Neben viel Idealismus führten vor allem Beharrlichkeit, Geduld, Fachwissen und das Vereinen der Kräfte dazu, die gesteckten Etappenziele zu erreichen. Nicht zu vergessen die Toleranz und Weltoffenheit, die es dem Zürcher Tierschutz ermöglichen, nicht nur kantonal, sondern immer wieder auch weltweit helfen zu können.

1789 | Der englische Jurist und Philosoph Jeremy Bentham fordert den gesetzlichen Schutz der Tiere.

1825 | Der erste Pferdeomnibus fährt durch Berlin.

1829 | Die Briten verbieten die Witwenverbrennung in Indien.

Geschichte

Im frühen 19. Jahrhundert beginnen Wirtschaft und Forschung sowie der Tierschutzgedanke zu blühen

Die Biedermeierzeit war weit bewegter und revolutionärer, als es Krinoline und Bratenrock glauben machen. Dazu beigetragen hatten ausser Frankreichs blutrünstiger Revolution friedlichere Elemente wie Naturwissenschaft, Dichtung und bildende Kunst. Dank der Erfindung von Kompass und Mikroskop im 15. und 16. Jahrhundert erschloss sich den Wissenshungrigen eine neue, exotische Welt mit Pflanzen und Tieren aus allen Kontinenten.

Später entdeckten die naturschwärmerischen Romantiker die sentimentale Seite der Natur, was Goethe wiederum dazu veranlasste, sich mit dem Thema philosophisch auseinanderzusetzen: Kurz vor seinem Tod 1832 liess der Dichterfürst verlauten, dass zwischen Mensch und Tier vermutlich verwandtschaftliche Beziehungen herrschten. Gleichzeitig bereiteten Märchen und Fabeln den Boden für ein positiveres Tierbild vor: Als Beispiel sei die in Mittelalter und Barock als Teufels- und Hexentier verfolgte Katze erwähnt, die nun als sanft, klug und verspielt dargestellt wurde.

Die traditionelle Hierarchie der Schöpfung gerät ins Wanken

Die aufgeklärten Bürgerinnen und Bürger waren von den neuen Strömungen und Erkenntnissen angetan. Sie erlaubten ihnen einen gefühlvolleren Umgang mit den geliebten Menschen und Tieren. Andererseits gewannen die evolutionären Erkenntnisse allmählich an Bedeutung. Bereits Carl von Linné (1707–1778) hatte den fliessenden Übergang zwischen Affe und Mensch geahnt und akzeptiert. Doch erst Darwins 1859 publizierte These von der tierischen Herkunft des *Homo sapiens* provozierte Wissenschaftler und Laien. Der allgemeine Tenor lautete: Die Liebe zur niederen Kreatur in allen Ehren, aber müssen wir uns deshalb gleich mit ihnen auf eine Stufe stellen?

Derweil begnügten sich die Schweizer Naturforscher mit kleineren Sprüngen und konzentrierten sich vorwiegend auf die einheimische Fauna. Der Glarner Privatgelehrte Friedrich von Tschudi veröffentlichte 1853 das reich illustrierte Werk *Thierleben der Alpenwelt,* das trotz seiner altertümlichen Vorurteile und Vermenschlichungen noch heute zitiert wird. Eine Reihe der darin beschriebenen Arten waren schon damals ausgerottet oder vom Aussterben bedroht – die gnadenlose Verfolgung des sogenannten Raubzeugs sowie der steigende Bedarf an Wildbret, Pelzen und Schmuckfedern blieb nicht ohne Folgen.

1832 | Das englische Gesetz begrenzt die Arbeitszeit für Jugendliche und Kinder.

1834 | In Spanien wird die Inquisition aufgehoben.

1837 | Jeremias Gotthelfs *Bauernspiegel* erscheint.

Die Briten machen das Erbarmen mit dem leidenden Tier hoffähig

Im 19. Jahrhundert gehörte die Begegnung mit geschundenen und ausgemergelten Pferden, Hunden und Katzen auch in der Stadt zum Alltag. Die von betrunkenen Fuhrknechten geprügelten Zugpferde litten stumm, während das Vieh sich quiekend und brüllend wehrte, wenn es in den Schlachthof getrieben wurde. Die meisten hatten sich an diese unwürdigen Zustände wohl oder übel gewöhnt und nahmen sie als unabänderlich hin. Der Unmut darüber wuchs jedoch mehr und mehr. Schliesslich trat der Engländer Louis Gompertz – er hatte sich bereits als Konstrukteur eines besonders schnellen Fahrrads einen Namen gemacht – 1824 mit der Streitschrift *Moral Inquiries on the Situation of Man and Brutes* (Sittliche Untersuchungen über das Verhältnis von Mensch und Tier) an die Öffentlichkeit. Sie wurde in bürgerlichen und adligen Kreisen stark beachtet und gab den Anstoss zur Gründung der Royal Society for the Prevention of Cruelty to Animals (RSPCA), des ersten Tierschutzvereins der Welt. Gompertz war übrigens Jude und überzeugter Vegetarier, was im Zusammenhang mit den späteren Anti-Schächt-Diskussionen von Belang war.

Der Funke sprang aufs Festland über: Fünfzehn Jahre später als in England wurde 1839 in Dresden die zweite Tierschutzvereinigung ins Leben gerufen. Auf Dresden folgten Hamburg, Berlin und München. Der älteste Tierschutzverein der Schweiz wurde vom Bieler Pfarrer, Lehrer und Dichter Adam Friedrich Molz 1844 in Bern gegründet. Sechs Jahre vergingen, bis die Basler Gesellschaft zur Beförderung des Guten und Gemeinnützigen beschloss, die Tierquälerei mit einer Kommission von fünf ehrenwerten Bürgern zu bekämpfen. Man wollte nicht bloss abschrecken, sondern durch Prämien und Publikationen das Volk aufmuntern, mit den Tieren human umzugehen. Als die Basler nach Gleichgesinnten in anderen Städten suchten, wurden sie vorerst herb enttäuscht: «Der Gegenstand des Tierschutzes scheint in der Schweiz noch gar vielen gleichgültig oder nicht der Mühe des Nachdenkens wert. Andere sind entschieden feindlich gegen den Tierschutz gesinnt. (...) Sie wollen die ihnen gehörenden Tiere als Ware angesehen wissen, über die man ganz nach Willkür schalten könne, und wollen nicht verstehen, dass man auch von Pflichten gegen das lebende Wesen reden dürfe.» Den engagierten Herren wurde bewusst, dass sie gegen Hartherzigkeit und Vorurteile zu kämpfen hatten; das weitaus schlimmere Übel war jedoch die Gewinnsucht, gegen die kein Kraut gewachsen ist.

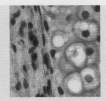

1838 Der Deutsche Theodor Schwann entdeckte die prinzipielle Gleichheit von tierischen und pflanzlichen Zellen.

1848 Die Schweiz wurde zum Bundesstaat und Bern zur Bundesstadt.

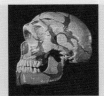

1856 Der erste Neandertaler-Schädel wird bei Düsseldorf gefunden.

Geschichte | 29

Hinter dem Pfarrer, der den Zürcher Tierschutz auf die Beine stellt, steht eine kluge Frau

Haben die Basler auch im Kanton Zürich nach Mitstreitern gesucht? Die Chroniken schweigen sich aus. Überliefert ist hingegen der Auftakt des Zürcher Tierschutzes. Der Anstoss zu seiner Gründung erfolgte für einmal nicht von männlicher Seite, sondern von einer Bürgerin, die eine tüchtige Portion Menschenkenntnis besass: Frau Vögeli-Holzhalb, Gattin des späteren langjährigen Quästors Oberst Vögeli, hatte sich für ihr Anliegen den jungen Pfarrer von Weiningen ausgesucht. Philipp Heinrich Wolff (1822–1903) schilderte die Episode in seinen Memoiren folgendermassen: «Es war an einem schönen Augustabend vor 27 Jahren, als auf einer lieblichen Höhe des Limmatthales unser zürcherischer Thierschutzverein eigentlich gegründet wurde. Eine Frau, reich an Geist und Herz, für Thierschutz im innersten Wesen und von aussen angeregt, sagte nach längerer Unterhaltung: Wir wollen in Zürich einen Thierschutzverein gründen, und Sie sind der Mann dazu, es ins Werk zu setzen, probieren Sie's!» Selbst als Gründerin an die Öffentlichkeit zu treten, zog sie offenbar nicht in Betracht: Frauen aus bürgerlichen Kreisen beschieden sich dazumals in der Regel mit der Rolle der Initiantin und Mäzenin, um ihre Ideen zu verwirklichen.

Obwohl Philipp Wolff später gestand, dass er selbst wohl nicht auf diesen Gedanken gekommen wäre, setzte er daraufhin alle Hebel in Bewegung. Das Beziehungsnetz des 33jährigen Dorfpfarrers und Familienvaters war bereits genügend gross, um die Erwartungen «der edlen Weiblichkeit» zu erfüllen: Er war gastfreundlich, humorvoll, sass seit zwei Jahren im Kantonsrat und war Mitglied der Zunft zur Schiffleuten. Er konnte auch dank seines grossen Einsatzes für verkehrstechnische Projekte wie der Limmatbrücke und der Eisenbahnlinie Zürich–Brugg auf einen namhaften Freundes- und Bekanntenkreis bauen.

So fand unter Anwesenheit von 300 Mitgliedern am 13. Mai 1856 im alten Casino die erste konstituierende Versammlung des Vereins gegen Thierquälerei statt, des späteren Kantonalen Zürcher Tierschutzvereins ZT. Schliesslich galt es, die neue Organisation bekannt zu machen und möglichst zahlreiche prominente Mitglieder zu werben. Sie sollten finanziell und ideell dazu beitragen, die misslichen Zustände zu verbessern.

Als erste Frucht seiner Arbeit konnte der Verein bereits 1857, ein Jahr nach seiner Gründung, das erste Zürcher Tierschutzgesetz ernten: Die vom Präsidenten eingereichte Motion war vom Grossen Rat wohlwollend aufgenommen worden. Dank dem

1863 Henry Dunant und vier weitere Schweizer gründen das Internationale Komitee vom Roten Kreuz (IKRK).

1864 Die Harpunenkanone für den Walfang wird eingeführt.

1865 Aufhebung der Sklaverei in den USA.

«Gesetz betreffend die Thierquälerei» wurde es endlich möglich, rohe Misshandlungen mit Geldbussen oder Gefängnis zu bestrafen. Ausserdem beschloss der Regierungsrat, eine Verordnung «zum Schutz der nützlichen Vögel» zu erlassen.

Die Tierschutzbewegung gedeiht und beginnt sich zu organisieren...

Als weltoffener Mensch, der vor seinem Amtsantritt als Vikar am Fraumünster mehrere Europareisen unternommen hatte, pflegte Pfarrer Wolff Kontakte zu ausländischen Tierschützern. Der Wille zur Zusammenarbeit über die Landesgrenzen hinaus manifestierte sich 1860 mit dem ersten Internationalen Tierschutzkongress, der in Dresden stattfand. In der Schweiz begannen sich die Kräfte ebenfalls zu bündeln: Zwei Jahre später vertrat Pfarrer Wolff am Internationalen Tierschutzkongress in Hamburg neben dem ZT die eidgenössischer Tierschutzvereine. Zuvor war er als «Wanderprediger» unermüdlich durch die Lande gezogen und hatte Vorträge gehalten, um zur Gründung neuer Vereine zu animieren.

Der Erfolg war bescheiden. Um die Sache dennoch auf eine breitere Basis zu stellen, leitete er die Bildung einer gesamtschweizerischen Organisation in die Wege. Auf seine Einladung trafen sich am 28. August 1861 in Olten zwölf Männer aus sieben Kantonen, um über die künftige Koordination der Tierschutzvereine zu beraten: Es war die Gründung des Schweizer Tierschutzvereins, den Pfarrer Wolff von 1861 bis 1900 präsidierte. Er rief auch das tierschützerische Informationsblatt ins Leben und betreute es die ersten 23 Jahre als Redaktor: 1864 erschien die erste Nummer der «Schweizerischen Thierschutzblätter», die ab 1887 unter dem Titel «Tierfreund» an die Mitglieder verteilt wurden. Beinahe ein halbes Jahrhundert präsidierte Philipp Heinrich Wolff gleichzeitig den Zürcher und den Schweizer Tierschutzverein.

1869 fand der Internationale Tierschutzkongress in der Stadt Zürich statt, selbstverständlich unter der Leitung des Weininger Pfarrers. Dennoch äusserte er sich rückblickend kritisch: «Gewiss ist, dass diese Kongresse manch Gutes geschaffen und noch mehr gewollt haben, immerhin aber liess der praktische Erfolg viel zu wünschen übrig. Mit noch so schönen und beherzigenswerten Resolutionen ist es nicht gethan, die praktische Ausführung von Beschlüssen aber scheiterte oft schon an der äussern Schwierigkeit, dass die Beauftragten viel zu weit auseinander wohnten in den verschiedenen Ländern und eine gemeinsame Berathung und Ausführung daher sehr schwer ist.»

1869 Stadtforstmeister Carl von Orelli stiftet den Tierpark Langenberg als Reaktion auf die Ausrottung des Wildes durch die Jäger.

1882 Eröffnung des Gotthard-Eisenbahntunnels und des Zürcher Rösslitrams.

1883 Landesausstellung in Zürich

...doch die Mitglieder haben gegen Spott und Vorurteile zu kämpfen

Die ersten Tierschützer hatten nicht nur mit technischen Schwierigkeiten, sondern wie viele Pioniere auch mit einfältigen Vorurteilen und Spott zu kämpfen. Es brauchte Zivilcourage, sich öffentlich für das Wohl von Vierbeinern und anderen animalischen Kreaturen einzusetzen. Pfarrer Wolff ärgerte sich, dass der Tierschutz sogar in der Presse «als Ausgeburt einer ungesunden Sentimentalität hingestellt wird und die Vertreter als Leute, die nichts Gescheiteres zu thun wissen und ein Rädchen zuviel im Kopfe haben». Für den grossherzigen Theologen war der immer wieder geäusserte Vorwurf, Zeit und Geld für Tiere zu verschwenden, statt den Menschen zu helfen, nichts anderes als kurzsichtig. Gemäss den Statuten war nämlich die Förderung der humanen Gesinnung des Volkes das oberste Ziel des Vereins.

Die Zürcher investierten denn auch viel Energie und Geld in die Erziehung der Jugend. Beispielhaft ist die Schwanenkolonie in der Limmat, die der Zürcher Tierschutzverein der Stadt Ende der 1870er Jahre schenkte. Das aus dem Osten importierte Geschwader Höckerschwäne wurde von Alt und Jung als exotische Sehenswürdigkeit bestaunt. Die grosszügige Geste hatte aber einen edleren Zweck: Die mächtigen Vögel sollten bei der Jugend das Interesse für die Tierwelt im allgemeinen und ihren Schutz im besonderen wecken. Auch wenn das Wort «Erziehung» heute tunlichst vermieden wird, bildet die Aufklärung und Motivation von Kindern und Jugendlichen nach wie vor einen Schwerpunkt des Zürcher Tierschutzes.

Der Schinderei auf der Strasse, in Ställen und Schlachthöfen soll ein Ende bereitet werden

Das alltägliche Elend sogenannter Nutztiere, das unfreiwillig mitangesehen werden musste, wurde für empfindsame Menschen immer unerträglicher. Im ersten Zürcher Tierschutzgesetz stand dieser Aspekt deshalb im Vordergrund: «Quälerei von Thieren durch übermäßige Anstrengung, Entziehen der nothwendigen Nahrung, schonungslose und grausame Behandlung, rohe Verstümmelung oder muthwillige Tödtung» war strafbar, wenn es in einer ärgerniserregenden Weise erfolgte. Mehrheitlich wurden Fuhrmänner, die ihre Zugpferde, Maultiere und Esel schändlich behandelten, vor den Richter zitiert. Abgesehen von der lächerlich kurzen Verjährungsfrist von zwei bis drei Jahren, blieb es meist bei einer geringen Geldstrafe...

1890 Zürich erhält die ersten elektrischen Strassenlampen.

1891 Doktor Bircher-Benner eröffnet seine erste Praxis in Aussersihl.

1896 Johannes Thienemann beginnt mit der Erforschung des Vogelzugs.

Der Genuss von Pferdefleisch kam in Europa um 1800 auf, während der Kriegswirren, als man sich in der Not auch von verendeten Schlachtrossen ernährte. Um die alten Pferde von ihrem traurigen Schicksal zu erlösen, bis zum Umfallen geschunden zu werden, begannen die Tierschützer Mitte des 19. Jahrhunderts, den schnellen und ausdauernden Läufer als Fleischlieferant zu propagieren. Aus heutiger Sicht mag es befremden, dass sich die kultivierten Zürcher Damen und Herren nach den Mitgliederversammlungen «fröhlich» mit Fohlenbraten stärkten und in London und Paris festliche Pferdefleisch-Bankette stattfanden, doch man schlemmte ja, mehr oder weniger begeistert, für einen guten Zweck. Diese Aktionen sorgten zwar für Aufsehen, die Wirkung war aber dennoch eher gering: In den grösseren Städten wurden einige Pferdemetzgereien eröffnet, aber «das Volk», das an den Genuss von günstigem Rossfleisch gewöhnt werden sollte, assoziierte es mit Hungersnöten und Krieg und reagierte entsprechend misstrauisch. Diese Vorurteile bestehen bis heute weiter.

Die Verbesserung der Nutzviehhaltung und des Transports von Schlachtvieh sowie das Schlachten selbst war und ist eine Kardinalfrage des Tierschutzes. Pfarrer Wolff, der dem Sprichwort «Schritt vor Schritt kommt auch zum Ziel» ein Leben lang vertraute, war mit den Fortschritten zufrieden, die während seiner Präsidialzeit gemacht worden waren. Der Tiertransport biete nicht mehr das erschreckende Bild früherer Zeiten, als überladene Wagen mit geknebelten Kälbern die Regel gewesen seien. Auch sei es in Schlachthäusern und bei Privaten menschlicher geworden, weil sich die auf Initiative der Tierschützer entwickelten Methoden der schnelleren und stressfreieren Betäubung, vor allem die Schussmaske, durchgesetzt hätten. Man bemühte sich dennoch, Konflikte zu vermeiden: «Der Vorstand des Thierschutzvereins war und ist weit entfernt, den gewerblichen Interessen, noch weniger den persönlichen der löblichen Metzgerschaft irgendwie entgegenzutreten und gehässigen Kampf heraufzubeschwören.» Mit diesen beschwichtigenden Worten versuchte der ZT 1880 die Wogen zu glätten, die ein undiplomatischer Leserbrief eines Tierschützers aufgeworfen hatte.

Die Proteste gegen das rituelle Schächten werden häufig als Antisemitismus ausgelegt

Eines der brisantesten Kapitel in der Geschichte des schweizerischen Tierschutzes ist die Schächtfrage. Die religiös motivierte Schlachtmethode der Juden widersprach seiner Forderung, die Tiere vor dem Töten zu betäuben, um ihnen unnötige Schmerzen und psychische Qualen zu ersparen. Das Schlachten von Tieren durch einen Schächter,

1900 — Das Institut für Meereskunde der Universität Berlin wird gegründet.

1903 — Schwere Judenpogrome in Russland.

1906 — Upton Sinclairs Roman über Chicagos Schlachthäuser, *Der Sumpf*, erscheint.

Geschichte | 33

der dazu ein spezielles Messer benutzt, um Schlagadern, Luft- und Speiseröhre mit einem Schnitt zu durchtrennen, fusst auf einem alttestamentarischen Gebot, ausschliesslich Fleisch zu essen, das kein Blut enthält (1. Mose 9,4), und dem von Rabbinern in Palästina verfassten Talmud (etwa 500 v. Chr. bis 500 n. Chr.). Der Islam, im selben nahrungsgeographischen Raum wie das Judentum entstanden, verbietet ebenfalls den Blutgenuss und praktiziert dieselbe Schlachtmethode.

Die jüdische Autorin und Judaistin Salcia Landmann (1911–2002), in Galizien geboren und seit dem Ersten Weltkrieg in St. Gallen wohnhaft, behandelte das Thema Schächten mit grosser Souveränität: «Bis heute streiten sich sowohl jüdische wie nichtjüdische Gelehrte darüber, wieweit diese Speisevorschriften rein religiös aufzufassen sind, das heisst als Gebote, nach deren praktischem Sinn man nicht fragen darf oder soll; wieweit es vielleicht hygienische Gesetze sind, die man in jenen frühen Zeiten nur durchsetzen konnte, wenn man sie in die Form der religiösen Vorschrift einkleidete; oder wieweit wir es hierbei am Ende nur mit altertümlichem Aberglauben zu tun haben. (...) Beim Verbot mag zum Teil bewusster oder unbewusster Antisemitismus eine Rolle spielen. Durchaus ernst zu nehmen dagegen sind die Einwände des Zoologen Prof. Dr. Bernhard Grzimek gegen das Schächten. Vorurteile können bei einem Gelehrten von solchem Rang und solch tierfreundlicher Einstellung kaum eine Rolle spielen. Auch Prof. Grzimek wird zwar kaum bestreiten, dass in einem vortechnischen Zeitalter das Schächten die humanste Art war, ein Tier zu töten. Heute jedoch kennen wir neue Methoden. Nur: Der in manchen Schlachthäusern für Grosstiere übliche Gehirnschuss, der die Todesqual in der Tat noch weiter abkürzen mag, scheidet für orthodoxe Juden aus, weil auf diese Weise die im Alten Testament geforderte rasche Ausblutung nicht garantiert ist. In Frage käme also nur die Betäubung vor dem Schächten, die aber bei Grosstieren nicht ganz leicht durchführbar ist. Indes wird auch sie in orthodoxen jüdischen Kreisen einstweilen abgelehnt, aus dem einfachen Grund, weil sie im Ritualgesetz nirgends erwähnt ist – nicht erwähnt sein kann, weil man die Methode damals noch nicht kannte. Sie entspräche aber sicher zwar nicht dem Wortlaut, wohl aber dem sehr tierfreundlichen Geist des Alten Testaments.» (Aus: *Die koschere Küche*, 1976).

Pfarrer Wolff und seine Mitstreiter beteuerten wiederholt, dass kein Judenhass dahinterstünde, sondern einzig und allein das Wohl der Tiere, wenn sie sich dafür einsetzten, dass das betäubungslose Schlachten verboten wird. Die jüdischen Bürger hingegen pochten auf die gesetzlich garantierte Glaubensfreiheit. Nach langem Hin und Her lancierte der Zürcher Verein 1892 eine Verfassungs-

1910 — *Das Sinnesleben der Insekten* des Waadtländers Auguste Forel erscheint.

1913 — Ford übernimmt das in Chicagos Schlachthäusern seit 1870 verwendete Fliessband als Montageband.

1914 — Beginn des Ersten Weltkriegs, der bis 1918 dauert.

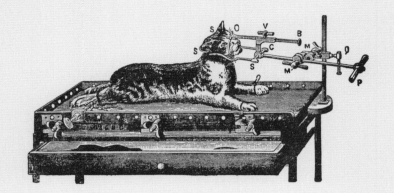

initiative – es war die erste in der Schweiz überhaupt! – für ein Verbot des Schächtens: Sie wurde im Jahr darauf vom Volk mit eindeutigem Mehr angenommen und in der Bundesverfassung verankert. Trotzdem sollte das Schächtverbot den Tierschutz auch weiterhin umtreiben.

Radikal oder gemässigt? Die Vivisektion spaltet den Zürcher Tierschutz in zwei Lager.

Zu Beginn des 19. Jahrhunderts fingen Mediziner und Zoologen an, mit lebendigen Tieren zu experimentieren. Die Eingriffe wurden mehrheitlich an Tieren wie Hunden, Katzen, Mäusen, Ratten, Kaninchen, Affen und Pferden vorgenommen, aber auch Frösche, Hühner oder Hamster mussten dranglauben. Die französischen Physiologen Flourens und Magendie erregten mit ihren wissenschaftlichen Arbeiten, die auf vivisektorischen Versuchen basierten, weltweit Aufsehen. Ihre Entdeckungen und Erfolge lösten ein regelrechtes Vivisektionsfieber aus. Jeder Professor und Student, dem seine Karriere lieb und teuer war, experimentierte an Tieren, so dass der Verbrauch an «Versuchsmaterial» ins Ungeheuerliche stieg. Nur allzu oft kamen sie überdies ohne Betäubung unters Skalpell.

Allmählich drangen die dunklen Seiten der Vivisektion an die Öffentlichkeit. Selbst die Wissenschafts- und Autoritätsgläubigkeit jener Epoche konnte es nicht verhindern, dass sie auf Kritik stiess. Die zum Teil grausamen Experimente veranlassten zahlreiche Menschen in Europa und den Vereinigten Staaten, sich für die hilflosen Kreaturen in den Laboratorien zu wehren. Dennoch reagierten die schweizerischen Tierschutzvereine vorerst vorsichtig und unpolemisch.

Die Milden und die Scharfen kämpfen mit unterschiedlichen Waffen

Erst nachdem in England Tierversuche bewilligungs- und registrierungspflichtig geworden waren, zogen sie 1876 gemeinsam gegen die medizinische Fakultät der Hochschule Zürich ins Feld, indem sie ihr fünf «Thesen zur Vivisektion» unterbreiteten. Sie forderten etwa, die Versuche auf das absolut notwendige Mass zu beschränken und keine lebenden Tiere zu verwenden, falls totes Material den Forschungszweck ebenfalls erfüllen könne. Man wollte es jedoch mit den mächtigen Herren der Wissenschaft nicht verderben, formulierte das Anliegen mit höchster Umsicht und zeigte sich kompromissbereit.

Die Vivisektion trieb weltweit einen Keil in die Tierschutzbewegung. Pfarrer Wolff, durch und durch Pragmatiker und als Bildungsbürger an die Lernfä-

1917 — Der Verhaltensforscher Wolfgang Köhler publiziert über den Werkzeuggebrauch von Schimpansen.

1920 — Der Amerikaner Evans erzielt Riesenwuchs bei Tieren durch ein Hypophysenhormon.

1923 — *Bambi* von Felix Salten erscheint.

higkeit der Menschen glaubend, repräsentierte die milde Richtung. Er zog es vor, das in seinen Augen Erreichbare in Form von Kontrollen und Einschränkungen zu realisieren, statt mit scharfem Geschütz gegen die Mediziner zu schiessen. Angesichts des Tierleids empfanden die Radikalen die «vernünftigen Herren Tierschützer» als Provokation, und sie forderten sogar, sämtliche Mitglieder, die die Vivisektion nicht ausdrücklich als Verbrechen bezeichneten, aus dem Verein auszuschliessen.

Die Situation spitzte sich zu und gipfelte in der Abwahl des altgedienten Präsidenten Philipp Wolff: Anlässlich der 44. Generalversammlung des Zürcher Vereins am 29. März 1900 im Zunfthaus zur Waag wurde er samt dem Vorstand in den Ruhestand versetzt. Die Ernennung zum Ehrenmitglied schlug er verärgert aus. Die jüngeren «Scharfen» hatten die Oberhand gewonnen und bestimmten für mehrere Jahrzehnte den Kurs des Kantonalen Zürcher Tierschutzvereins. Der Wechsel bewog die gemässigten Mitglieder, sich eine neue geistige Heimat zu suchen: Unter dem Namen «Humanitas» gründeten sie 1902 eine Tierschutzvereinigung, die Pfarrer Wolff bis zu seinem Tod im Jahr darauf leitete.

Das 20. Jahrhundert beginnt umstürzlerisch, kriegerisch und sehr emotional

Nach dem Bruch mit der alten Leitung kehrte der Kantonale Zürcher Tierschutz wieder zu seinen alltäglichen Pflichten zurück. Die Vivisektion, als «wissenschaftliche Tierfolter» bezeichnet, blieb ein Dauerthema, das die Gemüter stets zu erhitzen vermochte. Mitunter ging dabei das rechte Mass verloren, zum Beispiel 1908, als der ZT den Neubau der Zürcher Universität zur Ablehnung empfahl, weil grössere Laboratorien unweigerlich die Zunahme der Vivisektion zur Folge hätten: «Ohne Vivisektionen unsertwegen zehn Millionen! Aber mit Vivisektionen keinen Rappen!» Der Misserfolg dieser Kampagne war voraussehbar, entmutigte die Gegner der Tierversuche jedoch nicht. Unter dem Motto «Gott sei Dank, dass es noch Fanatiker gibt! Ihnen verdanken wir ja alle Fortschritte der Menschheit» wurde das anvisierte Ziel beharrlich weiterverfolgt.

Des Weidmanns Heil dezimierte die einheimische Fauna nachhaltig

Eine dringliche Aufgabe, die den Zürcher Tierschutz von der ersten Stunde an beschäftigte, war die Verbesserung des Jagdwesens und Vogelschutzes. Der Regierungsrat hatte im kantonalen Jagdgesetz von 1863 eine Verordnung zum Schutz der Singvögel in Aussicht gestellt, liess es jedoch dabei bewenden.

1925 Der erste Band von Hitlers *Mein Kampf* erscheint.

1928 Der Panda wird entdeckt.

1929 Beginn der Weltwirtschaftskrise und erster Mickey-Mouse-Tonfilm.

Das Recht, die Fauna nach eigenem Gutdünken in Schädlinge und Nützlinge einzuteilen und sie entsprechend zu bejagen, richtete enormen Schaden an. Auch das neue Bundesgesetz über Jagd- und Vogelschutz von 1904 änderte an der misslichen Situation wenig, da es zu reaktionär war und der Jägerschaft zu viele Schlupflöcher liess.

Der Jagdhistoriker Philipp Schmidt berichtete über die chaotischen Zustände während der zwanziger Jahre im Kanton Zürich: «Viele Grundbesitzer erlegten Füchse, Marder und Iltisse auf ihrem Grund und Boden, ohne dass sie von diesen Tieren Schaden erlitten oder solchen auch nur befürchten mussten. Es war doch Krieg! Und alles, was ausser den Leuten auch noch essen wollte, musste weg. 1917 kam dann doch das neue Jagdgesetz vors Volk, ein Reviergesetz. Es wurde am 21. August mit starkem Mehr verworfen. Für die Patentler war's noch einmal gut gegangen, und der Raubvogelabschuss ging lustig weiter, dazu ging es jetzt über die Krähen, Elstern und Häher her. Auch die Dohlen waren plötzlich höchst ernteschädlich. Und 1918 wurden die Zürcher wegen der Fleischknappheit wild und lösten in Scharen Jagdpatente.»

Die Jäger trieben es immer bunter, bis sich der ZT endlich durchsetzte: In den Gemeinden des Kantons Zürich wurde 1929 das Reviersystem und damit eine geordnetere Jagd eingeführt. Im selben Jahr wurde auch die Zürichseejagd eingestellt, ein unweidmännisches Gemetzel, das die Ornithologen seit Jahrzehnten zu beenden versuchten.

Gegen herzlose Gourmands

Wer sich für den Schutz der Tiere einsetzte, hatte gewöhnlich ein grosses Herz für Singvögel. Die regelmässig im Vereinsblatt publizierten Tipps für die Winterfütterung und das Aufhängen von Nistkästen wurden eifrig befolgt. Um so weniger Verständnis brachte man für die Singvogeljagd südlich des Gotthards auf: Die Italiener und Tessiner waren selbst mit gesetzlichen Mitteln nicht davon abzubringen, den gefiederten Sängern nachzustellen, um sie anschliessend zu verspeisen. In den Zürcher Blättern für Tierschutz wurde die Gleichgültigkeit der Tessiner Polizei angeprangert, die dem Massaker tatenlos zuschaute.

Der massenhafte Abschuss und Fang von Zugvögeln im Mittelmeerraum blieb ein Tierschutzthema, obschon Fortschritte zu verzeichnen waren. Dass die Geduld auch in diesem Bereich auf eine harte Probe gestellt wurde, konnten die Mitglieder des ZT 1974 in ihrem Vereinsorgan nachlesen: «Beinahe so deprimierend wie die Sache selbst wirkt das Zugeständnis der Ohnmacht, diese Kulturschande abzustellen. Zwar wurde schon 1950 ein von sieben

1932 | Der Münchner Zoo versucht die Rückkreuzung des ausgestorbenen Auerochsen.

1932 | In Deutschland werden die ersten Konzentrationslager errichtet.

1939 | Beginn des Zweiten Weltkriegs.

Staaten unterzeichnetes internationales Vogelschutzabkommen abgeschlossen. Aber im Laufe eines Vierteljahrhunderts hat sich offensichtlich nicht viel gebessert.» Rückblickend wissen wir, dass der Einsatz für die Vogelwelt wirkungsvoll war: Zumindest im Tessin stehen Uccelli con polenta nicht mehr auf den Speisekarten, und die Tessiner Vogelfangtürme, die Roccoli, sind inzwischen geschützte Denkmäler ohne praktische Funktion.

Das Einsammeln und Töten von Fröschen war früher, als Sümpfe und Kleingewässer noch zahlreicher waren, auch in der Schweiz ein beliebter «Sport». Vor allem die Schulbuben verdienten sich mit dem «Fröschen» ein Sackgeld. Angesichts der damals noch grossen Bestände drückte der Tierschutz über das Sammeln ein Auge zu, verurteilte jedoch strikt die Art und Weise, wie die Schenkel üblicherweise gewonnen wurden: Die Frösche verendeten langsam und qualvoll, weil ihnen die Beine einfach ausgerissen oder abgehackt wurden. Zumindest zuerst den Kopf abschneiden solle man dem armen Amphib, war die berechtigte Forderung der Tierschützer. Manchem Gourmand und Wirt stiess «das sentimentale Geseufze über diese Schlächterei» sauer auf, da sie um die Tradition des «Fröschens» fürchteten. So leerten sich Teiche und Weiher, worauf sich die Mücken ungehindert vermehrten – und allmählich setzte sich die Erkenntnis durch, dass der Frosch nicht nur im Teller nützlich ist.

Für Vegetarismus und eine humane Damenmode

Leidenschaftliche Artikel wider die Prasserei auf Kosten der Tierwelt gehörten zum Repertoire des Vereinsblatts des Zürcher Tierschutzes. Es ist zu befürchten, dass sich die Ermahnungen zumeist an die falsche Adresse richteten. Als Alternative wurde der Vegetarismus empfohlen, der um 1850 als ethisch vertretbare Ernährungsweise von England her die Welt eroberte und in der Schweiz auf fruchtbaren Boden fiel. In der Annahme, die Menschheit befinde sich dank dem kulturellen und technischen Fortschritt auch auf dem Pfad zur moralischen Besserung, wurde dem Fleischverzehr ein baldiges Ende vorausgesagt.

Mindestens so stark wie unter der Feinschmeckerei litten die gefiederten Freunde unter dem Diktat der Mode: «Dem Vogelfänger, dem Vogelhändler, dem Krammetsvogeljäger ist das Handwerk gelegt, die Liebhaberei für Zimmervögel wird erschwert, aber an dem Moloch der Vogelhutmode scheint aller Vogelschutz machtlos abzuprallen.» Schätzungsweise dreihundert Millionen Vögel fielen zu Beginn des 20. Jahrhunderts der Frauenmode jährlich zum Opfer. Zahlreiche exotische und einheimische Arten waren dadurch stark dezimiert oder sogar ausgerottet worden. Auch den Zürcher Ornithologen und

1944 Auf Heini Hedigers Antrag werden Steinadler und Fischotter bundesweit geschützt.

1945 Kriegsende; Atombomben zerstören Hiroshima und Nagasaki.

1948 Gründung der Internationalen Union für Naturschutz mit Sitz in Morges.

Tierschützern – häufig waren sie beides zugleich – blieb nichts anderes übrig, als an die «Guten und Vernünftigen unter den Frauen» zu appellieren, Menschlichkeit und Vernunft walten zu lassen und die Hüte mit anderem Putz zu schmücken.

Vom Asyl neben dem Schlachthof zum Tierheim beim Zoo

Der Ruf nach einem Tierasyl in Zürich wurde gegen Ende des 19. Jahrhunderts immer lauter. Zahlreiche andere Städte hatten eins, und so wollte man begreiflicherweise nicht hintanstehen. Im Zuge der Verstädterung veränderten sich überdies die Lebensgewohnheiten. Man hielt vermehrt Haustiere, fuhr aber auch häufiger in die Ferien oder zog um, was die Zahl der ausgesetzten Katzen und Hunde anschwellen liess. Im Juli 1899 wurde das Asyl an der Stampfenbachstrasse eröffnet, direkt an der Limmat und neben dem Schlachthaus. In erster Linie fanden hier herren- und heimatlose Vierbeiner Unterschlupf, es wurden jedoch auch Pensionäre und kranke Tiere aufgenommen. Mit dem kostenlosen Töten von alten, gebrechlichen Pferden, Hunden und Katzen wollte man Schlimmeres verhindern. Der Zürcher Tierschutzverein trug dafür sämtliche Kosten – und wurde von den Behörden zum Dank kräftig schikaniert. Darum musste das Asyl nach einigen Jahren die Pforten wieder schliessen. Im Jubiläumsjahr 1936 bat der ZT seine Mitglieder um finanzielle Unterstützung, um den alten Traum vom richtigen, eigenen Tierheim zu verwirklichen. Die Stadt hatte 2000 Quadratmeter Land «in prachtvoller Lage» am Friesenberg in Aussicht gestellt. Das Projekt verschwand jedoch wieder in der Schublade: Mit bloss etwa tausend Mitgliedern war der Verein zu klein, um die nötigen Mittel aufzubringen, und grössere Spenden flossen keine. Die Wirtschaftskrise und ein komplett aus den Fugen geratenes Europa waren für den Tierschutz ohnehin kein gutes Fundament.

Viele Katzen, böse Kritik und wenig Geld

Erst nach dem Krieg, 1946, konnte der ZT für 83 000 Franken ein ehemaliges Hundeferienheim an der Zürichbergstrasse 263 erwerben, wo er bis heute seinen Sitz hat. Der benachbarte Zoologische Garten war dazumals eine kleine Anlage mit bescheidenem Tierbestand. Doch nun begann der Zoo zu gedeihen und kontinuierlich zu wachsen. Auch der Tierschutz hatte alle Hände voll zu tun: Allein im Jahr 1946 wurden 673 verwahrloste Tiere in Obhut genommen, 11 000 telefonische Auskünfte erteilt und 580 Anzeigen erledigt.

Die Kosten für den Tierheimbetrieb waren so hoch, dass für andere tierschützerische Aufgaben kaum

1950	Gründung des Weltbunds für Tierschutz in Den Haag.
1951	Die USA beginnt die Landwirtschaft zu technisieren.
1956	Der ungarische Volksaufstand wird niedergeschlagen.

mehr Geld zur Verfügung stand. 1956, zum hundertjährigen Bestehen, konnte dennoch ein Anbau für Katzen eingeweiht werden, der den steigenden Ansprüchen an Sauberkeit und rationelles Arbeiten entgegenkam. Wegen der wachsenden Zahl herrenloser Katzen, die obendrein häufig von der Katzenseuche befallen waren, wurde diese Investition dringend nötig – nicht zuletzt, um die kritischen Stimmen, die die hygienischen Zustände im Zürcher Tierheim beklagten, endlich zum Schweigen zu bringen. Durch die Kastration der Weibchen «nach amerikanischer Methode» versuchte man, die uferlose Vermehrung der Stadtkatzen einzudämmen.

Nach erneuten Krisen geht es aufwärts

Im Vorstand des Zürcher Tierschutzes herrschte Uneinigkeit über Wege und Ziele des Vereins. Intrigen und Gerüchte vergifteten das Klima und verunsicherten die Mitglieder. Es wurde sogar zu Stuhlbeinen gegriffen, um der eigenen Meinung Gehör zu verschaffen. Der Streit gipfelte 1949 in der Gründung von zwei weiteren Vereinen: der Schweizerischen Gesellschaft zur Förderung des Tierschutzes, die das Schwergewicht auf die aufblühende Tierpsychologie und Biologie verlagern wollte, sowie dem Neuen Tierschutzverein Zürich. Diese Entwicklung hatte zumindest die dicke Luft gereinigt. Der Rest des Vorstands beschloss, den eingeschlagenen Weg weiterzugehen und sich wie bisher an den praktischen Tierschutz zu halten. Dass der ZT dennoch Visionen zuliess, belegt der Antrag eines weiblichen Mitglieds, das an der Generalversammlung von 1950 die Schaffung eines Tieranwalts vorschlug. An derselben GV wurde der 29 Jahre junge Richard Steiner zum Präsidenten gewählt. Der polyglotte Berufsschullehrer steuerte den Verein hellwach, mit sicherer Hand und fast ohne Geld durch die Turbulenzen der folgenden zwei Jahrzehnte.

Die Mäzenin, die dem ZT auf die Beine hilft

In der Vereinskasse herrschte Anfang der fünfziger Jahre nach wie vor Ebbe. Als der Seidenwarengrosshändler Jakob Becker 1951 das Amt als Quästor übernahm, hatte der Verein oft Mühe, die Saläre für den Sekretär und das Tierheimpersonal aufzubringen. «Und für einen Bankkredit von 14000 Franken musste ich sogar persönlich Bürgschaft leisten», erinnert sich das über neunzigjährige Ehrenmitglied an die finanziell unsicheren Zeiten. «Das Blatt wendete sich, als Anne-Marie Boveri, die Gemahlin des Industriellen Walter E. Boveri Junior, in den fünfziger Jahren in den Vorstand kam und ihre Beziehungen spielen liess.» Für den unermüdlichen Kassenwart, der sein diplomatisches Geschick bis vor kurzem auch als Ortsvertreter des Tierschutzes von Thalwil unter Beweis stellte, sollte die Präsentation der Jahresrechnung und das Verlesen des Budgets künftig zu den erfreulicheren Aufgaben zählen.

1959 | Ein russischer Chirurg überträgt einem Hund einen zweiten Kopf.

1961 | Gründung des WWF (World Wildlife Fund) mit Zentrale in Morges.

1962 | Bär und Luchs werden vorsorglich unter Schutz gestellt.

Als karitative Zürcherin bewirkte Anne-Marie Boveri, dass der Tierschutz wieder gesellschaftsfähig wurde: Prominente Künstler und Schriftsteller wie Anne-Marie Blanc, Schaggi Streuli, Hermann Hiltbrunner, Karl Adolf Laubscher oder Hans Falk machten für die gute Sache gratis Propaganda, Juristen und Banker mit Rang und Namen unterstützten den ZT. Sogar das in den Kinderschuhen steckende Schweizer Fernsehen brachte zum 100-Jahr-Jubiläum des Vereins zur besten Abendsendezeit eine Reportage über dessen Tätigkeit.

Eine Pioniertat leistete Jakob Becker, als er an der Delegiertenversammlung 1963 den Antrag stellte, die Entwicklung der Massentierhaltung künftig scharf im Auge zu behalten. Im folgenden Jahr, 1964, konnte Richard Steiner als Präsident der Schächtkommission verhindern, dass die Schlachtmethode der Juden und Muslime wieder erlaubt wurde.

Nach häufigem Wechsel der Sekretäre, deren bescheidenes Salär meist ihrer schlechten Qualifikation entsprach, kehrte mit dem Bankbeamten und Tierfreund Bernhard Grob auch in dieser Beziehung Stabilität ein. Er leitete die Geschäfte des Vereins während 34 Jahren, bis zu seiner Pensionierung 1989, als der Zoologe und Verhaltensforscher Bernhard Trachsel in seine Fussstapfen trat.

In den bewegten 1970er Jahren emanzipiert sich auch der Tierschutz

Die Medien bekamen als Kommunikations- und Werbemittel immer grössere Bedeutung und erhielten beim Zürcher Tierschutz einen entsprechend hohen Stellenwert. Neben dem offiziellen Organ des Vereins, dem *Zürcher Tierschutz*, das seit 1899 erscheint, wurden zahlreiche Informationsschriften publiziert, wobei man – ganz im Sinne von Pfarrer Wolff – den Jungen besondere Aufmerksamkeit schenkte. Dank zeitgemässer graphischer Gestaltung fanden selbst unpopuläre Botschaften den Weg zur Leserschaft. Als medialer Markstein sei das 1977 erschienene Buch von Hans Schumacher erwähnt: *Die armen Stiefgeschwister des Menschen*, mit Illustrationen von Hans Fischer (genannt Fis), gab der Zürcher Tierschutz nicht zuletzt mit dem Hintergedanken heraus, vermehrt gebildete Kreise anzusprechen.

Mit der Zeit stiessen die ZT-Publikationen auch ausserkantonal auf Interesse, so dass die Auflagen stiegen. Dies bewog den Zürcher Tierschutz im Jahr 2000 zur Gründung eines eigenen Verlags. Neben Büchern und Broschüren werden auch CDs, Spiele, Spielzeugtiere, T-Shirts produziert und verkauft, die online bestellt werden können.

Während die bewegte Zürcher Jugend die Stadt auf

1963 Der amerikanische Präsident John F. Kennedy wird ermordet.

1968 Studentenunruhen in Frankreich und Deutschland, Globuskrawalle in Zürich.

1971 Das Frauenstimmrecht auf Bundesebene kommt zustande.

den Kopf stellte und die Medien in Atem hielt, arbeitete der ZT wesentlich stiller, aber um so effizienter am Entwurf eines moderneren und wirksameren kantonalen Tierschutzgesetzes mit. Dass es 1969 vom Zürcher Volk mit grossem Mehr angenommen wurde, kommentierte Präsident Richard Steiner mit unverhohlenem Stolz: «Ein grosser Erfolg unserer Anstrengungen! Wenn auch in diesem Gesetz noch lange nicht alle unsere Forderungen befriedigt werden, so dürfen wir doch feststellen, dass das tierschützerische Bewusstsein in unserer Bevölkerung gewachsen ist. Dies zeigt sich nicht nur in der Bereitschaft, den Tierschutz ernsthaft durch Gesetze zu regeln, sondern auch in den steigenden Mitgliederzahlen.» Mit 26 000 Mitgliedern war der ZT der grösste regionale Tierschutzverein der Schweiz und einer der bedeutendsten Europas.

Die sechziger und siebziger Jahre waren vom Auf- und Umbruch geprägt. Man wurde sich der weltweiten Zerstörung der Natur mit all ihren Facetten bewusst, sie wurde zum Politikum und Forschungsobjekt. Einer, der die Chance nutzte, auf politischer Ebene Einfluss zu üben, ist alt Vizepräsident und Ehrenmitglied Fritz Bucher. Als Vertreter der Zürcher SP unterbreitete er Mitte der sechziger Jahre zusammen mit seinem Ratskollegen Paul Gysel dem Kantonsrat eine Motion für die Schaffung eines modernen, wirksamen Zürcher Tierschutzgesetzes. Es wurde 1969 gutgeheissen und gab den Anstoss für das 1973 angenommene, erste eidgenössische Tierschutzgesetz. Doch auch der globale Artenschutz war für Fritz Bucher schon früh ein wichtiges Anliegen. Für den Betriebsassistenten des Zürcher Zoos gehörte das Problem Wildtierschwund zum beruflichen Alltag, und während seiner zahlreichen Studienreisen nach Afrika sah er mit eigenen Augen, dass das Artensterben selbst in paradiesischer Landschaftskulisse fortschreitet. Er begriff aber auch, dass eine grössere Katastrophe, wenn überhaupt, nur mit Hilfe der einheimischen Bevölkerung verhindert werden kann. Diese Erkenntnis bildet das geistige Substrat, auf dem das ZT-Projekt Lewa Downs in Kenia gedeiht. Ein kontinentüberschreitendes Hilfsprogramm, das der afrikanischen Fauna – in diesem Fall in erster Linie Nashörnern – und den Menschen nützt.

Professionalität und moderner Tierschutz gehen Hand in Hand

Die Geschichte des Zürcher Tierschutzes ist von Beginn an von starken Persönlichkeiten geprägt. Der feurige Nachfolger Philipp Wolffs, Gottlieb Suter, der philosophische Paul Steinacher ebenso wie Richard Steiner, Jakob Becker und Fritz Bucher sind beispielhaft für zahlreiche andere Frauen und Männer, die eine Menge Zeit und Energie für die gute Sache geopfert haben in der Überzeugung, dadurch

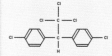

1973 Das «Übereinkommen über den internationalen Handel mit gefährdeten Arten freilebender Tiere und Pflanzen» wird in Washington von 58 Staaten unterzeichnet.

1975 In Bayern wird der Gehalt von DDT in der Muttermilch entdeckt.

1978 Das neue eidgenössische Tierschutzgesetz wird vom Volk deutlich angenommen.

die herrschenden unbefriedigenden Zustände zu verbessern. Man darf sie wohl Idealisten nennen. Gleichzeitig zeichnen sie sich aber durch eine tüchtige Portion Realismus aus, dank dem man den gesteckten Zielen Schritt für Schritt näher kam oder sie gar erreichte. Auch Rückschläge mussten verkraftet werden, was der Zuversicht jedoch keinen Abbruch tat. Die Generation, die den Zweiten Weltkrieg miterlebte, ist dafür wohl besonders gut konditioniert.

Wider die profitorientierte Tierquälerei

Es gibt eine Reihe tierschützerischer Probleme, die grundsätzlich bis heute gleich geblieben sind. Tierquälerei gehört dazu, Sadismus gegenüber hilflosen Lebewesen ist ein trauriges Dauerthema des Vereins. In anderen Bereichen konnten gewisse Fortschritte erzielt werden, zum Beispiel in Sachen Tierversuche. Das bedeutet aber nicht, dass man die Hände zufrieden in den Schoss legen kann: In den vergangenen fünf Jahren nahmen die Experimente wieder deutlich zu, und die dazu verwendeten Mäuse, Ratten, Katzen usw. sind immer noch allzu häufig schlechter gehalten, als es nötig wäre. Die Förderung alternativer Methoden ist der Weg des ZT, um unnötiges Leiden zu verhindern. Ähnliches gilt für die Pelztiere. Nach aufwendigen und mit prominenter Unterstützung geführten Kampagnen wurde das Pelztragen endlich tabu – um einige Jahre später wiederum, als sei nichts geschehen, als Statussymbol aus der Versenkung aufzutauchen. Und von neuem greifen die Zürcher gemeinsam mit dem Schweizer Tierschutz in die Kasse, um die kostspieligen Aufklärungsaktionen zu finanzieren …

Die Pelztiergeschichte zeigt unter anderem, dass es bei den Problemen, mit denen sich der Tierschutz zu beschäftigen hat, oft um sehr viel Geld geht. Entsprechend hart sind die Bandagen, mit denen die Gegenseite kämpft. In diesem Zusammenhang sei die Bio- oder Gentechnologie erwähnt, die für den ZT seit 1991 ein wichtiges Thema ist. Die Materie ist komplex und erfordert das entsprechende Fachwissen, um schlagkräftig argumentieren zu können. Überdies gilt es, die ethischen und philosophischen Aspekte auszuloten, wenn man der Gentech-Lobby den Wind aus den Segeln nehmen will.

Echte Hilfe leisten in Stall, Feld und Wald

Versierte Fachleute sind auch vonnöten, wenn es darum geht, die Lebensbedingungen der Nutztiere in der Landwirtschaft zu optimieren. Der Zürcher Tierschutz beackert dieses weite Feld von jeher intensiv, beanstandete bereits im 19. Jahrhundert zu dunkle und schmutzige Ställe, protestierte später gegen die Massentierhaltung und unterstützt im

1983 | Microsoft kommt mit Windows 1.0 auf den Markt.

1986 | Reaktorkatastrophe Tschernobyl.

1989 | Fall der Berliner Mauer.

Gegenzug Forschungsprojekte, die sich um ein artgerechtes Dasein von Schwein, Rind, Schaf, Huhn und Kaninchen bemühen. Die MUT-Stiftung, 1979 vom ZT-Präsidenten Hans H. Schmid sowie von Richard Steiner gegründet und vom Zürcher Tierschutz massgeblich unterstützt, fördert landwirtschaftliche Betriebe und Forschungsprojekte, die nach alternativen Wegen suchen, um Ökonomie und Tierfreundlichkeit miteinander zu vereinbaren.

Zu Beginn der 1990er Jahre begann sich der Zürcher Tierschutz vermehrt um heimische Wildtiere zu kümmern. Unterstützt wurde dieser Trend durch das Vordringen des Rotfuchses in den Siedlungsraum – das Sekretariat hatte zahlreiche Anfragen und Hilferufe zum brennenden Thema «Stadtfuchs» zu beantworten. Der Entschluss, den Tätigkeitsbereich auf die Fauna in Feld und Wald zu erweitern, führte zur engen Zusammenarbeit mit Biologinnen, Zoologen und Ethologinnen sowie anderen im Naturschutz tätigen Organisationen. Am selben Strick ziehen, um Synergien zu bündeln, heisst die nicht immer einfach zu verwirklichende Devise.

Last, not least zeichnet sich auch die Leitung des ZT durch Professionalität aus, seit der Jurist Dr. Hans H. Schmid 1970 einstimmig zum Präsidenten gewählt wurde. Um das Los von Nutz-, Haus- und Wildtieren umfassend zu verbessern, müssen Veränderungen in der Regel auf Gesetzesebene durchgeboxt werden, Fälle von Misshandlungen enden nicht selten vor den Schranken des Gerichts. Dank kundiger Führung gelang es den Zürcher Tierschützern mehrheitlich, den Paragraphendschungel ohne Blessuren zu durchqueren.

Die Zukunft hat schon begonnen: Dank moderner Medien wird Tierleid noch effizienter gelindert

Die modernen Informatikmittel haben sich im ZT mehrfach bewährt. Die 1999 installierte Homepage hatte den Zweck, den Jungen den Zugang zum Zürcher Tierschutz schmackhafter zu machen. Der Erfolg war grösser als erwartet, vor allem die Beiträge über das Tierrecht mit einer einzigartigen Informationsdatenbank wurden sogar im englischsprachigen Raum angeklickt. Auch national erregte die Webseite Aufmerksamkeit: Anlässlich der Orbit 99 wurde sie mit dem Prädikat «Beste Education Site» ausgezeichnet.

Als Pionierleistung dürfen die vom Zürcher Tierschutz im Jahr 2002 – dank einer grosszügigen Mitgliederspende – eingerichteten drei Nationalen Datenbanken bezeichnet werden, die vermisste, ge-

1990 In der Schweiz wird die Verfütterung von Tiermehl an Rinder verboten.

1996 Waldbrände in Indonesien lösen eine Umweltkatastrophe aus.

1999 Orkan «Lothar» richtet in Westeuropa schwere Verwüstungen an.

44 | Geschichte

fundene und heimatlose Tiere aus fast allen Schweizer Kantonen erfassen. Sie ermöglichen einerseits das Wiederfinden entlaufener Heimtiere und helfen andererseits, Findlingen, deren Besitzer nicht eruiert werden konnten, rasch zu einer neuen Heimat zu verhelfen. Innerhalb der folgenden drei Jahre konnten über fünftausend Hunde, Katzen, Kleinsäuger, Vögel und andere Heimtiere vermittelt werden. An der Neuplazierung beteiligt waren 147 Schweizer Tierheime und Tierarztpraxen.

Dichte Netzwerke für bestehende und neue Herausforderungen

Die weltweite mediale Vernetzung erleichtert den Kontakt mit Gebieten der Dritten Welt, die früher nur unter grossen Schwierigkeiten zu erreichen waren. Der Zürcher Tierschutz nutzt deshalb vermehrt die Möglichkeit, Naturschutz- und Entwicklungsprogramme in anderen Ländern zu unterstützen. Die Rettung von Schimpansen im afrikanischen Regenwald, von Meeresschildkröten in Mexiko oder Anden-Tapiren gehört heute ebenso selbstverständlich zu seinem Aufgabenbereich wie die Förderung von Projekten, die sich um das Überleben und die Zukunft von Igel, Fledermaus, Wildkatze, Fischotter oder Bartgeier kümmern. Ob spanische Stierkämpfe oder Pferdehaltung in der Schweiz, heimatlose Katzen und Hunde in Italien, Bulgarien, Spanien, Venezuela, Peru und Kolumbien oder Heimtiere in Schweizer Stuben – alle halten sie die Frauen und Männer, die sich dem Tierschutz verschrieben haben, geistig und physisch auf Trab.

Das Herz des Zürcher Tierschutzes wird jedoch weiterhin das Tierheim sein. Vom Architekten und Ehrenmitglied Franz Steinbrüchel, der dem Vorstand des KZTV 46 Jahre lang angehörte, Anfang der 1990er Jahre vergrössert und modernisiert, funktioniert es als Auffangstation und Auskunftsstelle. 365 Tage pro Jahr und rund um die Uhr. Hier leistet man praktische Fürsorge und sensibilisiert Kinder für einen respektvollen Umgang mit dem Tier. So, wie es sich Pfarrer Wolff und seine Gleichgesinnten vor 150 Jahren wünschten.

2001 Der Bundesrat wünscht – vergeblich – die Lockerung des Schächtverbots.

2005 Ein männlicher Braunbär aus dem Trentino taucht im Nationalpark auf.

2006 Jubiläumsjahr des Zürcher Tierschutzes

Igel und Fledermäuse

Wilde Nachtschwärmer in Haus und Garten

Vor Urzeiten, nachdem die Dinosaurier verschwunden waren und bevor der Mensch die Szene betrat, trippelten kleine Säugetiere durch den Tropenwald, die sich zu wehren wussten: Spitze Stacheln, in evolutionärem Prozess aus Haaren gebildet, bedeckten ihren Rücken. Viele Mäuler und Pfoten hatten schmerzhafte Erfahrungen damit gemacht. Dieses Modell setzte sich bei zahlreichen Tieren durch. Das bekannteste Stacheltier Europas ist der Igel. Dank der einfachen, aber wirksamen Abwehrmethode hat er 50 Millionen Jahre überlebt, ohne sich grundsätzlich zu verändern: Wenigen Feinden gelingt es, die stachelige Kugel zu knacken. Mindestens ebenso alt ist die Echoorientierung der Fledermäuse. Sie zählt zu den raffiniertesten Erfindungen der Natur, die es ermöglicht, selbst in stockdunklen Nächten Insekten im Flug zu erbeuten – eine Nahrungsquelle, die die Flattertiere nur mit wenigen teilen müssen.

«Mit Hecken oder Baumreihen sollen Leitstrukturen zwischen den Quartieren und Wäldern geschaffen werden, Grünbrücken sollen das Überqueren von Strassen erleichtern.»

Die nachtaktiven Igel sind «Nasentiere», die sich auf ihren ausgedehnten Streifzügen vor allem von Gerüchen leiten lassen.

Abschied von der Wildnis?

Abgesehen von ihrem hohen stammesgeschichtlichen Alter und der nachtaktiven Lebensweise haben Igel und Fledermäuse auch sonst vieles gemeinsam. Auf ihrem Speisezettel stehen hauptsächlich Insekten, wobei sich Igel auch an Regenwürmer, junge Mäuse, Schnecken, Vogeleier, Aas oder Katzenfutter halten, das sie mit Hilfe ihres ausgeprägten Geruchsinns aufstöbern. Igel wie Fledermäuse mussten das Problem lösen, die nahrungsarme Jahreszeit zu überbrücken. Dazu reduzieren sie im Spätherbst, wenn die Temperaturen sinken, ihre Körperfunktionen auf ein Minimum – sie fallen in den Winterschlaf. Während einige Fledermausarten ihre Winterquartiere in klimatisch günstigeren Gebieten aufschlagen, bleiben Igel im Herbst gewöhnlich ihrem Standort treu und verkriechen sich für die folgenden Monate unter einem geeigneten Holzstoss oder Laubhaufen. Beide verbrennen während der Winterruhe langsam ihre Fettreserve, die sie sich im Sommer und Herbst angefressen haben.

Igel wie Fledermäuse gehören zu jenen Wildtieren, die sich unsere Zivilisation auf irgendeine Weise zunutze machen. Sie gelten deshalb als «Kulturfolger». Dass der Europäische Igel im Siedlungsraum immer häufiger vorkommt, ist der Intensivierung der Landwirtschaft zuzuschreiben, der kleinräumige Heckenlandschaften mit Blumenwiesen und lockere Mischwälder zum Opfer fielen. In der Einöde ausgeräumter Kulturlandschaften finden Wildtiere weder genügend Nahrung noch Unterschlupfmöglichkeiten. Das Angebot im Grüngürtel der Städte ist dagegen igelfreundlicher: In Gärten, Parkanlagen und älteren Friedhöfen ist der Tisch reich gedeckt.

Wenn Fledermäuse in der Nähe der Menschen leben, tun sie dies in erster Linie, weil sie Einfamilienhäuser, Wohnblocks, Kirchen und Schlösser als Ersatz für Fels- und Baumhöhlen schätzen. Je nach Art begnügen sich die einen mit schmalen Ritzen von Fassaden und Mauern, während andere geräumige Quartiere wie Estriche oder Stollen als Sommer- oder Winterquartier bevorzugen. Im Gegensatz zu den Igeln, die zu den ausgesprochenen Lieblingen unserer Tierwelt zählen – und deshalb nicht selten zu Tode gehätschelt werden –, leiden die harmlosen Fledermäuse noch immer unter abergläubischen Vorstellungen und werden häufig aus ihren Schlaf- und Winterquartieren vertrieben.

Fledermäuse orientieren sich mit Ultraschall. Bei den Hufeisennasen (im Bild) ist die Echoortung derart perfektioniert, dass sie Drähte von 0,08 Millimeter Durchmesser erkennen und die Beschaffenheit von angepeilten Objekten unterscheiden können.

Die während der Studie mit Radiosendern markierten Zürcher Stadtigel legten zur Nahrungs- und Partnersuche mitunter beachtliche Strecken zurück.

Den Zürcher Stadtigeln auf den Fersen

Anfang der 1990er Jahre hatten sich die Igel im Grossraum Zürich derart vermehrt, dass das Gartenbauamt gemeinsam mit dem Zürcher Tierschutz dem Phänomen auf den Grund gehen wollte. Das 1992 durchgeführte Forschungsprojekt sollte vorerst Aufschluss über ihre Verbreitung geben: Wie viele Igel leben ungefähr in der Stadt Zürich, und wo halten sie sich auf? Diese Fragen waren nur mit Hilfe der Bevölkerung zu beantworten. Zu diesem Zweck wurden an 18 000 ausgewählte Haushaltungen Fragekarten verschickt; gemeldet wurden insgesamt 1383 Beobachtungen. Demnach konnte im ganzen Stadtgebiet mit einer beachtlichen Population von drei- bis fünftausend Igeln gerechnet werden. Die Rückmeldungen zeigten jedoch, dass der Igel seine Präferenzen hat und sich in günstigen Gebieten mit einem Aktivitätsgebiet von einer Hektare zufriedengibt. Wesentlich mehr Platz beansprucht er auf dem Land, dort kontrollieren Männchen auf Brautschau eine bis zu fünfmal grössere Fläche. In der eigentlichen City ist es wohl möglich, den einen oder andern Stachelritter anzutreffen, aber artgerecht ist der vom Asphalt und Beton fast hermetisch versiegelte Lebensraum nicht. Wesentlich besser sind die Voraussetzungen in Gartensiedlungen, wo von Gebüsch und Hecken eingerahmte Rasenflächen, Obstgärten und Komposthaufen ergiebige

Jagdgründe darstellen. Hier gibt es überdies zahllose Möglichkeiten, sich tagsüber zu verkriechen und den Winter frostsicher zu verschlafen.

Um mehr Licht ins Verhalten der Stadtigel zu bringen, wurde mehreren Tieren ein Miniatursender und ein Lämpchen in die Stacheln geklebt. Mit Hilfe von Handantennen und Empfängern gelang es den Forscherinnen und Forschern, den Studienobjekten auf ihren nächtlichen Streifzügen zu folgen. Jedenfalls meistens, denn das erstaunlich scharfe Tempo, das die plump wirkenden Nachtwanderer bisweilen zulegen, und die Fähigkeit, unter Zäunen durchzuschlüpfen, erschwerten die Aufgabe.

Im Industrie- und Wohnquartier Wipkingen, das für die bauliche Vielfalt urbaner Lebensräume repräsentativ ist, fanden sich die sendermarkierten Igel ausgezeichnet zurecht. Zielgerichtet zogen sie bei Einbruch der Abenddämmerung los und wanderten durch den Grossstadtdschungel, als hätten sie einen Plan mit sämtlichen Passagen und lohnenswerten Fressplätzen vor Augen – die urtümlichen Wesen mit den Knopfaugen verfügen über ein phänomenales Orientierungsvermögen. Lassen sie sich von den unterschiedlichen Düften leiten? Die lange, bewegliche Schnüffelnase und der mächtige Riechlappen des Gehirns deuten darauf hin, dass Gerüche im Dasein der Igel eine wichtige Rolle spielen.

Die Wipkinger Igel wussten aus Erfahrung, welche Grünflächen den Besuch lohnen. Den Sportrasen liessen sie links liegen und suchten dafür um so sorgfältiger die von Kräutern und Blümchen durchsetzten Grünanlagen bei den Wohnhäusern ab. Auf überdüngten, artenarmen Grasteppichen hingegen ist das Nahrungsangebot gleich null. Könnten die Igel uns Orden verteilen, würden sie die ein wenig Unordentlichen und Toleranten auszeichnen, jene Gärtnerinnen und Hausabwarte, die Haufen von Laub und Ästen liegenlassen, mit Giften nichts am Hut haben und beim Mähen, Wenden und Harken Vorsicht walten lassen. Denn Gärten, in denen die Natur geduldet wird, sind Igelparadiese.

Da es in Wipkingen wie fast überall in der Schweiz neben den Grünflächen auch Autostrassen gibt, verblüfften die markierten Igel ihre Beobachter erneut. Statt sich bei Gefahr einzukugeln und der Dinge zu harren, die da kommen sollen, wie es meist hiess, reagierten die Tiere der Situation entsprechend angepasst: kurz stehenbleiben, gucken und vor dem Ungetüm die Flucht ergreifen. Die flinken Vierbeiner haben durchaus eine Chance, mit heiler Haut davonzukommen, falls die Autos die Geschwindigkeit drosseln. Die Zahl der überfahrenen Igel ist dennoch hoch, vermutlich weit höher als die rund neunzig Verkehrsopfer, die im Untersuchungsjahr 1992 in Zürich registriert wurden. Die Einführung von Tempo 30 in ganz Wipkingen ist deshalb auch für die Igel ein Lichtblick. Vor der Überquerung stark befahrener Strassen, wie es in Wipkingen einige gibt, schreckten die beobachteten Tiere in der Regel jedoch zurück. Damit retteten sie vermutlich ihr Leben, dennoch können sich diese Barrieren längerfristig verhängnisvoll auswirken, da sie die kleinen Igelgruppen voneinander isolieren. Wie Inselpopulationen werden sie in jeder Beziehung verletzlicher und riskieren früher oder später zu verschwinden.

Wohnquartiere mit Parkanlagen und Gärten können ideale Lebensräume für Igel sein. Häufig sind sie jedoch zu öd, so dass sie weder genügend Nahrung noch Unterschlupf bieten. Kurzgeschorene Rasenflächen werden von den Stacheltieren eher gemieden.

Igelfreundliche Gärten und Hinterhöfe sind nicht allzu ordentlich und perfekt herausgeputzt. Ein bisschen Wildnis schätzen diese Wildtiere auch im Siedlungsraum. Giftfrei gepflegte Grünflächen und Beete, naturnahe Hecken und Gebüschinseln sowie Komposthaufen sind für Igel und zahlreiche andere Tiere wertvoll.
Als Nisthilfe genügt oft schon ein Haufen Äste oder Laub. Unter diesem Pingpongtisch hat ein Igel trocken und warm überwintert.

Igel finden sich im Labyrinth der Städte erstaunlich gut zurecht. Trotz zahlreicher Hindernisse gelangen sie meist an ihr Ziel. Dennoch lauern auf Schritt und Tritt Gefahren in Form von Swimmingpools, Gartenteichen oder Schächten. Am verhängnisvollsten sind jedoch vielbefahrene Strassen: Sie sind Todesfallen und Barrieren, die den Igellebensraum zerstückeln.

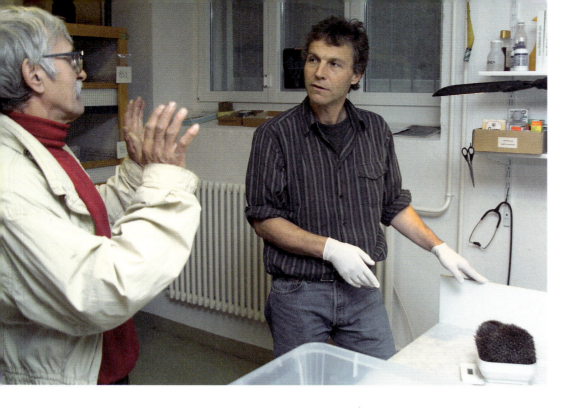

Im Igelzentrum Zürich (IZZ) werden verletzte und kranke Igel medizinisch versorgt und nach der Genesung am Fundort ausgewildert.

Wo sich alles ums Stacheltier dreht

Je mehr Igel den Siedlungsraum bevölkerten, desto mehr Menschen entdeckten das Wildtier im eigenen Garten. So gross die Freude darüber sein mochte: Seine Anwesenheit verunsicherte viele, da das Wissen über die Lebensweise des Bilderbuchhelden in der Regel bescheiden war. Seine drollige Erscheinung verführte viele dazu, den Igel ins Haus zu nehmen und zu füttern – ein «gutes Werk», das dem Wildtier meist schlecht bekommt. Dann war guter Rat teuer. Und was tun, wenn man einen Igel mit der Heugabel oder Motorsense verletzt? Wer hilft den vielen angefahrenen Strassenopfern?

Um dem Notstand abzuhelfen, gründete 1998 die Wildbiologin Marianne Spring gemeinsam mit einer Freundin das Igelzentrum Zürich (IZZ) an der Hochstrasse 13 oberhalb der Frauenklinik. Wenig später stiessen eine Umweltpädagogin, eine Tierärztin und ein Landschaftsarchitekt dazu. Mit bescheidenen Mitteln und um so anspruchsvollerem Aufgabenkatalog stellt sich das Team in den Dienst des populären Tiers. Man will aktiven Tierschutz leisten, indem verunfallte, kranke und schwache Igel medizinisch fachgerecht behandelt werden. Ein zweiter wichtiger Pfeiler ist die telefonische Beratung. Angesichts seiner Beliebtheit sollte der Igel jedoch in erster Linie als Botschafter dienen, der stellvertretend für die übrigen in der Stadt lebenden Wildtiere um Verständnis für ihre Bedürfnisse wirbt. Mehr Natur in Gärten und Parks nützt allen – von der Eidechse über den Wanderfalken und Steinkauz bis zum Fuchs – und ist meist ohne grossen Aufwand zu bewerkstelligen. Durch Vorträge, Exkursionen und Informationsmaterial soll die Bevölkerung für die Probleme von Igel und Co. sensibilisiert werden.

Der Erfolg ist durchschlagend und bestätigt, dass Igelhilfe ein echtes Bedürfnis ist. Seit der Gründung werden jährlich ungefähr zweieinhalbtausend Anrufe aus Stadt und Kanton Zürich, aber auch aus der übrigen Schweiz sowie Deutschland und Österreich beantwortet. Igelpatienten von nah und fern werden verarztet und wieder ausgewildert. Verwaiste Igelbabys werden geschöppelt, Gärten igelfreundlich gemacht, Schulklassen spielerisch mit den Verhaltensweisen und Problemen ihrer Lieblinge vertraut gemacht. Das Igelzentrum zieht unermüdlich Drähte zu den Medien und redigiert selbst zweimal pro Jahr die Hauszeitschrift *Igel & Umwelt*. Seit 2003 bestellen Gemeinden, Schulen und andere Organisationen den Igel- und Naturpfad mit seinen 18 Stationen, um vor der eigenen Haustüre zu informieren, was man tun kann, um den Stacheltieren in der Siedlung eine Chance zu bieten.

Die zahlreichen, zum Teil mit Auszeichnungen geehrten Projekte und Aktivitäten konnten die dunkle Wolke, die das Igelzentrum von Anfang an überschattete, nicht vertreiben: Die finanziellen Probleme waren trotz namhafter Unterstützung des Zürcher Tierschutzes eine ständige Belastung. Den grössten Kostenfaktor bildet die Igelpflege, die jedoch aus verschiedenen, vorab tierschützerischen Gründen nicht aufgegeben werden soll. Trotzdem werden weiterhin grosse Pläne geschmiedet: Im Familiengartenareal am Zürichberg wird ein naturnaher Schaugarten eingerichtet, der dem Igel und seinen Bedürfnissen als Wildtier Rechnung trägt. Der Igel-Sponsorenlauf der Jungmannschaft – mittlerweile eine geschätzte Institution – lindert den Notstand in der Kasse wenigstens einigermassen und hat sich als ideales Werbemittel für die Sache der Stachelritter bewährt.

Umweltbildung ist das wichtigste Anliegen des IZZ: Der Igel ist ein idealer Sympathieträger für die Natur im Siedlungsraum.
Der Schaugarten (unten) ist ein Igelparadies.

Wenn die scheuen, vom Aussterben bedrohten Fledermäuse – im Bild eine Kleine Hufeisennase – in einem Haus Quartier beziehen, sollten sie dort wenn immer möglich geduldet werden.

Hilfe für Fledermäuse in Not

Wer eine verirrte, erschöpfte oder verletzte Fledermaus findet, reagiert oft kopf- oder zumindest hilflos. Das Lebewesen mit dem extravaganten Äussern vermag sogar gestandenen Männern den Mut zu kühlen. Was soll man mit dem Winzling anfangen, der überdies, wenn es auch längst noch nicht allen bewusst ist, bundesrechtlich geschützt ist? Fachlich gut beraten wird, wer die Nummer 079 330 60 60 einstellt: Seit 1984 steht das Fledermausschutz-Nottelefon-Team Hilfesuchenden 365 Tage und 24 Stunden pro Tag zur Seite. Die Fledermausfans, die den Dienst ehrenamtlich versehen, werden meist bei nachtschlafender Zeit angerufen, wenn die Flatterer unterwegs sind. Dann verirren sie sich in Schlaf- und Wohnzimmer, werden von Katzen erbeutet und nach Hause gebracht – und von Spätheimkehrern entdeckt. Sogar im Winter können Fledermäuse unfreiwillig ins Haus geraten, mit dem Cheminee-Brennholz zum Beispiel. Dann erwachen sie und sorgen flatternd für Aufregung. Oft reicht die telefonische Beratung, um ein Fledermausleben zu retten: Das verirrte Tier wird freigelassen und fliegt von dannen. Lässt der Findling jedoch darauf schliessen, dass mit seinem Quartier etwas nicht stimmt, wird der oder die kantonale Fledermausschutz-Beauftragte eingeschaltet. Ist das Tier stark verletzt, vermittelt der Telefondienst eine in der Nähe wohnende Fachperson, die sich des Patienten annimmt. Andernfalls kommt er in die Fledermausschutz-Notstation, wo ihm dank artgerechter Pflege wieder auf die Flügel geholfen wird. Ist der Zustand des Findlings so schlecht, dass er voraussichtlich nie mehr in Freiheit leben kann, muss er allerdings eingeschläfert werden.

Seit die Stiftung Fledermausschutz im Zoo Zürich daheim ist, hat die Notstation mehr zu tun als je zuvor. Der attraktive Standort kommt den Flatterern in mancher Beziehung zugute: So dürfen Kinder die in der Notstation überwinternden Fledermäuse eigenhändig füttern und tragen zu ihrem Überleben bei. Gleichzeitig ist die Notfütterung eine nachhaltige Sympathiewerbung, die allen Fledermäusen – in der Schweiz sind bisher dreissig Arten bekannt geworden – hilfreich sein wird: Wer einem hungrigen «Fläderli» einen Mehlwurm ins Maul gesteckt hat, findet mit Sicherheit nichts Dämonisches mehr an diesem faszinierenden Tier.

Oben: Sind die Flügel intakt? In der Fledermausschutz-Notstation werden Pfleglinge beim Eintreffen sorgfältig untersucht. Ist die elastische Flughaut verletzt, kann sie wieder heilen.
Unten: Die Kleine Hufeisennase mit ihren aussergewöhnlich breiten Flügeln fliegt langsam, aber wendig.

Bedroht, geheimnisvoll – und stark im Aufwind

Etwa fünf Gramm wiegt der Winzling, der dem Fledermausschutz seit geraumer Zeit grosse Sorgen bereitet: Noch vor fünfzig Jahren war die Kleine Hufeisennase in der Schweiz eine häufig vorkommende Art, doch die Bestände schrumpften seither drastisch. Die wenigen Wochenstubenkolonien, die überlebt haben, finden sich in den Alpen- und Voralpentälern. Fledermauskundige in ganz Mittel- und Westeuropa beobachteten dasselbe Phänomen und schlossen von ihrem grossflächigen Verschwinden, dass die Kleine Hufeisennase die Umweltsünden der Wirtschaftswunderjahre nicht verkraftete: Der grosszügige Einsatz von Pestiziden, die Rodung von Hecken und Hochstamm-Obstbäumen, die Zunahme artenarmer Wirtschaftswälder, die Begradigung von Waldrändern und der daraus resultierende Insektenmangel galten als wichtigste Ursachen für den Rückgang. Warme und

Maikäferbekämpfung anno 1948 im Schweizer Mittelland mit DDT – als man die fatalen Auswirkungen noch nicht kannte.

Rechte Seite:
Oben: Naturnahe Mischwälder wie dieser sind die Jagdgründe der Kleinen Hufeisennase. In den Baumkronen und Sträuchern wimmelt es im Sommer von Insekten.

Unten: Auf Schloss Burgistein nordwestlich von Thun haben Kleine Hufeisennasen ein feudales Wochenstubenquartier aufgeschlagen. Wird es zum Ausgangspunkt für die Wiederbesiedlung des Mittellandes?

möglichst störungsfreie Sommerquartiere spielen bestimmt eine wichtige Rolle, scheinen jedoch nicht ausschlaggebend zu sein.

Sollte die Kleine Hufeisennase durch konkrete Schutzmassnahmen gerettet und gefördert werden, genügen Vermutungen freilich nicht. Um gesicherte Erkenntnisse über die bevorzugten Lebensräume der ortstreuen Fledermäuse zu gewinnen, wurden im Sommer 2001 und 2002 im breit angelegten Forschungsprojekt Rhippos zwanzig Tiere mit 0,33 Gramm leichten Miniatursendern ausgerüstet. Es waren die leichtesten und kleinsten Radiotelemetrie-Sender, die damals auf dem Markt waren, und sie behinderten die Flatterer, deren Körperlänge ungefähr vier Zentimeter beträgt, erwiesenermassen nicht. Die Signale wurden von Handantennen und drei Meter hohen Giraffenhals-Antennen aufgefangen.

Das Ergebnis der präzisen Peilungen sorgte beim Schweizer Forschungsteam für eine Überraschung: Die Kleine Hufeisennase entpuppte sich als echter Waldschratt! Zwar waren die auffallend langsam fliegenden Fledermäuse auch schon im Wald gesehen worden, dass sie jedoch fast ausschliesslich dort jagen, war neu. Das Fehlen von insektenreichen Blumenwiesen und Weiden kann demnach nicht für den Bestandesrückgang verantwortlich sein. Auch die These, die Kleine Hufeisennase gehöre zu den Gourmets und verspeise ausschliesslich spezielle, selten gewordene Insektenarten, erwies sich als falsch. Kotanalysen ergaben, dass diese Fledermausart das vorhandene Nahrungsangebot opportunistisch nutzt nach dem Motto: Was herumfliegt und den Magen füllt, kann nicht schlecht schmecken.

Die Frage, was der Fledermaus, die das beachtliche Alter von 21 Jahren erreichen kann, das Leben schwer macht, war damit noch nicht beantwortet. Beobachtungen an ausschwärmenden Tieren zeigten jedoch, dass die Kleinen Hufeisennasen es tunlichst vermeiden, die Strecke zwischen Quartier und Jagdgebiet ohne Deckung zurückzulegen – wahrscheinlich eine Vorsichtsmassnahme gegen Eulen und Greifvögel. Wo Bäume, Hecken oder Mauern ausreichend Schutz bieten, wagen sie sich bereits in der Abenddämmerung ins Freie. Führt die Route jedoch übers freie Feld, fliegen sie erst bei vollständiger Dunkelheit aus. Dann wird wertvolle Zeit verloren, zumal im Sommer zwischen Sonnenuntergang und Einbruch der Nacht besonders viele Insekten herumschwirren.

Die Annahme, dass sich die Kleinen Hufeisennasen Mitteleuropas mit dem seit 1942 industriell produzierten Breitbandinsektizid DDT vergiftet hatten, erwies sich ebenfalls als stichhaltig. Rückstände fanden sich in sämtlichen untersuchten Dachstöcken, die früher als Quartiere benutzt wurden. Die Erkenntnis, dass sich DDT in der Nahrungskette anreichert, sehr langsam abbaubar ist sowie für Tier und Mensch hochtoxisch sein kann, führte in den frühen 1970er Jahren in den USA und in zahlreichen europäischen Ländern, darunter auch der Schweiz, zum Verbot. Vorher wurde das «Wundermittel» vor allem von Obst- und Gemüsebauern in hoher Konzentration und flächendeckend versprüht. Wie bei zahllosen anderen Lebewesen zeigte das Gift bei den Kleinen Hufeisennasen zum Teil noch Jahre nach seiner Ausbringung Wirkung: Es ist nicht nur krebserregend, sondern beeinträchtigt überdies die Fruchtbarkeit.

Dennoch scheinen sich die Kleinen Hufeisennasen vom Schlag der chemischen Keule allmählich zu erholen, die Kolonien wachsen offenbar wieder. Die Fledermauskundigen der Rhippos-Studie möchten es jedoch nicht dabei bewenden lassen, sich über die Zunahme zu freuen, sondern schlagen unterstützende Massnahmen vor. Mit Hecken oder Baumreihen sollen Leitstrukturen zwischen den Quartieren und den Wäldern geschaffen werden, Grünbrücken sollen das Überqueren von Strassen erleichtern. Möglicherweise beziehen Kleine Hufeisennasen bereits in naher Zukunft ihre ehemaligen Unterkünfte, deshalb müssten die DDT-verseuchten Dachstöcke vorher gründlich entgiftet werden...

Bis 2009 werden die Kleinen Hufeisennasen im Rahmen eines sogenannten Monitorings überwacht. Heute sind 46 Wochenstuben bekannt, die Gesamtzahl der Individuen wird auf 4000 Stück geschätzt. Ob die Menge von 423 Quartieren, die zwischen 1827 und 1980 dokumentiert sind, je wieder erreicht wird?

Hier konnten wir helfen...

Artenschutzprojekt Rhippos

Das von 2001 bis 2004 durchgeführte wildbiologische Forschungsprojekt für die Kleine Hufeisennase eröffnete neue Perspektiven. Dank zielgerichteten Schutzmassnahmen darf damit gerechnet werden, dass die in der Schweiz bestehenden Kolonien reelle Überlebenschancen haben. Die Untersuchungen lassen sogar darauf schliessen, dass sich diese Fledermausart allmählich wieder verbreiten wird.

Um die positive Entwicklung der Kleinen Hufeisennase zu fördern, wird das Monitoring weitergeführt. Die wissenschaftliche Beobachtung ausgewählter Kolonien in der Schweiz soll über die Wirkung der Heckenaktion Aufschluss geben.

Das im Sommer 2006 im Haupt-Verlag, Bern, in Zusammenarbeit mit dem Zürcher Tierschutz herausgegebene Buch *Die Kleine Hufeisennase im Aufwind* stellt die neuen, optimistisch stimmenden Ergebnisse des Projekts der Öffentlichkeit vor.

Das Rhippos-Projekt und die reich illustrierte Publikation wurde vom Zürcher Tierschutz unterstützt.

Rhippos
Dr. Fabio Bontadina, SWILD – Stadtökologie, Wildtierforschung, Kommunikation
Wuhrstrasse 12
8003 Zürich
Tel. 01 450 68 05
fabio.bontadina@swild.ch
Artenschutzprojekt «Kleine Hufeisennase»

Für Fledermäuse in Not

Die «Stiftung zum Schutze unserer Fledermäuse in der Schweiz» betreibt im Rahmen ihrer Sympathiewerbung für die Flatterer im Zoo Zürich das Fledermausschutz-Nottelefon und die Fledermausschutz-Notstation. Das ehrenamtlich tätige Team nimmt seit 1984 jährlich Hunderte telefonische Hilferufe entgegen und steht mit Rat und Tat Mensch und Tier aus der ganzen Schweiz zur Verfügung. 365 Tage und rund um die Uhr.

Die Findlinge werden in der Notstation verarztet und gesundgepflegt. Die Hilfe ist «grenzüberschreitend»: So wurde eine Gruppe von 40 Rauhhautfledermäusen und Kleinen Abendseglern aus dem Kanton Luzern überwintert und anschliessend in ihrer Heimat freigelassen.

Beide Projekte wurden seit Jahren vom Zürcher Tierschutz unterstützt, und um den immer grösseren Anforderungen gerecht werden zu können, finanziert er neu eine professionelle Projektleitung auf Teilzeitbasis.

Fledermausschutz-Nottelefon: 079 330 60 60.
Fledermausschutz-Notstation
Stiftung Fledermausschutz c/o Zoo Zürich
Zürichbergstr. 221
8044 Zürich
Tel. 044 254 26 80
fledermaus@zoo.ch, www.fledermausschutz.ch

Verein Pro Igel

Der gemeinnützige Verein Pro Igel wurde 1988 gegründet, um den einheimischen Igel und seine Lebensräume zu schützen. Die Mitglieder – Zoologinnen, Biologen, Toxikologen, Tierärztinnen und erfahrene Igelpfleger – tauschen ihre Erfahrungen aus, um optimalen Igelschutz zu betreiben, hauptsächlich mittels Information, Dokumentation und Forschung. Ein Schwerpunkt ist die Produktion von Unterrichts- und Informationsmaterial: So hat der Verein zum Beispiel einen Igelfilm für Schulen in Auftrag gegeben oder führt Plakataktionen zum Thema Igel und Strasse durch. Zur Zeit wird Pro Igel mit einer gut dotierten Geschäftsstelle neu organisiert. Der Zürcher Tierschutz unterstützt den Verein seit Jahren tatkräftig finanziell und beratend.

Pro Igel
Postfach 77
8932 Mettmenstetten
Tel. 044 767 07 90, Fax 044 767 08 11
info@pro-igel.ch, www.pro-igel.ch

Igelzentrum Zürich

Das 1998 eröffnete Igelzentrum Zürich IZZ hat sich zum Ziel gesetzt, im Interesse der Igel und aller anderen im Siedlungsgebiet lebenden Wildtiere für mehr Naturnähe in der Stadt zu werben. Neben der medizinischen Versorgung kranker und verletzter Igel und der kostenlosen Sprechstunde bildet die Öffentlichkeitsarbeit einen wichtigen Pfeiler des Vereins. Die Exkursionen mit Kindern, Vorträge und Ausstellungen sind beliebt und entsprechend gut besucht.

Das IZZ ist auch publizistisch aktiv (Website, Hauszeitung, Information für Tierärzte, Begleitheft für Naturlehrpfad usw.) und bietet seine Dienste zur Anlage von igelgerechten Gärten an. Geplant ist unter anderem ein Schaugarten (Eröffnung im Herbst 2006), der dem sympathischen Stacheltier in allen Jahreszeiten Nahrung und Unterschlupf bietet.

Von Anfang an wurde das Igelzentrum vom Zürcher Tierschutz finanziell und beratend unterstützt.

Igelzentrum Zürich IZZ
Hochstrasse 13
8044 Zürich
Tel. 044 362 02 03
www.izz.ch, info@izz.ch

Stadtigeln auf der Spur

Wie lebt es sich als Igel in der Grossstadt Zürich? Um über dieses neuere Phänomen Erkenntnisse zu gewinnen, gab Grün Stadt Zürich zusammen mit dem Zürcher Tierschutz 1992 bei SWILD – Stadtökologie, Wildtierforschung, Kommunikation eine Studie über Igel in der Stadt in Auftrag.

In Zusammenarbeit mit der Stadtbevölkerung kamen rund 1400 Meldungen von Igelbeobachtungen zusammen. Ausserdem wurden in Wipkingen und im Sihlfeld Igel mit Sendern markiert und auf ihren nächtlichen Ausflügen beobachtet. Angesichts der hohen Zahl an überfahrenen Igeln wurde ein besonderes Augenmerk auf das Thema Strassenverkehr gerichtet.

Die Broschüre *Igel – Wildtiere als Stadtbewohner* und acht ergänzende Merkblätter stellen die Ergebnisse des Forschungsprojekts allgemeinverständlich dar und geben Tipps für die praktische Naturförderung im Stadtgebiet.

Bauen & Tiere

Beim Bauen und Renovieren nicht nur an die Menschen, sondern auch an Wildtiere denken? Ein vielleicht ungewohnter Gedanke. In Anbetracht der steigenden Zahl von wildlebenden Tieren, die sich im Siedlungsraum aufhalten, macht es jedoch durchaus Sinn, nach bautechnischen Lösungen zu suchen, die beiden Seiten gerecht werden. Fachleute aus Baugewerbe und Naturschutz haben unter der Projektleitung von WILDTIER SCHWEIZ, Zürich, gemeinsam nach Möglichkeiten gesucht, Tiere wie Mauersegler, Tauben, Fledermäuse, Igel, Marder oder Füchse bereits bei der Planung als Nachbarn und Untermieter zu berücksichtigen. So können einerseits Schäden vermieden und andererseits Arten gezielt gefördert werden.

«Bauen & Tiere» bietet Lösungen an für Einfamilienhäuser und Blocks, Fabriken und Verkehrswege und macht Vorschläge zur wildtiergerechten Gestaltung der Gebäudeumgebung. Im Internet finden sich ausserdem Adressen von Fachstellen und Tipps für weiterführende Literatur.

Der Zürcher Tierschutz gehört zu den Hauptfinanzgebern dieses Projekts.

WILDTIER SCHWEIZ
Strickhofstrasse 39
8057 Zürich
Tel. 01 635 61 31
www.bauen-tiere.ch/einstieg.htm

Der Grosse Abendsegler macht Jagd auf kleine und grössere Insekten. Das Weibchen wirft oft Zwillinge und zieht sie bevorzugt in Baumhöhlen auf.

Das Lewa-Schutzprojekt in Kenia

Eine Arche für Rhinos und Zebras

Nashörner zählen zu den Grossen Fünf der afrikanischen Tierwelt und galten wie Löwe, Leopard, Elefant und Kaffernbüffel als besonders gefährlich. Die weissen Jäger schossen Rhinozerosse zu Tausenden und Abertausenden nieder – sie hatten leichtes Spiel, da die Kolosse in Wirklichkeit gefahrlos zu erlegen sind. Später waren es schwarze Wilderer, die Spitzmaul- und Breitmaulnashorn an den Rand der Ausrottung trieben. Ihre Hörner wurden in Asien und Jemen zu Wucherpreisen vermarktet. Dass es für die afrikanischen Nashörner dennoch eine Zukunft geben kann, zeigt die Erfolgsgeschichte der Lewa Downs.

«Auch die Craigs, die tagtäglich mit dem katastrophalen Artenschwund konfrontiert waren, kamen zur Überzeugung, dass etwas wirklich Bedeutendes getan werden müsse, um den ehemaligen Stolz des Landes, Kenias Grosswild, vor dem Untergang zu retten.»

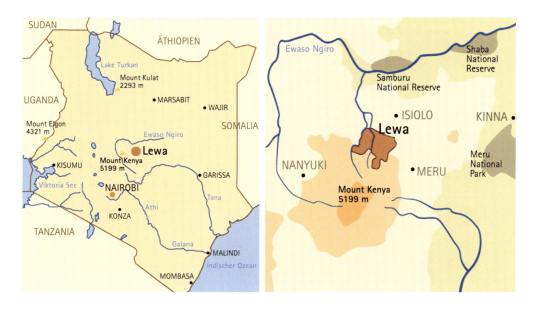

Das private Lewa-Downs-Reservat liegt etwa 65 km nordöstlich von Nanyuki an den Ausläufern des Mount Kenya.

Rechte Seite: Seit 1995 ist die Lewa-Ebene als Nationalpark registriert. Die grossen Wildtiere der Steppen- und Savannenlandschaft leiden in den letzten Jahren unter der extremen Trockenheit.

Die Rhino-Queen von Kenia

Die 1931 in England geborene Anna Merz war zu abenteuerlustig, um im stillen Stübchen zu sitzen und Tee zu trinken. Sie nahm schon als Studentin ihr Schicksal in die eigene Hand, reiste mit dem Landrover nach Pakistan, heiratete alsbald einen in Ghana lebenden Schweizer, trainierte dort Rennpferde und erkundete im Auftrag des Staates die Sahelzone, um geeignete Gebiete für Naturreservate zu finden. Mit ihrem zweiten Gatten, ebenfalls einem Afrika-Schweizer, liess sie sich Mitte der 1970er Jahre in Kenia nieder, zu einer Zeit, als die Rhinozeros-Schlächterei in vollem Gange war. Von den vielen tausend Tieren, die einst die grossartige Landschaft besiedelt hatten, überlebten nurmehr wenige hundert.

Kolonisten und Grosswildjäger des 19. Jahrhunderts beschrieben Ostafrika als ein unberührtes Paradies mit riesigen Herden von Wildtieren, die durch die weiten Ebenen zogen. 1952, als Ernest Hemingway und seine Frau Mary eine Jagdsafari nach Kenia unternahmen, war es immer noch einfach, die afrikanische Fauna aus allernächster Nähe und in erstaunlicher Fülle zu beobachten – und zu erlegen. Auch Rhinos waren damals noch keine Seltenheit. Mary Welsh Hemingway schildert eine denkwürdige Begegnung beim Camp: «Unser viereckiges Toilettenzelt war hinter den Schlafzelten nahe am Ufer aufgebaut und öffnete sich zum Fluss hin. Als ich eines Tages bei Morgengrauen dort herauskam, sah ich zu meinem Entzücken eine Nashornmutter und ihr Kind direkt auf mich zukommen. Sie waren etwa vierzig Meter von mir entfernt. Ich stand da, schnallte mir den Gürtel zu und dachte, dass sie wahrscheinlich beim Erklimmen des Ufers ihr Tempo genügend verlangsamen würden, um mir Zeit zu lassen, mich in Sicherheit des Lagerfeuers zu retten. Dann bemerkte mich die Mutter, sagte etwas zu ihrem Kind, und sie bewegten sich langsamer. Vielleicht war diese Rhinomutter ausnahmsweise nicht schlecht gelaunt von der Geburt. Während ich regungslos dastand, machten die beiden Tiere halt, drehten sich langsam um und trotteten zurück durch das ausgetrocknete Flussbett und in den Wald am anderen Ufer. Es war das erste, wenn auch nicht das letzte Mal, dass ich ein Rhino in meinem Badezimmer hatte.» Besonders bemerkenswert an diesem Safari-Bericht ist Marys Eindruck, die Rhinomutter habe mit ihrem Kind gesprochen und sei von diesem auf Anhieb verstanden worden. Zwei Jahrzehnte später wird Anna Merz denselben Schluss ziehen.

Die Grosssäuger der afrikanischen Savanne haben sich ihrem Lebensraum und seinen klimatischen Schwankungen auf unterschiedliche Art und Weise angepasst. Die ortstreuen Netzgiraffen sind auf die dornigen Akazien spezialisiert, die sie geschickt abweiden. Die zu den Grossen Fünf zählenden Elefanten und Kaffernbüffel hingegen wandern seit Urzeiten auf denselben Routen von Weidegrund zu Weidegrund. Zäune können sich für diese Tiere verhängnisvoll auswirken.

Das auf weite Grasflächen spezialisierte Breitmaulnashorn ist das Wahrzeichen des ständig wachsenden Lewa-Schutzgebiets.

Hemingway soll einen Widerwillen gehabt haben, Rhinos zu erlegen, und vermutlich war er nicht der einzige Sportjäger, der es vorzog, Löwen und Leoparden ins Visier zu nehmen. Dennoch war ein Ende der Tragödie nicht abzusehen, da der Handel mit dem Horn der grauen Kolosse so lukrativ war, dass sich nicht nur Wildererbanden, sondern auch ehrenwerte Regierungsmitglieder an dem schmutzigen Geschäft bereicherten. Anna Merz, die ihr Herz an die verfolgten Kolosse verloren hatte, wollte etwas zu ihrer Rettung unternehmen, bevor die letzten aus Kenia verschwunden waren. 1983 fand sie Verbündete in der Familie Craig. Lewa Downs, eine ausgedehnte Rinderfarm am Fuss des Mount Kenya, war seit 1922 in ihrem Besitz. Wie viele andere weisse Grossgrundbesitzer Ostafrikas lebten sie von der Symbiose von Rindern, Wildtieren und Tourismus. Weil dieses Gleichgewicht empfindlich gestört war, entschlossen sie sich, zehn Prozent oder 40 Quadratkilometer ihres Terrains für ein privates Nashornreservat zur Verfügung zu stellen. Anna Merz wurde von den Craigs ideell unterstützt, finanzierte das Projekt jedoch zu einem Grossteil aus der eigenen Tasche. Für den Bau des kilometerlangen, 2,5 Meter hohen Elektrozauns, der den 2000 Hektar grossen Kern des Schutzgebiets, das Ngare Sergoi Rhino Sanctuary, umschliessen sollte, organisierte sie Spenden aus den USA, England und der Schweiz. Jahre später betonte die initiative Lady in einem Interview mit der Zeitschrift «Geo», dass sie ohne die Zuwendungen des Amerikanischen Zoowärter-Verbands und des Zürcher Tierschutzes das Projekt nicht hätte durchführen können. Der bewachte Zaun hatte eine Doppelfunktion: Einerseits sollte er die Nashörner vor den Wilderern schützen, andererseits verhinderte er, dass die Rhinozerosse die Weiden und Äcker der Einheimischen verwüsteten. Hirten und Bauern fürchteten die Nashörner als Nahrungskonkurrenten und Schädlinge, weshalb sie im allgemeinen nichts dagegen einzuwenden hatten, wenn Jagd auf sie gemacht wurde.

Das Areal, wenig später nochmals um 2000 Hektar erweitert, wurde 1984 mit Spitzmaul- und Breitmaulnashörnern besiedelt. Die Spitzmaulnashörner stammten vor allem aus Nordkenia, wo die Chance, den Wilderern zu entkommen, gleich Null war; die Breitmaulnashörner wurden aus Reservaten in Südafrika importiert. Die beiden Arten sehen sich ähnlich, kommen sich jedoch nicht ins Gehege, da die eine auf Buschsteppe und Wälder, die andere hingegen auf Grasflächen spezialisiert ist: Die lange, bewegliche Oberlippe des Spitzmaulnashorns dient als Greifinstrument zum Abrupfen von Blättern und Zweigen, während die Lippen des Breitmaulnashorns ähnlich wie eine Mähmaschine funktionieren.

Intelligent, friedliebend, kommunikativ

Dass sich Anna Merz mit Leib und Seele den Nashörnern verschrieben hatte, illustrieren ihre Erlebnisse mit dem legendär gewordenen Breitmaulnashorn Samia. Das am 15. Februar 1985 im Lewa-Downs-Reservat geborene Kalb war von seiner Mutter verlassen worden. Trotz aller Bemühungen gelang es der beherzten Tierschützerin nicht, die grasende Nashornkuh zu ihrem Kind zurückzulotsen. Schliesslich quartierte sie das gewichtige Baby bei sich im Schlafzimmer ein, schöppelte es mit einer tierärztlich verordneten Spezialmilch und ging mit ihm spazieren... bis es dann doch zu gross und zu schwer für ein Salonnashorn war und in einen beim Haus errichteten Stall umgesiedelt wurde. Samia wurde zahm wie ein Hündchen und folgte seiner Ziehmutter auf Schritt und Tritt. Anna Merz wollte das Tier jedoch an die Wildnis gewöhnen, ans artgerechte Leben eines Rhinozerosses, und musste einen stabilen Elektrozaun um das eigene Grundstück ziehen, weil der tonnenschwere Koloss immer wieder ihre Nähe suchte. Eines Tages geschah dann trotzdem das Wunder: Die achteinhalbjährige Samia erregte die Aufmerksamkeit eines Nashornbullen und liess sich von ihm decken. 15 Monate später, im April 1995, brachte sie zur grossen Freude aller Reservatsmitarbeiter einen kräftigen Sohn zur Welt. Das Glück sollte allerdings nicht lange dauern: Ein halbes Jahr später wurden Samia und ihr Kalb von einem zudringlichen Nashornbullen über eine Felswand gestossen. Ihr Tod versetzte Anna Merz einen derart schweren Schock, dass sie 1996 nach Südafrika zog. Sie setzt sich jedoch auch weiterhin für die Sache der Nashörner ein und besucht «ihr» Reservat regelmässig.

Mit der spitzen, beweglichen Oberlippe kann das Spitzmaulnashorn Laub und Zweige von Bäumen und Sträuchern rupfen.

Die enge Beziehung zwischen Samia und Anna Merz war auch von wissenschaftlichem Interesse. Als einfühlsame Beobachterin, die während ihres Aufenthalts in Ghana Schimpansen aufgezogen hatte, lernte sie die variationsreiche Sprache kennen, mit der sich Breitmaulnashörner mit Artgenossen verständigen. Zum Einsatz kommt eine breite Palette von kräftigen bis leisen Schnaubtönen, auch Knurren und Quieken gehören zur akustischen Kommunikation. Bei der Gebärdensprache spielt der ganze Körper eine Rolle, angefangen bei den beweglichen Nüstern über die Ohren bis zum Schwanz. Doch damit nicht genug: Rhinos benutzen Harn- und Kotdüfte, um sich über die Stärke der Bullen und ihre Habitate oder die Empfängnisbereitschaft der Kühe zu informieren. Dank diesem differenzierten Kommunikationssystem bleiben sie in einem lockeren Beziehungsnetz miteinander verbunden.

Warum Nashörner früher sogar von Zoologen für dumm gehalten wurden, hängt möglicherweise damit zusammen, dass sie sich von den Menschen so einfach töten lassen. Ihre vermeintliche Kurzsichtigkeit mag ebenfalls ein Grund dafür gewesen sein. Auf jeden Fall sei auf dem Holzweg, wer das Rhinozeros als einfältig einschätze, berichtigte Anna Merz, denn es könne sich intelligenzmässig durchaus mit den Schimpansen messen. Sie untermauert ihre kühne Aussage durch zahlreiche Begebenheiten, die den Nasenhornträgern einen hohen Intelligenzgrad bescheinigen. So gelang es der findigen Samia einmal, ihre geliebte Menschenmutter, die sich vor ihr versteckt hatte, aufzustöbern, indem sie mit der Oberlippe den Verschlag des Hundes öffnete. Jetzt war es für das Nashorn sozusagen ein Kinderspiel, dem Hund zu folgen, der wiederum der Geruchsspur seiner Herrin folgte – gewusst wie!

Von der Fähigkeit der Breitmaulnashörner, selbst in sehr heiklen Situationen besonnen zu reagieren, zeugte Mister Makora. Einmal verfing sich der starke Bulle, der bislang noch keine schlechte Erfahrungen mit Menschen gemacht hatte, so unglücklich in einem Draht, dass er kaum mehr gehen konnte. Als er Anna, die mit einem Wildhüter unterwegs war, entdeckte, bewegte er sich langsam auf das Auto zu, schaute die beiden merkwürdig an und begrüsste sie schnaubend. Die Befreiung des kapitalen Bullen mit Hilfe eines Buschmessers und eines spitzen Steins dauerte 40 Minuten. Obschon er vor Panik und Schmerz am ganzen Körper zitterte, hielt er still, bis die letzte Schlinge zerschnitten war. Dann prustete er erleichtert – und wohl auch dankbar – und trottete langsam in den Busch zurück. Ein Pferd wäre dazu nicht in der Lage gewesen, meinte die passionierte Reiterin zu diesem Vorfall, obschon es wie die Nashörner zur zoologischen Ordnung der Unpaarhufer gehört.

Mawingu, die «Regenwolke», ist eines der 56 Spitzmaulnashörner, die seit 1984 im Lewa-Schutzgebiet geboren wurden.

Das Reservat wächst und gedeiht

1993 war die «Lewa Wildlife Conservancy» (LWC) gegründet worden, eine Nonprofit-Organisation, die sich das ehrgeizige Ziel gesetzt hat, nicht allein die Nashörner vor der Ausrottung zu bewahren, sondern den Schutzgedanken ganzheitlich auf Landschaft, Mensch und die gesamte Fauna von Zentralkenia auszudehnen. Auch die Craigs, die tagtäglich mit dem katastrophalen Artenschwund konfrontiert waren, kamen zur Überzeugung, dass etwas wirklich Bedeutendes getan werden müsse, um den ehemaligen Stolz des Landes, Kenias Grosswild, vor dem Untergang zu retten. 1995 gaben sie die Rinderzucht weitestgehend auf und erklärten das gesamte Gelände von fast 18 000 Hektar zum Schutzgebiet. Die Rhinos, die sich in ihrer neuen Heimat eingelebt hatten und vermehrten, benötigten ohnehin mehr Raum. Allein bei den Spitzmaulnashörnern gab es seit 1984 bis dato 56 Geburten. Das Beispiel der Farmerfamilie Craig und das Konzept, die lokale Bevölkerung in das Schutzprojekt einzubinden, veranlasste nach und nach und dank viel Überzeugungsarbeit die ans Reservat angrenzenden Gemeinden, ebenfalls einen Beitrag zu dieser Erfolgsgeschichte zu leisten. Heute umfasst das Territorium der Lewa Wildlife Conservancy 17 000 Hektar Land und beherbergt 38 Spitzmaul- sowie 33 Breitmaulnashörner.

Die wachsenden Nashornbestände in Lewa und anderen Gebieten Süd- und Ostafrikas sind das Ergebnis aufwendiger Schutzbemühungen. Ohne gesicherte und mit Alarmvorrichtungen ausgestattete Zäune sowie bewaffnete und bestens ausgebildete Patrouillen, die die wertvollen Tiere Tag und Nacht bewachen, wäre das Unternehmen zum Scheitern verurteilt gewesen. Gewildert wird nach wie vor und mit immer skrupelloseren Methoden, so dass den 150 Wildhütern mit ihren Spezialfahrzeugen und Spürhunden die Arbeit nicht ausgeht. Hermetisch geschlossene Zäune widersprechen jedoch der Vision der Reservatsgründer, dass sich die Nashörner von Lewa aus in Kenia und auf lange Sicht in den geeigneten Gebieten Ostafrikas verbreiten werden. Da die Isolation ausserdem die Gefahr der Inzucht birgt, ist ein zentrales Anliegen des LWC, den Park für alle Tiere durchlässiger zu machen. Als 1995 ein Wildlife-Korridor zum staatlichen Ngare-Ndare-Waldreservat geschaffen wurde, waren die Rhinozerosse indessen dermassen gestresst, dass sie sich kaum mehr fortpflanzten. Offenbar führte die neugewonnene Freiheit zu innerartlichen Auseinandersetzungen und Unsicherheit. Erst nach fünf Jahren lief alles wieder in gewohnten Bahnen, und der Nachwuchs stellte sich erneut regelmässig ein. Die Intervalle zwischen den Geburten sollen sich sogar von etwas über drei Jahren auf gut zwei Jahre verkürzt haben – ein zuverlässiges Indiz, dass die Öffnung den Tieren behagt. Für die Lewa-Leute bedeutet dies freilich auch: noch mehr Kontrolle, um den Wilddieben keine Chance zu geben.

Hoffnung für das Grevy-Zebra

Im Windschatten der Nashörner, die das Flaggschiff des Parks sind, konnte ein weiterer überaus selten gewordener Vierbeiner vor dem Aussterben bewahrt werden: Wegen seines aussergewöhnlich schönen, feingestreiften Fells wurde das Grevy-Zebra so stark bejagt und gewildert, dass 1977 in den Lewa Downs nur noch 81 Exemplare gezählt wurden. Das war insofern alarmierend, als diese Art bloss in Zentral- und Nordkenia sowie in Südäthiopien vorkommt. Die Reservate bildeten ihre einzige einigermassen sichere Zuflucht.

Allgemein wirkte sich positiv aus, dass in Kenia die Jagd auf Grevy-Zebras und der Handel mit ihren Fellen untersagt wurden. Die Wilderei konnte dieses Verbot zwar nicht unterdrücken, doch dank dem Zaun vermehrten sich die Grevy-Zebras in Lewa rasch. Bis 1999 war der Bestand auf 600 Tiere angestiegen. Dann kam die lange Trockenheit zwischen 1998 und 2000, unter der auch die Grevys litten: Obwohl vom mit Schnee und Gletschern bedeckten Mount Kenya her immer noch ausreichend Wasser floss, bot die dürre Grassteppe den Huftieren zuwenig Nahrung. Heute leben etwa 400 Grevy-Zebras in Lewa, das sind 17 Prozent der Weltpopulation. Die anhaltenden Trockenperioden gefährden auch die Existenz der Viehzüchter und ihrer Herden, und sie schützen deshalb die Wasserstellen vor durstigen Wildtieren.

Schliesslich spielte der Löwe beim Auf und Ab des Zebrabestands eine nicht zu unterschätzende Rolle. Obschon die Savanne Ostafrikas den idealen Lebensraum des «Königs der Tiere» darstellt, war er im Lewa-Reservat nicht mehr vorhanden. Auch er war ein Opfer der Jagd geworden. Indessen vermehrten sich die prächtigen Netzgiraffen fleissig – und wurden prompt zum Problem, da sie im Begriff waren, die Schirmakazie, ihre Leibspeise, zu übernutzen und letztlich zu vernichten. Der Löwe als grösster natürlicher Feind sollte Abhilfe schaffen, indem er das natürliche Gleichgewicht wieder herstellt. Lewas Leoparden und Geparden hatten die Überpopulation nicht verhindern

Linke Seite oben:
Dank seiner Anpassungsfähigkeit und Fruchtbarkeit ist das breit gestreifte Steppenzebra in Afrika immer noch weit verbreitet.

Unten:
Die Zukunft des Grevy-Zebras ist von mehreren Faktoren abhängig. Das Lewa-Forschungsteam bemüht sich seit Jahren, diese schöne, aber selten gewordene Art zu retten.

Löwen zählen zu den natürlichen Feinden der Zebras. Auf den fragilen Bestand der Grevy-Zebras könnte sich dieser Beutegreiferdruck jedoch verhängnisvoll auswirken.

können. Zu diesem Zweck wurden 1998 vier Massai-Löwen in Lewa ausgewildert; ihre Zahl ist inzwischen auf 25 Exemplare angewachsen, nicht eingerechnet die etwa 15 Löwen, die zwischen den umliegenden Farmen und dem Reservat pendeln.

Die Entscheidung, Löwen anzusiedeln, fiel den Zoologen, Botanikern und Ökologen des LWC-Teams nicht leicht. Natürliche Bestandesregulation ist auch in einem Reservat erwünscht. Es ist jedoch eine unleugbare Tatsache, dass Zebras zu den bevorzugten Beutetieren dieser Grosskatzen gehören. Auch Nashornkälber werden hin und wieder von Löwenrudeln angegriffen, doch vor einer zornigen Rhinomutter hat selbst ein ausgewachsener Löwenmann Respekt. Weil vor allem Grévy-Fohlen ein weniger ausgeprägtes Feindvermeidungsverhalten zeigen, fielen sie den Löwen im Park sogar öfter als das weit häufigere Steppenzebra zum Opfer, was die unverdauten Haare bei Analysen des Löwenkots bestätigten.

Trotzdem sollen die Löwen bleiben, denn sie gehören genau so zur Fauna Ostafrikas wie die Hyänen und Wildhunde, denen der Sympathiebonus der Grossen Fünf allerdings verwehrt blieb. Anderseits soll der Schutz der Grevy-Zebras noch professioneller und folglich wirksamer werden. Die Grundlagen dafür liefern verhaltensökologische Untersuchungen, die beiden Zebraarten und ihren Feinden in ihrem natürlichen Lebensraum auf den Grund gehen. Die Wissenschaftler interessiert besonders, welche Auswirkungen die Koexistenz längerfristig hat. Das Grevy-Zebra übertrifft das Steppenzebra an Grösse und Gewicht, gerät jedoch durch die längere Tragzeit ins Hintertreffen: Eine Grevy-Stute bringt während ihres Lebens durchschnittlich 17 Fohlen zur Welt, drei weniger als ihre Nahrungskonkurrentin. Ein zusätzliches Handicap ist die Angewohnheit der Mutter, das Fohlen häufig tagsüber ungeschützt allein zu lassen. Zuweilen steht der Grevy-Nachwuchs gruppenweise und von weither sichtbar in der Steppe – für Beutegreifer ein gefundenes Fressen. Obwohl die Grévy-Zebras auch ein Teil der Erfolgsgeschichte Lewas sind, gab es im Frühjahr 2006 einen empfindlichen Dämpfer: Dem durch die extreme Trockenheit in seiner Verbreitung begünstigten Milzbrand-Erreger fielen gut 100 Tiere zum Opfer. Weiterer Schaden konnte nur dank internationaler Hilfe beziehungsweise der Finanzierung eines ausgedehnten Impfprogramms verhindert werden.

«Harambee!»

Kenia ist ein selbstbewusstes, offenes Land, das seit 2002 nach Demokratie strebt. Das alte Erbe in Form von Korruption und Armut hängt jedoch als schwerer Klotz am Bein des afrikanischen Staates, dessen offizieller Wahlspruch in Suaheli lautet: Harambee – «Lasst uns zusammenarbeiten». Das Lewa-Team hat diesen Aufruf von Anfang an beherzigt und die einheimische Bevölkerung in die Planung und Realisierung einbezogen. Der Grossteil der Beschäftigten sind sesshaft gewordene Massai, Frauen und Männer, die dank dem Reservatstourismus und Wildschutz eine sicherere Existenz haben. Das Wissen der Jäger und Hirten war vor allem im Kampf gegen die Wilderer von unschätzbarem Wert.

Die Lewa Wildlife Conservancy finanziert sich mittlerweilen zu einem Teil selbst, da die Organisation eine umweltverträgliche Formel für den modernen Safari-Tourismus gefunden hat. Die Gäste logieren in komfortablen, von den Einheimischen errichteten Öko-Lodges und Safari-Camps und werden von guten Geistern aus der Gegend umsorgt. Sie entdecken die faszinierende Tierwelt unter der Leitung profunder Kenner und haben zugleich das gute Gefühl, einen Beitrag zur Erhaltung dieser einzigartigen Naturlandschaft zu leisten. Der «Tourism for Tomorrow»-Award, den die British Airways 1997 den Il-Ngwesi-Massai für die von ihnen gebaute und betriebene Touristen-Lodge verliehen, machte anderen Stämmen Mut, das Abenteuer der Selbstverwaltung ebenfalls zu versuchen.

Als Investition in die Zukunft Kenias darf der Lewa Education Trust bezeichnet werden. Prinzipiell haben seit 2003 auch ärmere Kinder die Möglichkeit, den Unterricht zu besuchen. Angesichts der steigenden Schülerzahl und der stagnierenden finanziellen Mittel, die für Bildung zur Verfügung stehen, ist die Bilanz jedoch ernüchternd. Die Unterstützung des Schulwesens durch den Trust findet auf breiter Basis statt: von der Primarschule bis zur Universität, vom Pult und Lehrmaterial bis zum Stipendium. Damit hat das LWC einen neuen Weg gefunden, um das Wohl von Mensch und Tier zu fördern.

Die Lewa Wildlife Conservancy hat sich zur modernen Naturschutzorganisation entwickelt, die mit den Massai kooperiert und ihre Ausbildung fördert.

Hier konnten wir helfen...

Lewa Wildlife Conservancy (LWC)

Die private, professionell und nachhaltig geführte Naturschutzorganisation in Kenia wird vom Zürcher Tierschutz seit 1990 regelmässig unterstützt. Initiiert hat dieses Projekt alt Vizepräsident und Ehrenmitglied Fritz Bucher. Im Mittelpunkt der Schutzbemühungen standen anfänglich die durch Wilderer an den Rand der Ausrottung gebrachten beiden afrikanischen Nashornarten. Mittlerweile ist der Aufgabenkatalog des LWC umfassender geworden, doch die Wilderei muss nach wie vor bekämpft werden und kostet eine Menge Geld. Spezialfahrzeuge, die Ausrüstung und Schulung von Rangern, Fährtenhunde usw. werden vom Zürcher Tierschutz mitgetragen. Weitere Pfeiler des LWC sind die wissenschaftliche Forschung und die Schulung der einheimischen Bevölkerung.

Das Lewa-Schutzgebiet wurde mehrfach für seine ökologisch vorbildlichen, attraktiven Touristen-Lodges ausgezeichnet. Statt auf Massentourismus wird auf Qualität und authentische Naturerlebnisse gesetzt. Die Broschüre von Christian Speich, *Lewa – Zukunft für Mensch und Tier*, herausgegeben vom Zürcher Tierschutz 2004, war innert kurzer Zeit vergriffen.

Lewa Wildlife Conservancy
PO Box 10607
00100 Nairobi, Kenya
www.lewa.org, info@lewa.org

Neuer Rangerposten in der Serengeti

Im Serengeti-Nationalpark leben etwa drei Millionen Tiere, ein Grossteil davon nimmt an der saisonalen Tierwanderung teil, die den Regenfällen folgt. Der 2600 km² grosse Tarangire-Nationalpark stellt einen Teil dieses Migrationsgebiets dar. Der südöstliche Teil des Parks und das angrenzende Massailand dient den riesigen Elefanten- und Huftierherden als Korridor zwischen dem Kerngebiet des Tarangire und dem Makame Forest. Die wandernden Tiere leiden jedoch zunehmend unter dem Druck menschlicher Aktivitäten rund um den Park wie Landwirtschaft, Siedlungsbau, Verkehr und Jagd. Überdies gab es Anzeichen, dass Elefanten Wilderern zum Opfer fielen.

Dies bewog die Freunde der Serengeti Schweiz (FSS), im September 2002 den Zürcher Tierschutz um die Mitfinanzierung eines zusätzlichen Rangerpostens im Süden des Tarangire-Nationalparks zu bitten. Für die wirksame Überwachung des Gebiets benötigt es unter anderem einen Geländewagen, eine funktionierende Wasserversorgung und ein Funksystem. Da der ZT schon mehrmals erfolgreich mit den Freunden der Serengeti zusammengearbeitet hatte und das Projekt dazu beiträgt, die wertvollen Tierbestände zu erhalten, leistete er gerne Hilfe.

Verein Freunde der Serengeti Schweiz
Postfach
8952 Schlieren
www.serengeti.ch

Äthiopiens Tierwelt in Gefahr

Äthiopiens landschaftliche Schönheit und seine vielfältige Flora und Fauna gehörten lange Zeit zu den unbekannteren Schätzen Afrikas. Der erfolgreiche Widerstand der Äthiopier gegen europäische Eroberer, politische Unruhen im 20. Jahrhundert sowie die verheerende Dürre und Hungersnot von 1984/85 trugen dazu bei. Anfang der 1990er Jahre endet eine dreissigjährige Kriegszeit, unter der nicht nur die einheimische Bevölkerung, sondern auch die Tiere gelitten hatten, und das Land war wieder zugänglich. Aus diesem Grund startete das Zoologische Institut der Universität Zürich im Herbst 1994 eine Expedition in die Simen Mountains. Der Simen-Nationalpark, von der Unesco als Welterbegebiet ausgewiesen, birgt eine einzigartige afroalpine Lebensgemeinschaft. Der Waliasteinbock, eine Unterart, die nur in Äthiopien vorkommt, stand im Mittelpunkt des Interesses der Gruppe von Forschern und Studierenden aus der Schweiz und Äthiopien. Sein Bestand war innerhalb von zehn Jahren von geschätzten 600 auf 200 Tiere geschrumpft. Ähnliche Entwicklungen waren auch bei anderen Arten zu verzeichnen. Als Grundlage dienten Beobachtungen, die Schweizer Wissenschaftler 1968/69 gemacht hatten.

Zweck des viermonatigen Feldaufenthalts war, die Ursachen dieser Entwicklung und Möglichkeiten zum Schutz der bedrohten Arten aufzuzeigen. Es stellte sich heraus, dass die jahrzehntelange Übernutzung durch Brandrodung, Anbau auf Steilhängen usw. ein

Weltnaturerbe Extremadura

Hauptgrund für den Artenschwund war und eine ökologischere Landwirtschaft der einzige Weg ist, um das gefährdete Naturjuwel zu retten.

Indem der Zürcher Tierschutz das Walia-Projekt finanziell tatkräftig unterstützte, half er überdies dem Simen-Nationalpark, dessen Infrastruktur damals sehr bescheiden war. 2005 erschien die ZT-Broschüre *Semien – Afrikas bedrohte Alpenwelt*.

Park Office
Simen Mountains National Park
PO Box 13, Debark, North Gondar, Ethiopia
Tel. +251 8 11 34 82
E-Mail: walia.smnp@telecom.net.et

Die Provinz Extremadura im Westen der Iberischen Halbinsel hat die Grösse der Schweiz und eine extrem niedrige Bevölkerungsdichte. Riesige Mediterranwälder und Steineichenhaine, Feuchtgebiete, Steppen und Berge beherbergen 420 verschiedene Wirbeltierarten, darunter weltweit gefährdete Arten wie Kaiseradler, Schwarzstorch, Grosstrappe, Triel, Mönchsgeier und Pardelluchs. Der Grossteil der europäischen Kraniche überwintert in den Steineichenhainen (Dehesas), es gibt Fischotter, Ginsterkatzen, Wildkatzen und Wölfe.

Die während Jahrhunderten durch extensive Bewirtschaftung gewachsene Grosslandschaft wurde in den 1960er Jahren durch den Bau mehrerer Stauwehre und eines Atomkraftwerks sowie Eukalyptenplantagen für eine Papierfabrik bedrängt. Dank der 1978 gegründeten Adenex, der Vereinigung zum Schutz und Erhalt der Natur und des Kulturerbes der Extremadura, konnte das Schlimmste verhindert werden. Die extremenischen Umweltschützer entwickelten in den Folgejahren ein beispielhaftes, umfassendes Schutzprogramm. Heute überzieht ein dichtes Netz von 25 biologischen Reservaten mit einer Gesamtfläche von 17 000 Hektaren die Provinz. Damit wurden Arbeitsplätze geschaffen und kulturelle Aktivitäten gefördert.

Der Zürcher Tierschutz sponserte verschiedene Projekte der Adenex. Um die Gelege und Jungvögel der vom Aussterben bedrohten Wiesenweihen – die Population in der Extremadura wurde auf tausend Paare geschätzt! – zu schützen, wurden Landwirte und Mähdrescherfahrer informiert und für den Ernteausfall entschädigt. 1992 richtete die Adenex im ersten Reservat, der Sierra Grande im Gebirge von Badajoz, ein Rehabilitationszentrum für verletzte Wildtiere ein. Dort werden sie gesundgepflegt und nach Möglichkeit wieder ausgewildert. Das dem Arten- und Tierschutz gleichermassen verpflichtete Projekt wurde vom ZT mit einem namhaften Betrag gefördert. Mehr Informationen zu den Reservaten und Projekten unter:

www.adenex.org/aleman/reserv_al.html

Theater für bedrohte Schimpansen

Als der berühmte Schweizer Primatologe Christophe Boesch im Jahr 2000 die Wild Chimpanzee Foundation (WCF) gründete, stand es um die Schimpansen im Taï-Nationalpark im westafrikanischen Staat Elfenbeinküste ausgesprochen schlecht. In seinem Forschungsgebiet war die von ihm beobachtete Population innerhalb von zwei Jahrzehnten von 82 auf 17 Individuen geschrumpft. Wilderei zur Fleischgewinnung ist eine Hauptursache der Dezimierung. Mindestens ebenso katastrophal wirkt sich die Vernichtung des Tropenwalds durch Abholzen und Brandroden aus; ansteckende Krankheiten (Ebola-Virus) und natürliche Feinde wie der Leopard geben den Schimpansen den Rest.

Um zu verhindern, dass Schimpansen nur noch im Zoo überleben, sollen die Afrikaner motiviert werden, sich um den Schutz der haarigen Verwandten zu bemühen, statt sie weiterhin zu verfolgen. Die Idee, die Botschaft mittels Theaterstücken zu verkünden, hatte bei den sinnenfrohen Menschen grossen Erfolg. Die professionelle Schauspielertruppe «Ymako Teatri» und die Schülertheatergruppen, die die Probleme szenisch zur Sprache bringen, lösten Begeisterung und Nachdenken aus.

Die didaktischen und wissenschaftlichen Aktivitäten des WCF wurden wegen der politischen Unruhen der Jahre 2002/2003 in Liberia und der Elfenbeinküste unterbrochen. Es gibt jedoch Anzeichen, dass die Aufklärungskampagnen trotzdem fruchteten – die von Krieg und Armut gebeutelte Bevölkerung reagierte empört, als erneut Schimpansenfleisch auf dem Markt feilgeboten wurde. Deshalb hat der Zürcher Tierschutz beschlossen, das Schutzprojekt für die Schimpansen auch weiterhin zu unterstützen.

Verbandssitz Schweiz:
Wild Chimpanzee Foundation WCF
Chemin de Planta 69
1223 Cologny
www.wildchimps.org

Das Schraubengehörn des Grossen Kudu-Stiers war einst eine begehrte Jagdtrophäe.

Renaturierung und Vernetzung der Gewässer

Der Fischotter schwimmt schweizwärts

Seit geraumer Zeit macht der Fischotter wieder von sich reden. Das in der Schweiz verschwundene Säugetier steht heute allerdings in einem günstigeren Licht als früher: Aus dem verhassten Räuber ist ein charismatischer Sympathieträger geworden. Mit Bravour erfüllt er die Aufgabe, für den modernen Gewässerschutz und naturnahe Gewässer zu werben. Hören wir auf die Botschaft des Otters, steigen die Chancen, dass er bei uns erneut Fuss fassen wird. Als Zugabe profitieren wir von verbessertem Hochwasserschutz und von Naturlandschaften, die diese Bezeichnung auch wirklich verdienen.

«Theoretisch könnte die Schweiz zur Drehscheibe der sich ausbreitenden europäischen Fischotter werden.»

Stromlinienförmiges Phantom

Der letzte untrügliche Nachweis eines wildlebenden Fischotters auf Schweizer Boden wurde 1989 am Südufer des Neuenburgersees erbracht, und zwar in Form eines Pfotenabdrucks in einer frisch gegossenen Zementplatte. Über die Herkunft des geheimnisvollen Tiers ist nichts bekannt, mit grosser Wahrscheinlichkeit war es in einer privaten Nacht- und Nebelaktion ausgesetzt worden.

1975 wurden acht Fischotter aus Bulgarien am Schwarzwasser und an der Sense im Kanton Bern ausgewildert. Dieser Wiederansiedlungsversuch war offiziell und genehmigt, da eine wissenschaftliche Studie zum Schluss gekommen war, dass es in der Schweiz noch mehrere ottertaugliche Gewässer gebe. Zu diesem Zeitpunkt war der gesamtschweizerische Bestand auf ein kümmerliches Dutzend zusammengeschmolzen; die Refugien befanden sich im Drei-Seen-Gebiet sowie in Graubünden und Tessin. Die importierten Wildfänge vermehrten sich und schienen sich in ihrer neuen Heimat wohlzufühlen. Doch der Eindruck täuschte, denn innerhalb eines Jahrzehnts waren die vier Paare samt ihrem Nachwuchs verschwunden. Über die Ursache des Misserfolgs kann lediglich spekuliert werden.

Man gab die Hoffnung aber noch nicht auf. Die zur Rettung der hochgefährdeten Spezies gegründete «Fischottergruppe Schweiz» machte sich unter der Leitung des Bundesamts für Umwelt, Wald und Landschaft (BUWAL) zwischen 1984 und 1990 in der Westschweiz und im Tessin auf die Suche nach Lebensräumen, die die Ansprüche der Wassermarder erfüllen.

Das Resultat war insofern ermutigend, als sogar mehrere Gewässerabschnitte als geeignet eingeschätzt wurden. Die Untersuchung der potentiellen Nahrungsgrundlage der Otter war indes ernüchternd: Die Fische, obwohl in naturnahen Bächen und Flüssen daheim, waren mit hohen Werten von polychlorierten Biphenylen (PCB) belastet. PCB und andere Chlorkohlenwasserstoffe zählen zu den industriellen Wirkstoffen, die in Luft, Wasser und Nahrung vorkommen und schwer abbaubar sind. Sie speichern sich in Fettgewebe und Muttermilch von Mensch und Tier und sollen unter anderem die Fortpflanzungsfähigkeit beeinträchtigen. In der Schweiz ist PCB seit den 1970er Jahren verboten, in anderen Ländern wurde seine Verwendung gesetzlich stark eingeschränkt. Dem damaligen Wissensstand entsprechend reagierte die Forschergruppe richtig: Da die Fische voraussichtlich noch lange Zeit von dem Umweltgift verseucht sein würden, wurde die Aussetzungsaktion der Otter auf unbestimmte Zeit vertagt.

Der elegante Wassermarder war vielleicht aus der Landschaft, aber nicht aus den Köpfen der Menschen verschwunden. Immer wieder wurde er gesichtet, von Hobbyfischern, Jägern und Wanderern, von Leuten, die auch in der Lage sein sollten, eine Bisamratte von einem Fischotter zu unterscheiden. Im Mai 2004 stiessen zwei Mitglieder von Pro Natura, die am Neuenburgersee Biber filmen wollten, auf einen Fischotter. Das Tier verschwand jedoch, ehe sie zur Kamera greifen konnten. Weitere Beobachtungen im folgenden Sommer bestätigten dieses Erlebnis. Und tatsächlich wurde im Frühling 2005 ein handfester Beweis für diese «Erscheinungen» gefunden, und zwar in Form eines Kothaufens, den ein Otter im

Überall, wo der Fischotter in Westeuropa noch vorkommt, wird er mit Freude und Sorge beobachtet: Bleibt er? Pflanzt er sich gar fort? Der Marder, dessen Körper perfekt dem Wasser angepasst ist, steht immer noch auf der Roten Liste der vom Aussterben bedrohten Arten.

Im Naturschutzgebiet Fanel am Neuenburgersee wurde im Sommer 2004 zweimal ein Fischotter gesichtet. Vieles spricht für die Vermutung, dass das Tier widerrechtlich ausgesetzt wurde. In diesem schilfreichen Gebiet leben auch Biber.

Winter an einem Seitenarm des Zihlkanals deponiert hatte. «Eine geradezu elektrisierende Sensation», kommentierte der Zoologe Christian Speich in der Fischotterbroschüre des Zürcher Tierschutzes das Ereignis, «zumindest für Naturfreunde. Nach 15 Jahren des Verschollenseins taucht die seltene Tierart genau an jenem Gewässer wieder auf, an dem sich seine Spur verloren hatte.» Die Frage nach dem Woher beschäftigte die Medien ebenso wie die Wissenschaft. Waren wieder einmal private Halter am illegalen Werk gewesen – oder handelte es sich gar um einen oder mehrere Einwanderer, zum Beispiel aus dem Elsass, wo Fischotter in der Nähe von Colmar ausgewildert worden waren? Doch die Fachleute bezweifeln diese These, so auch Speich: «Die rund 180 Kilometer lange Wanderung zum Neuenburgersee wäre zwar kein Ding der Unmöglichkeit, aber im Quellgebiet des Ill müsste eine ziemlich ruppige Wasserscheide überwunden werden. Und vor allem wäre vermutlich die mit Teichen und Seen übersäte Landschaft nördlich des Pruntruter Zipfels viel attraktiver als eine Jurawanderung auf dem Trockenen.»

Am gefährlichen Ende der Nahrungskette

Die Annahme, die Schweizer Fischotter seien durch die von PCB kontaminierten Fische vergiftet und deshalb ausgerottet worden, wurde durch Laborversuche an amerikanischen Nerzen unterstützt. Dass das allgegenwärtige Gift der Gesundheit schadet, zweifelte niemand ernsthaft an, dennoch stand seine Wirkung auf Fischotter wissenschaftlich auf schwankendem Grund. Da die ausgesetzten Tiere aus dem Schwarzwassergebiet nicht sendermarkiert und damit spurlos verschwunden waren, konnte über ihre Todesursache nur Vermutungen angestellt werden.

Die Tatsache, dass Fischotter als Raubtiere am Ende einer Nahrungskette stehen, macht sie grundsätzlich verletzlich. Dazu kommt, dass Lebewesen, die überwiegend Fisch konsumieren, besonders grosse Mengen an schwer abbaubaren Schadstoffen speichern. Bei Kormoranen und Fischadlern etwa werden erschreckend hohe Werte festgestellt, während nichtspezialisierte Gemischtköstler wie der Mensch oder das Wildschwein diesbezüglich weniger gefährdet sind.

Tatsächlich scheinen Fischotter auf Schadstoffe unterschiedlich zu reagieren. Für Überraschung sorgte Mitte der 1990er Jahre der Zoologe Hans Kruuk, der im Strassenverkehr umgekommene Fischotter auf den Shetlandinseln auf ihren PCB-Gehalt untersuchte. Er stellte fest, dass sich diese Population trotz enorm hoher Konzentrationen fleissig vermehrte. Geringere Gifttoleranz wurde den Wassermardern von England und Wales zugeschrieben: Mit der Zunahme der PCB-Belastung seit Ende der 1950er Jahre schrumpften die Otterpopulationen kontinuierlich und rapid. Der Abwärtstrend fand zu Beginn der 1980ern ein Ende, als die PCB-Konzentration im Wasser abnahm. Zehn Jahre später begann sich eine positive Entwicklung abzuzeichnen, und die Engländer und Waliser können sich über steigende Fischotterbestände freuen. Zweifellos wird durch PCB und andere

Schadstoffe das Immunsystem der Tiere geschwächt. Die Folgen der Immunschwäche sind jedoch unterschiedlich und von zahlreichen Faktoren wie Nahrungsangebot, Lebensraum und genetischer Veranlagung abhängig. Allgemein reifte die Erkenntnis, dass der Fischotter ein weitgehend unbekanntes und komplexes Wesen sei.

Ein Opportunist mit Ansprüchen

Wegen ihrer heimlichen Lebensweise war über das Verhalten wildlebender Fischotter lange Zeit wenig bekannt. Bis zur Einführung der Radiotelemetrie, dank der die Bewegung der Tiere aus der Ferne und bei Dunkelheit verfolgt werden können, war man weitgehend auf Gehegebeobachtungen angewiesen. Die schlechten Erfahrungen mit dem Menschen haben die intelligenten Wassermarder gelehrt, sich tagsüber zu verstecken. Wo sie sich sicher fühlen, in zoologischen Gärten oder Schutzgebieten zum Beispiel, ist diese Vorsichtsmassnahme schnell vergessen. Auch die Fischotter an der Küste Shetlands jagen am Tag, da sie dann grössere Chancen haben, Seevögel zu erwischen. Sie sind beispielhaft für die erstaunliche Anpassungsfähigkeit einer Art, die grundsätzlich ans Süsswasser gebunden ist. Da Salzwasser das dichte Fell entfettet, müssen sie sich vermehrt putzen und im Süsswasser waschen, sonst geht die Isolierfähigkeit verloren.

Fischotter ernähren sich vorwiegend, aber nicht ausschliesslich von Fisch. Im Tierpark Dählhölzli, wo seit 1938 Otter gehalten werden, war ihre Lebenserwartung anfangs gering, angeblich, weil sie mit nichts anderem als Fisch gefüttert wurden. Dann fing man als Ersatz einfach ein neues Tier in der vor der Haustür vorbeifliessenden Aare, doch dies nur nebenbei. Tatsächlich ist das Beutespektrum der Otter breit und umfasst mehr oder weniger alles, was im Wasser und am Ufer an Lebendigem erreichbar ist, neben Fischen auch Krebse, Muscheln, Würmer, Insekten sowie junge Enten und Mäuse. An Land bewegen sie sich geschickt vorwärts und sind in der Lage, weite Strecken zu überwinden, aber ihr ureigenes Element ist das Wasser: Dank Schwimmhäuten zwischen den Zehen, verschliessbaren Gehör- und Nasengängen, Augen, die auf die unterschiedlichen Lichtverhältnisse an Land und im Wasser sekundenschnell reagieren, Tasthaaren an der Oberlippe, die Bewegungen von Fischen und anderen Beutetieren registrieren, sind sie für die Jagd nach Forellen, Barschen, Aalen und Hechten gerüstet. Pro Tag benötigt ein ausgewachsener Otter bis zu zwei Kilogramm Nahrung; die Menge ist in erster Linie von seiner Grösse, aber auch vom Geschlecht und der Umgebungstemperatur abhängig.

Zwei Fischotter im Zoo Zürich, die während mehrerer Monate beobachtet wurden, bestätigten die Vermutung, dass die Nahrungsmenge für das Wohlbefinden eine wichtige Rolle spielt. Im Gegensatz zu den Robben, die

Weil sich der Wassermarder hauptsächlich von Fisch ernährt, wurde er früher als Schädling bekämpft.

Folgende Seite: Im Kanton Graubünden wurden noch Ende der 1970er Jahre Fischotter beobachtet. Der Vorderrhein ist eines der potentiellen Fischottergewässer der Schweiz.

Junge Fischotter lernen von ihrer Mutter fast alles Lebensnotwendige: Schwimmen, Tauchen und Jagen. Dank ihres aussergewöhnlich dichten Fells – auf einem Quadratzentimeter spriessen fünfzig- bis achtzigtausend Haare! – bleibt ihre Haut stets trocken. Ein Weibchen mit Nachwuchs beansprucht mehrere Kilometer Flusslauf. Der Otter auf dem Bild oben ist zehn Monate alt.

Bis die Schweiz wieder ottertauglich ist, können wir die faszinierenden Marder in Zoos und Tiergärten aus der Nähe beobachten. Hier sind sie weniger scheu, auch tagsüber aktiv – und erfüllen ihre Aufgabe als Botschafter für naturnahe, saubere Gewässer.

von einer dicken Speckschicht umhüllt sind, haben Otter keinerlei Unterhautfett und auch sonst nur geringe Fettdepots. Da der wasserabstossende, wärmespeichernde Pelz allein nicht ausreicht, um der Kälte zu trotzen, verbrennen sie mehr Kalorien – und müssen dieses Defizit umgehend beheben, indem sie mehr fressen. Sinkende Temperaturen können sich fatal auswirken, falls zuwenig Nahrung zur Verfügung steht. Dies kann ganz besonders im Winter zum Problem werden.

Die Wechselbeziehung zwischen mangelndem Nahrungsangebot und Ottersterben wird von der Tatsache unterstützt, dass es um den Fischbestand der Schweizer Gewässer schlecht steht. Nicht allein, dass die Erträge der Berufsfischer ständig zurückgehen, auch der Artenreichtum hat sich im 20. Jahrhundert merklich verringert. Es gibt eine Reihe von Ursachen, die für die Dezimierung der Fischfauna in Bächen, Flüssen und Seen verantwortlich gemacht werden. Neben der Gewässerverschmutzung, dem Klimawandel und dem Besatz mit standortfremden Fischarten gilt die künstliche Veränderung der Fliessgewässer als Hauptgrund für diese besorgniserregende Entwicklung. Die Gründlichkeit, mit der die helvetische Gewässerlandschaft «reguliert» wurde, kann jedoch höchstens teilweise rückgängig gemacht werden: einerseits, weil die Renaturierung aufwendig und entsprechend kostspielig ist, und anderseits, weil sich die einst wegrationalisierte Natur nicht so ohne weiteres wiederherstellen lässt.

Durchgangszone für Fernwanderer?

Angesichts der unsicheren Lage entschloss sich die Stiftung «Pro Lutra», nichts zu forcieren, sondern die Ausbreitung der Fischotterbestände in den Nachbarländern im Auge zu behalten. Im Elsass und im Zentralmassiv, in der Lombardei, der Steiermark und in Südostbayern sind die selten gewordenen Tiere wieder daheim. Langsam, aber sicher breiten sich die Bestände aus und erobern die ehemals besiedelten Gewässer zurück. Die Ausbreitung – in sogenannten Monitorings allerseits wissenschaftlich begleitet – ist jedoch nur beschränkt berechenbar und hängt von zahlreichen Faktoren ab. Werden die französischen Otter die streckenweise eingedämmte und nicht sehr saubere Rhone als Wasserstrasse akzeptieren? Beobachtungen aus Österreich, wo sie Stauseen und städtische Gebiete besiedeln, lassen hoffen. Werden die Einzeltiere, deren Spuren in Oberbayern und Südschwaben entdeckt wurden, richtig Fuss fassen? Liegt die Überquerung des Juras im Bereich des Möglichen? Und wie wirken sich Staustufen oder Autobahnen aus? Da der Strassenverkehr für Fischotter in der modernen Kulturlandschaft unbestritten die häufigste Todesursache ist, ruft diese Tatsache nach artspezifischen Lösungen in Form von Brücken oder Unterführungen.

Theoretisch könnte die Schweiz zur Drehscheibe der sich ausbreitenden europäischen Fischotterpopulation wer-

den. Vorausgesetzt, die ottertauglichen Fliessgewässer werden möglichst naturnah gestaltet und miteinander verbunden. Die ökologische Aufwertung würde zahlreichen Wassertieren zugute kommen, nicht zuletzt der gefährdeten Fischfauna. Begradigte, kahle Uferzonen haben sich als otterfeindlich herausgestellt, während dichter Pflanzenbewuchs in Verbindung mit zahlreichen Unterschlupfmöglichkeiten dem diskreten Naturell dieser Marder entgegenkommt: Solange genügend Sichtschutz vorhanden ist, erweisen sich die Fischotter im Nationalpark Bayerischer Wald Besuchern gegenüber erstaunlich tolerant.

Eines ist gewiss: Das europäische Otterprojekt hat längerfristig nur dann eine Chance, wenn die verschiedenen Populationen die Möglichkeit haben, sich auszutauschen. Isolation, und sei sie noch so splendid, ist auf die Dauer gefährlich. Die Schweiz könnte der genetischen Verinselung Vorschub leisten, indem sie die dazu benötigten Brücken baut. Hans Schmid von «Pro Lutra» schliesst die Wiederansiedlung in ferner Zukunft jedoch nicht aus: «Die Sensibilität der Öffentlichkeit, ausgestorbenen Tierarten bei uns wieder eine Chance zu geben, ist jedenfalls vorhanden.» Bis zu einer möglichen Wiederansiedlung ist es aber noch ein langer Weg. In einem ersten Schritt sollen die Ansprüche der Fischotter an einen gebirgigen Lebensraum, wie ihn die Schweiz bietet, abgeklärt werden. Da es bei uns keine freilebenden Fischotter mehr gibt, plant Pro Lutra ein wissenschaftliches Fischotter-Projekt im Nachbarland Österreich. In der Steiermark ist die Fischotterpopulation noch intakt und breitet sich gar wieder aus. Mit Unterstützung des Zürcher Tierschutzes sollen dort in einer breit angelegten wildbiologischen Studie ihr Raum- und Nahrungsverhalten erforscht werden. Mit den Resultaten sollen geeignete Fischottergebiete definiert und in einem Modell für die Schweiz errechnet werden. Bis es soweit ist, spielen die Fischotter in Zoos und Wildparks die Rolle der Botschafter. Dank ihrem Spieltrieb, ihrer Neugierde und ihrer Eleganz sind sie ideale Werbeträger für die eigene Art und den naturnahen Lebensraum Wasser. Zeugte das Aussterben von Biber und Otter drastisch von der Ausbeutung und Verarmung unserer Umwelt, sind die beiden heute Symbolfiguren geworden, die für die Wiederbelebung von Flüssen stehen, für die Schönheit der sich ständig verändernden Auenwälder – und für die Hoffnung, diese fast verlorenen Paradiese zumindest stellenweise wiederherzustellen. Ausserdem wächst mit den Katastrophen der letzten Jahre die Einsicht, dass Flüsse und Bäche, die von ihren Korsetts befreit sind, geringere Hochwasserschäden verursachen. Wo sich Otter und Biber tummeln, geht es auch den Menschen gut, lautet darum die griffige Formel von Tier- und Naturschützern. Der Biber ist im Kanton Zürich und anderswo in der Schweiz auf gutem Weg, wieder Fuss zu fassen. Wenn dies auch dem Fischotter gelingen soll, braucht er unsere Hilfe.

Der Biber hat in der Schweiz stellenweise wieder Fuss gefasst und betätigt sich wie seit alters als Dammbauer. Als reiner Pflanzenfresser ist er für den Fischotter keine Konkurrenz, so dass die beiden sich naturnahe Gewässer teilen können.

Hier konnten wir helfen...

Biber- und Fischotteranlage im Sihlwald

Seit dem 21. Mai 2005 gibt es im Naturzentrum Sihlwald Fischotter und Biber. Die beiden Gehege – insgesamt sind sie 2665 m² gross – wurden von Fachleuten artgerecht gestaltet und dem natürlichen Lebensraum der Tiere nachempfunden. Da die vorher verbreitete Sihl geschickt in die Anlage eingebunden wurde, wirkt das Ganze harmonisch und ungekünstelt.

Die attraktive Anlage soll in erster Linie den Besuchern des Informationszentrums ermöglichen, die selten gewordenen Biber und Fischotter aus nächster Nähe bei ihren Aktivitäten zu beobachten. Während sich die Biberfamilie vorwiegend in der Dämmerung und Nacht zeigt, kann man den Fischottern auch tagsüber zuschauen. Auch ihre Botschaft ist unterschiedlich: Steht Baumeister Biber für die natürliche Gewässerdynamik, verkörpert der Otter die Zerstörung der Flüsse und Bäche durch den Menschen. Ausserdem wurden die Biber in der Schweiz erfolgreich ausgewildert, auch am oberen Lauf der Sihl, während die Wassermarder vorläufig im Gehege bleiben werden.

Mit der Anlage wurde ein erster Schritt getan, um den geschützten Sihlwald mit dem Wildpark Langenberg zu verbinden. Zoo, Naturwald, Informationszentrum mit Biber- und Fischotteranlage sollen zu einem einzigartigen Erlebnispark vor den Toren der Stadt Zürich zusammenwachsen. Wie im Wildpark Langenberg werden Kinder und Erwachsene durch interaktive Beschilderung auf spielerische Art und Weise über die beiden Tierarten, ihren Lebensraum und dessen Bedeutung für den Menschen informiert. Weil die Aktivitätsphasen der Tiere nicht in jedem Fall mit den Öffnungszeiten des Informationszentrums übereinstimmen, steht die Anlage dem Publikum dauernd offen, 365 Tage pro Jahr und rund um die Uhr.

Der Zürcher Tierschutz gehörte zu den Donatoren der Biber- und Fischotteranlage an der Sihl – weil eine Schweiz, in der sich die beiden charismatischen Arten wohlfühlen, auch uns mehr Lebensqualität bietet.

Im ZT-Verlag erschien 2005 die Broschüre von Christian Speich *Der Wassermarder kommt. Ist die Schweiz fischottertauglich?*

Naturzentrum Sihlwald
Sihltalstrasse 1684
8135 Sihlwald
Tel. 044 720 38 85 und 044 216 46 45
www.sihlwald.ch

Die Biber- und Otteranlage sowie die Aussenausstellungen sind das ganze Jahr frei zugänglich.

Zusammenarbeit mit der Stiftung Pro Lutra

«Pro Lutra» wurde im Hinblick auf eine Rückkehr des Fischotters in der Schweiz und im benachbarten Alpenraum am 21. Februar 1997 als gemeinnützige Stiftung gegründet. Diese bezweckt, die Situation für den Fischotter in der Schweiz neu zu ermitteln, interessierte Institutionen und Personen für das Anliegen zu gewinnen, wissenschaftlich abzuklären, ob und wie sich die Lebensraumbedingungen für diese Säugetierart in unserem Land verändert haben. Aufgrund des aktuellsten Wissensstandes soll überdies geprüft werden, wie und wo Massnahmen ergriffen werden können, um eine Rückkehr des Fischotters zu ermöglichen. In einer breit angelegten wissenschaftlichen Studie, durchgeführt in der Steiermark (Österreich), sollen die Ansprüche der Fischotter an einen alpinen Lebensraum abgeklärt werden.

Im Herbst 2005 ist der Zürcher Tierschutz mit «Pro Lutra» eine längerfristige Partnerschaft eingegangen mit dem Ziel, die Stiftung finanziell, wissenschaftlich sowie medien- und öffentlichkeitsorientiert namhaft zu unterstützen. Der Zürcher Tierschutz ist zudem im Stiftungsrat durch Vorstandsmitglied und Wildtierbiologin Dr. Sandra Gloor vertreten.

Stiftung Pro Lutra
Zoo Zürich
Zürichbergstrasse 221
8044 Zürich

www.prolutra.ch

Neues für Fuchs und Wildschwein im Tierpark Langenberg

Der Wildpark Langenberg gehört zu den wissenschaftlich geführten Zoos der Schweiz. Auf 80 Hektaren Wald und Wiese leben vorwiegend europäische Wildtiere wie Hirsche, Rehe, Elche, Rentiere, Steinböcke, Wildschweine, Braunbären, Wölfe, Füchse, Luchse, Wildkatzen, Murmeltiere und Feldhasen in artgerechten Gehegen. Der Langenberg züchtet Urwildpferde (Przewalski oder Thaki), um sie in ihrer ursprünglichen Heimat, der Wüste Gobi in der Mongolei, im Rahmen eines langfristigen Projekts auszuwildern.

Die Unterstützung des Tierparks Langenberg hat beim Zürcher Tierschutz Tradition. Namhafte Beiträge wurden geleistet für die interaktive Beschilderung der Wildschweinanlage sowie eine Studie über die artgerechte Gehegehaltung von Rotfüchsen. Die frei zugängliche Wildschweinanlage wurde mit neuen Klapptafeln ausgestattet, die grosse und kleine Tierfreunde dazu anregen, selber Hand anzulegen, um die gewünschten Informationen zu erhalten. Selbst wenn die Rotte sich einmal nicht zeigt, gestaltet sich der Rundgang auf diese Weise zur spannenden Entdeckungsreise.

Dank der wissenschaftlichen Beobachtung von vier jungen Rotfüchsen im Rahmen der Dissertation der Zoologin Claudia Kistler an der Universität Zürich, die im Sommer 2003 startete, konnten bereits erste Kenntnisse einer artgerechten Fuchshaltung gewonnen werden. Füchse brauchen Verstecke, Ruheplätze, Klettermöglichkeiten und Aussichtspunkte, von denen sie die Umgebung überblicken können. Nur so fühlen sie sich sicher und zeigen sich auch tagsüber. Ein durchdachtes Futtermanagement und das Leben in der Gruppe machen den Alltag abwechslungsreich und halten die Tiere fit. Erkenntnisse der Arbeit werden als Grundlage für das geplante Fuchsgehege im Westteil des Parks und die Haltung der Füchse darin dienen.

Wildpark Langenberg
Albisstrasse 4
8135 Langnau am Albis
Tel. 044 713 22 80
www.wildpark.ch

Der Hauptteil des Wildparks ist das ganze Jahr 24 Stunden am Tag geöffnet.

Ein ethologisches Forschungsprojekt mit Zukunft

Damit es Wildkatzen im Zoo künftig besser geht

Die Europäische Wildkatze wurde in Westeuropa bis auf einige Restpopulationen ausgerottet. In Zoos fristen die Waldbewohner oft ein klägliches Dasein und wurden kaum erforscht. Wegen ihrer äusseren Ähnlichkeit mit der Hauskatze galten sie als unattraktiv. Die Zürcher Zoologin Marianne Hartmann-Furter sah dies anders. Seit 1992 ergründet sie das Verhalten von Wildkatzen im Gehege. Ihre Arbeit deckt bisher unbekannte Wesensmerkmale auf und beweist, dass artgerechte Haltung in Menschenobhut auch für diese faszinierenden Tiere möglich ist.

In artgerecht eingerichteten Gehegen finden Wildkatzen alle Reize und Strukturen, die sie für ihr natürliches Verhalten benötigen. Sie können sich auch bei Bedarf zurückziehen, um in Ruhe zu dösen.

«Eine der auffallendsten Eigenschaften der Wildkatze ist ihre kompromisslose Wildheit: Sie lässt sich nie und nimmer zähmen.»

Geheimnisvolle Unbekannte

In der ersten Hälfte des vergangenen Jahrhunderts war die Wildkatze für die Schweizer Jäger kein Thema mehr. Ihre systematische Verteufelung und Verfolgung hatte gewirkt. Hin und wieder wurde eine wilde Katze in den Wäldern des Juras erlegt, wohl das letzte Refugium, wo das «Mordtier» in unserem Land überlebte. Die hysterische Hatz auf den kleinen Beutegreifer, der sich in Wirklichkeit fast ausschliesslich von Mäusen ernährt, war in ganz Mitteleuropa üblich und reduzierte die Bestände beinahe auf den Nullpunkt. Lediglich in einigen ausgedehnten Waldgebieten wie der Eifel, dem Harz, der Pfalz, den Vogesen, Ardennen und Pyrenäen konnten sie sich halten. In Deutschland ergriff man die ersten Schutzmassnahmen 1922; erst vier Jahrzehnte später, 1962, wurde die Wildkatze dann endlich in der Schweiz unter Schutz gestellt – zu einem Zeitpunkt, als sie bei uns ein Phantom geworden war, an dessen wirkliche Existenz kaum einer mehr glaubte.

Doch in den 1980er Jahren meldete sich die Wildkatze im Schweizer Jura wieder zurück. Überfahrene Tiere und solche, die in die Lebendfallen der Luchsforscher getappt waren, zeugten von ihrer Gegenwart. Seither hat die Population offensichtlich zugenommen, denn die Zahl der Totfunde und der gemeldeten Beobachtungen stieg an. Zudem wurden Wildkatzen in den Jura-Ausläufern gemeldet, wo sie zuvor nicht mehr vorkamen. Ob der Aufwärtstrend bloss eine vorübergehende Erscheinung als Folge einiger milder und relativ schneearmer Winter ist, bleibt vorläufig offen. Tatsächlich ist diese rauhe Gegend wegen der während langer Zeit geschlossenen Schneedecke für die Wildkatzen im Winter unwirtlich. Sie müssen dann in tiefere Lagen ziehen.

Ein Flair für Raubkatzen

Die Wurzeln von Marianne Hartmanns Wildkatzenprojekt sind in der Kindheit der Zürcher Zoologin zu suchen. In einer Stadtwohnung aufgewachsen, wo Tiere lange Zeit tabu waren, verbrachte sie sozusagen ihre gesamte Freizeit im Zoo Zürich. Dort fühlte sie sich besonders stark zu den Raubtieren hingezogen. Ihren ersten Schulvortrag hielt sie über den Puma, obschon der amerikanische Berglöwe damals in keinem Schweizer Tiergarten zu besichtigen war. Dass Marianne Hartmann im Zoo auch mit Tierleid konfrontiert wurde, prägte sich ihr tief ein: Die artgerechte Haltung von Katzenartigen bildete von Anfang an den Schwerpunkt ihrer Forschungstätigkeit.

1988 begann sie im Auftrag des Zürcher Zoos, das Gehege der Nebelparder zu verbessern. Es war offensichtlich, dass die vorwiegend auf Bäumen lebende, mittelgrosse Katzenart, über die kaum Freilandstudien existieren, ihr Verhaltensrepertoire in der damaligen Anlage nicht ausleben konnte. Obwohl Verbesserungen erreicht wurden, machte die junge Zoologin die unbefriedigende Erfahrung, dass es unmöglich ist, für erwachsene, verhaltensgestörte Tiere in einem vorgegebenen Umfeld eine optimale Lösung zu schaffen. Und da sie sich mit solchen Halbheiten nicht zufriedengeben wollte, wandte sie sich 1992 einem anderen Studienobjekt zu.

Die Europäische Wildkatze schien Marianne Hartmann schliesslich für ihre Pläne ideal. Zum einen war es offensichtlich, dass die Zoohaltung der einheimischen Beutegreifer im argen lag; kleine, minimalistisch eingerichtete Käfige waren der Standard. Zum andern wurde der kleine

Die achtmonatige Diana ist sehr scheu. Oft dauert es viele Monate, bis die Wildkatzen etwas Vertrauen zu ihren Betreuungspersonen fassen. Aber auch dann lassen sie sich niemals streicheln.

Waldbewohner als «Leitmotiv» für die Förderung naturnaher Wälder entdeckt, worauf gezielte Schutzmassnahmen getroffen und in Bayern, wo die Wildkatze ganz ausgerottet war, sogar in Menschenobhut aufgezogene Tiere ausgewildert wurden. Trotzdem waren Beobachtungen im Freiland immer noch spärlich und wenig aufschlussreich. Eigentlich wären sie die Grundlage, um eine artgerechte Gehegegestaltung abzuleiten und zu entwickeln. Die Zoologin schlug darum einen neuen wissenschaftlichen Weg ein. In drei grossen Freigehegen liess sie die Katzen selber wählen, welche Strukturen und Reize ihnen entsprechen.

Wild bleibt wild

Eine der auffallendsten Eigenschaften der Wildkatze ist ihre kompromisslose Wildheit: Sie lässt sich nie und nimmer zähmen. Selbst Tiere, die von Hand aufgezogen worden sind, lassen sich im Erwachsenenalter nicht kraulen. Im Gegensatz zur Hauskatze, dem Streicheltier schlechthin, dulden Wildkatzen keine menschlichen Berührungen. Marianne Hartmann und ihre Helfer haben dieses Artmerkmal strikt respektiert, auch im eigenen Interesse, denn die Katzen wehren sich mit Krallen und Zähnen, wenn sie sich in die Enge getrieben fühlen.

Obschon Wildkatzen keine verwilderten Hauskatzen und mit diesen auch nicht direkt verwandt sind, können sie leicht mit ähnlich gezeichneten Tigerli verwechselt werden. Selbst gestandene Jäger können sie nicht auf den ersten Blick unterscheiden – weshalb die echten Wilden immer wieder als vermeintlich wildernde Hauskatzen abgeschossen werden. Die beiden Arten können sich zwar miteinander fortpflanzen, doch der Kreuzung wirken offensichtlich bestimmte Mechanismen entgegen. Mischlinge, sogenannte Blendlinge, kommen denn auch nur am Rande von Wildkatzenpopulationen vor oder in Gegenden, wo die Wildkatzendichte gering ist und viele verwilderte Hauskatzen leben.

Gewöhnlich sind Wildkatzen grösser und kräftiger als Hauskatzen. Der Unterschied ist besonders ausgeprägt, wenn den Wildkatzen das dichte, lange Winterfell gewachsen ist. Ausserdem fressen sie sich im Spätsommer und Herbst mehrere Kilogramm an, von denen sie die kalte Jahreszeit über zehren. Ein zuverlässiges Merkmal ist der Schwanz: Er ist gleichmässig buschig, mit drei bis vier dunklen Ringen gezeichnet und hat ein schwarzes, stumpfes Ende.

Einwandfrei von einer ähnlich gezeichneten Hauskatze unterscheiden lässt sich eine Wildkatze eigentlich erst, wenn sie tot ist. Ihr im Vergleich zur Hauskatze wesentlich kürzerer Darm ist ein Indiz dafür, dass sie ein reiner Fleischtiger ist: Abgesehen von etwas Gras fressen Wildkatzen vor allem frischgefangene Mäuse. Vögel, Fische, Reptilien, Insekten und Fallwild werden bei Gelegenheit verzehrt. Ihr grösseres Hirnvolumen macht deutlich, dass das Leben im Freiland mehr Köpfchen erfordert als das Heimtierdasein. Die Domestikation wirkte sich aus wie beim Hund, der mit deutlich weniger Gehirnmasse auskommt als der Wolf.

Auch das Schnurren ausgewachsener Hauskatzen ist eine Folge der Domestikation, Wildkatzen schnurren lediglich im Kindesalter. Möglicherweise signalisieren die wohlig

Marianne Hartmann beobachtet «ihre» Wildkatzen in den Forschungsgehegen aus Entfernung. So behalten sie weitgehend ihre angeborene Menschenscheu und verhalten sich natürlich.

Links: Mutter Irina mit ihrem Sohn Meru ist völlig entspannt.

schnurrenden Kätzchen der Mutter, dass sie gesund und munter sind. Das Schnurren erwachsener Hauskatzen, wenn sie gestreichelt werden oder um Zuwendung betteln, ist demnach ein infantiles Verhalten, das für Wildkatzen keinen Sinn macht. Im Gegensatz zu den Hauskatzen, die zwei- bis dreimal jährlich werfen, ziehen Wildkatzen nur einen Wurf pro Jahr auf. Die Anzahl ist überdies geringer als bei Hauskatzen: Durchschnittlich werden zwischen Ende März und Anfang Juni drei bis vier Junge geboren, deren Sterblichkeit in den ersten Monaten sehr hoch ist.

Dem Raubtier geben, was es braucht

Dass sich Tiere im Gehege nicht genau gleich verhalten wie im Freiland, ist eine Binsenweisheit. Marianne Hartmann-Furter war dennoch überzeugt, dass es ihr gelingen werde, Wildkatzen ein Umfeld mit freilandartigen Bedingungen zu schaffen. Sie brachte ihr unkonventionelles Projekt in Gang – allen pessimistischen Prognosen und Widerständen von Kollegen und Zooleuten zum Trotz. Sie liess sich davon nicht beeindrucken und verfolgte ihr Ziel mit der Beharrlichkeit einer Katze, die so lange vor dem Loch lauert, bis die Maus endlich erscheint.

Tag und Nacht beobachtete die Forscherin, unterstützt von drei Studenten, mit dem Feldstecher und per Videokamera ihre Studienobjekte. Die Liegeplätze und Klettermöglichkeiten wurden gezielt verändert, um so die Bedürfnisse der Katzen zu ergründen. Wichtig für ihr Wohlbefinden war auch eine neuartige, speziell auf diese Tierart zugeschnittene Anlage mit elektronisch gesteuerten Futterkästen. Sie trägt der Tatsache Rechnung, dass die kleinen Wildkatzen mehrmals täglich Beute machen müssen, um sich selbst

Wann kommt die Maus raus? Wie ihre Artgenossinnen im Freiland vor dem Mauseloch, lauert die Wildkatze Rona vor dem gefüllten Futterkasten. Da sie nicht weiss, ob dieser oder ein anderer Kasten als nächstes aufgehen wird, wechselt sie gelegentlich ihren Lauerplatz wie die Wildkatzen draussen bei der Jagd.

und ihren Nachwuchs zu ernähren. Die Futterkästen werden mit toten Mäusen und Ratten gefüllt und so programmiert, dass sie sich zu unterschiedlichen Zeiten öffnen. Diese Methode hat den Vorteil, dass sich die Katzen wie im Freiland auf die Lauer legen müssen, wenn sie satt werden wollen. Dank ihrem guten Geruchssinn bereitet es ihnen zwar keine Schwierigkeit herauszufinden, wo die Beute versteckt ist. Genauso wie im Freiland wissen sie jedoch nicht, wann und wo genau sie aus einem Loch kommt.

Marianne Hartmanns Schützlinge waren von der Erfindung offensichtlich angetan: «Keines der Tiere, die unter diesen Bedingungen leben, hat Verhaltensstörungen wie stereotypisches Hin- und Hergehen oder apathisches Herumliegen entwickelt. Eine Katze, die in einem Zoo aufgewachsen war und im Alter von neun Monaten bereits ausgeprägte Verhaltensstörungen entwickelt hatte, verlor sie nach einigen Monaten bei dieser Haltung gänzlich.» Im Gegensatz zur traditionellen Fütterung, bei der einmal pro Tag und stets zur selben Zeit ihr Futter vorgesetzt wird, erfordert die Hartmannsche Fütterungsmethode die Aufmerksamkeit der Katze beinahe rund um die Uhr. Es gilt ja nicht allein, die gefüllten Kästen im Auge zu behalten, sie muss auch als erste zur Stelle sein, um der Konkurrenz ein Schnippchen zu schlagen. Dabei zeigte sich, dass es auch im Wildkatzenverband besonders schlaue und lernfähige Persönlichkeiten gibt. Einzelne Katzen fanden heraus, wie sich die scheinbar einbruchsicher konstruierten Kästen knacken lassen, bevor sie sich automatisch öffnen.

Gesellschaftstüchtige Einzelgänger

Dass die tägliche Herausforderung zum Erreichen des Futters die Wildkatzen im Gehege geistig und körperlich fit hält, war zu erwarten. Marianne Hartmann war jedoch überrascht, dass sie Verhaltensweisen entdeckte, die bislang ausschliesslich Affen und anderen sozial lebenden Tieren zugeschrieben wurden: «Normalerweise knurrt eine Wildkatze laut in dem Moment, in dem sie ein gefundenes Futterstück mit den Zähnen packt, und verkündet damit ihren Besitzanspruch. Einmal konnten wir beobachten, dass Diana zufällig auf eine von einem Futterkasten freigegebene Maus stiess, die niemand zuvor bemerkt hatte. Dann nahm sie die Maus zwischen die Zähne, trug sie ein paar Schritte hinter einen Baum und begann leise zu fressen.» Indem sie ihre Beute still und heimlich verschlang, vermied die Kätzin, die Aufmerksamkeit der übrigen Gruppenmitglieder auf sich zu ziehen. Beide Verhaltensweisen, das aggressive Knurren wie der stille Rückzug, sind Hinweise darauf, dass soziale Beziehungen auch für freilebende Wildkatzen eine Rolle spielen. Ihre Einblicke ins hochdifferenzierte Familienleben der Wildkatzen untermauern die Vermutung der Ethologin, dass ihr Gemeinsinn naturgegeben ist. (Diese revolutionäre Sicht – Katzen galten grundsätzlich als asoziale Wesen – wurde überdies durch die neusten Ergebnisse der Freilandforschung bestätigt.) Er entwickelte sich möglicherweise bei Vorfahren der heutigen Katzenartigen zu Zeiten, als das Nahrungsangebot genügend gross war und erlaubte, dass die Familien wenigstens zeitweise zusammenblieben. Unter dieser

Geben ein oder mehrere Kästen kurz hintereinander ihren Inhalt endlich frei, stürzen sich die Wildkatzen blitzschnell darauf und versuchen, die (toten) Mäuse zu packen.

Oben: Die erfahrene Wildkatzenmutter Rona beim ersten Familienausflug durchs Gehege. So gibt sie ihren Jungen Gelegenheit, die Umgebung zu erkunden und eine Menge zu lernen.

Unten: Bei der Betreuung der Jungen helfen auch andere Familienmitglieder mit. Im Bild Don und Toga beim «Babysitting» ihrer kleinen Geschwister.

Rechts: Solange sich kein Weibchen in der Nähe befindet, bleiben die Halbbrüder Milo und Fino auch als jung-erwachsene Kater ein Herz und eine Seele.

Nino leckt seiner Partnerin Irina fürsorglich das Fell.
Die gegenseitige Zuneigung bleibt auch ausserhalb der Paarungszeit das ganze Jahr über bestehen, was von der Beziehungsfähigkeit der Wildkatzen zeugt, die als Einzelgänger gelten.

Voraussetzung scheint der Zusammenhalt unter Verwandten und Partnern auch für Wildkatzen vorteilhaft zu sein. Die Väter tragen zur Aufzucht ihrer Nachkommen bei, indem sie bei ihrer Betreuung mithelfen; die Mütter unterstützen sich gegenseitig beim Säugen und Beaufsichtigen der Jungen; die älteren überlassen ihren kleineren Geschwistern ab und zu einen Brocken und spielen mit ihnen; die Familienmitglieder lernen voneinander und können sich sogar trösten oder beruhigen.

Es kommt auch vor, dass sich Kater und Kätzin oder Mutter und Tochter so gut verstehen, dass eine enge Bindung entsteht. Die Beziehung zwischen Irina und Nino ist so ein Fall, den manche Zoologen gern ins Abseits von Kitsch und Vermenschlichung drängen würden. Dessen ungeachtet sind die beiden für Marianne Hartmann das «Traumpaar» des Versuchsgeheges: «Nino ist auch der einzige Kater, bei dem ich je beobachtet habe, dass er seine Partnerin während der Geburt betreut. Während die Jungen zur Welt kommen, ist er stets in der Nähe der Höhle und beobachtet das Geschehen genau.» Einmal, als die Geburt an einem heissen Sommertag stattfand und die Mutter sich danach erschöpft unter einen Baum legte, wurde sie von Nino fürsorglich geleckt.

Ein anderes Paar wiederum hatte sich immer wieder gestritten, doch als das Männchen nach einer Operation während dreier Monate in ein anderes Gehege versetzt werden musste, zog sich das Weibchen vollständig zurück und war kaum mehr ansprechbar. Auf den Tod eines Partners, zu dem eine starke Bindung bestand, reagierten Gehege-Wildkatzen mit stark verändertem Verhalten, das durch keine andere Ursache zu erklären ist. Diese «Trauerzeit» kann bis zu drei Monaten andauern. Immer wieder bestätigte sich, dass die kleinen Wilden zwar Individualisten, jedoch durchaus zu persönlichen Bindungen und differenzierten Gefühlen fähig sind.

Das Beste ist auch gut für die Zoobesucher

Marianne Hartmanns Wildkatzen vermehrten sich fleissig. Die Jungtiere wurden mit der Futteranlage auf den Ernst des Lebens im Freiland vorbereitet, bevor man sie im Alter von einem Jahr in Bayern im Rahmen eines Wiederansiedlungsprojekts freisetzte. Im Gegensatz zu Wildkatzen, die aus Zoos stammen, brauchen sie keinen Nachhilfeunterricht im Jagen und schlagen sich in der Wildnis der naturnahen Wälder erwiesenermassen erfolgreich durch.

Ende gut, alles gut, sollte man meinen. Doch das Ziel des Projekts, den Wildkatzen in den Tiergärten zu einer Existenz zu verhelfen, die ihrer Art entspricht, ist noch lange nicht erreicht. Die inzwischen international anerkannte Spezialistin stellt ihre Erfahrungen und fundierten Kenntnisse gerne zur Verfügung, um die Katzenhaltung und ihr Fütterungskonzept zoogerecht umzusetzen. Die ausgeklügelte Anlage ist attraktiv und nicht besonders aufwendig einzurichten. Trotzdem griffen nur wenige Zoos und Tierparks auf diese reichen Erfahrungen zurück, die garantieren, dass Wildkatzen frei von Verhaltensstörungen gehalten werden können. Bei den übrigen bleibt vorläufig mehr oder weniger alles beim alten. Diese Gleichgültigkeit fusst in erster Linie auf dem hartnäckigen Vorurteil, dass mit dem kleinen Tiger, der nichts Exotisches an sich hat, kein Staat zu machen sei. Als einheimische Art gehört die Europäische

Wildkatze sozusagen zum Inventar, aber kosten soll sie möglichst wenig. Daran haben auch die beispielhaften Artenschutzprojekte in verschiedenen Ländern Europas nichts zu ändern vermocht.

In den Tierparks der Schweiz und Deutschlands, wo Marianne Hartmann als Beraterin für Wildkatzen- und Luchsgehege wirken durfte, bleibt den Besuchern der traurige Anblick von Katzen erspart, die abgestumpft in ihrem Käfig kauern. Im Wildpark Langenberg bei Zürich erhielt das dort heimische Katzenpärchen 1998 eine von ihr gestaltete neue, 400 m² grosse Freiluftanlage, in der Kurzweil herrscht. In der neuen Umgebung wurden die Tiere rasch unternehmungslustiger. Ein optimales Gehege nach demselben Muster konnte anschliessend im Wildpark Peter und Paul in St. Gallen realisiert werden. Hier wie dort herrscht Zufriedenheit: Die Tiere fühlen sich offensichtlich wohl, und die Menschen freut es ebenfalls, wenn sie einen Eindruck vom wahren Wesen der Wildkatzen erhalten. «So beginnen wir zu erahnen», bekräftigt die Zürcher Ethologin und Tierschützerin, «was in den kleinen grauen Katzen, die am liebsten unbeobachtet ihr heimliches Leben leben, wirklich steckt.»

Die Zitate stammen aus dem reich illustrierten Buch
Die Wildkatze – Zurück auf leisen Pfoten,
Buch- & Kunstverlag Oberpfalz, Amberg 2001.

Die entwöhnten Jungen verbringen im Gehege viel Zeit mit ihrem Vater (links). Nachdem die Wildkatzen einen Winter im Forschungsgehege verbracht haben, werden sie im Rahmen eines Wiederansiedlungsprojekts in Bayern ausgewildert. Einige von ihnen wurden mit Halsbandsendern versehen und nach der Freilassung verfolgt. Sie erwiesen sich als geschickte Mäusejäger und wussten sich zu behaupten.

Hier konnten wir helfen...

Wildkatzenprojekt

Die Biologin Marianne Hartmann-Furter arbeitet seit 1992 an ihrem Projekt zur artgerechten Haltung von Europäischen Wildkatzen. Anstoss zur weltweit einzigartigen Studie war unter anderem die Tatsache, dass die auf der Roten Liste stehenden, noch weitgehend unerforschten Feliden in den meisten Zoos und Wildparks verhaltensgestört sind.

Dank der von Marianne Hartmann experimentell entwickelten strukturreichen Gehegen und artspezifischen Fütterungsanlage ist es seit einigen Jahren möglich, Wildkatzen auf eine Art und Weise zu halten, die auch tierschützerischen Ansprüchen gerecht wird. Der Fortpflanzungserfolg ihrer Schützlinge war entsprechend gross. Deshalb konnten zahlreiche einjährige Jungkatzen in Bayern ausgewildert werden. Im Rahmen dieses Wiederansiedlungsprogramms leitete die Spezialistin 1999 eine Pilotstudie zur Telemetrie von Wald- oder Wildkatzen. Weil die scheuen Tiere im Freiland versteckt leben und deshalb schwierig zu erforschen sind, führte die langjährige Beobachtung in den Forschungsgehegen zu überraschenden Erkenntnissen. Unter anderem im Wildpark Langenberg bei Zürich und im Wildpark Peter und Paul in St. Gallen wurden grosszügige Wildkatzenanlagen nach dem Hartmannschen Modell realisiert.

Marianne Hartmann-Furter ist Vorstandsmitglied des Zürcher Tierschutzes. Der ZT ist der wichtigste Förderer ihres engagierten Projekts.

Naturnahe Gehege für Wolf und Luchs

Die neue Zoophilosophie, die das Tier als Persönlichkeit begreift statt als Ausstellungsobjekt, war dem Zürcher Tierschutz schon früh ein wichtiges Anliegen. Das Beispiel der Wildkatzen zeigt, dass artgerechte Haltung von Wildtieren nur möglich ist, wenn man mit ihrer Lebensweise vertraut ist und weiss, wie man diese Erkenntnisse in die Gehegebedingungen übersetzt – ohne Forschung hätte sich in diesem Bereich vermutlich wenig verändert.

Seit 1995 bewohnt das Wolfsrudel des Wildparks Langenberg ein eingezäuntes, grossflächiges Waldstück, in dem die Tiere über Auslauf, Ausgucke und Rückzugsmöglichkeiten verfügen. Sie schätzen es, die Umgebung im Auge zu behalten und sich dennoch in ihre Privatsphäre zurückziehen zu können.

Für den Europäischen Luchs spielt der Wald noch eine wichtigere Rolle als für den anpassungsfähigen Wolf. Im Wildpark Langenberg wurde 2001 ein neues Gehege eröffnet, das den kurzschwänzigen Raubkatzen mehr Raum und mit der Einrichtung, die Marianne Hartmann realisiert hat, vielfältige Möglichkeiten für artgemässes Verhalten bietet. Die Einrichtung beider Gehege wurde vom ZT finanziell unterstützt.

Als der Wildpark Bruderhaus in Winterthur 1999 anstelle der alten, zwar gesetzeskonformen, aber viel zu kleinen Anlage ein modernes Luchsgehege plante, wurde wiederum die Zürcher Katzenspezialistin als Beraterin beigezogen. Das von einem Bachtobel natürlich strukturierte, rund 3000 m² umfassende Terrain wurde mit Plätzen zum Sonnenbaden und Beobachten, mit Höhlen, Unterständen und Verstecken artgerecht eingerichtet. Momentan wird es von einem älteren und einem jungen Männchen bewohnt. Das mustergültige Luchsgehege – es ist das Aushängeschild des Wildparks Bruderhaus – wurde vom ZT nicht nur durch Fachberatung unterstützt, sondern auch mit einem bedeutenden Zustupf gesponsert.

Weil der Wildpark Bruderhaus zur Realisierung seiner Zukunftspläne einen starken Partner braucht, ging der ZT eine Partnerschaft mit dem Wildpark in Winterthur ein. Stadtforstmeister Beat Kunz ist von der Konstellation überzeugt: «Der Forstbetrieb hat mit dem Zürcher Tierschutz einen versierten Partner mit enormem Fachwissen zur Seite, der das Konzept nebst der finanziellen Unterstützung auch mit seinem Know-how mitträgt.» Als erstes steht ein 12 000 m² grosses, artgerecht gestaltetes Wolfsgehege auf der Wunschliste. Die beiden Wildparks sind das ganze Jahr über geöffnet; der Eintritt ist frei.

Wildpark Langenberg
Albisstrasse 4
8135 Langnau am Albis
Tel. 044 713 22 80
www.wildpark.ch

Wildpark Bruderhaus
Eschenberg
8400 Winterthur
Tel. 052 267 57 22
(Forstbetrieb Winterthur)
www.bruderhaus.ch

Bartgeier-Markierung

Die Wiederansiedlung der Bartgeier in den Alpen bietet dem Zürcher Tierschutz Gelegenheit, einer durch den Menschen ausgerotteten Tierart eine neue Chance zu geben. Mit der Patenschaft für drei ausgewilderte Bartgeier wurde ein erstes Zeichen gesetzt. Das grenzüberschreitende Projekt war bislang von Erfolg gekrönt, die imposanten Vögel erobern sich ihren angestammten Lebensraum zurück. Mit der Freilassung allein ist es jedoch nicht getan. Damit das Unternehmen auf lange Sicht gelingt, muss über die Lebensweise der Bartgeier mehr in Erfahrung gebracht werden. Um die Jungvögel auf der Suche nach einem eigenen Territorium zu verfolgen, wurde 2005 erstmals in der Schweiz Satellitentechnologie eingesetzt. Aus tierschützerischen Gründen mussten die kleinen Sender und ihre Befestigung vorher sorgfältig getestet werden: Die Bartgeier dürfen von diesem Fremdkörper nicht spürbar beeinträchtigt oder gefährdet werden. Dank Unterstützung des ZT konnten an Bartgeiern des Tierparks Goldau verschiedene Markierungsmethoden geprüft werden. Eine Art Rucksack, der sich dem Wachstum anpasst, stellte sich als beste Lösung heraus. Am 11. Juni 2005 wurden zwei mit Sendern markierte weibliche Junggeier im Schweizer Nationalpark freigelassen. Während Folio sich des Senders beim Gefiederputzen entledigt hat, lässt sich Natura kontinuierlich orten. Ihre Streifzüge können im Internet verfolgt werden.

www.bartgeier.ch

«Natur liegt nahe»

Man muss nicht kilometerweit fahren, spannende Naturerlebnisse sind sozusagen vor der eigenen Haustür möglich. Mit dieser Botschaft versucht der Verein «Natur liegt nahe» die städtische Bevölkerung für das Thema Pflanzen und Tiere im Siedlungsraum zu sensibilisieren. Schwerpunkt der Veranstaltungen, die übers Jahr verteilt an verschiedenen Orten stattfinden, ist die heimische Wildfauna und -flora. Aktionen im Zoo Zürich zu Themen wie Heimtierhaltung oder Pelztierzucht finden ebenfalls ihren Platz und stossen jeweils bei Alt und Jung auf lebhaftes Interesse. Die spielerische Art und Weise, mit denen Probleme und Zusammenhänge erklärt werden, sprechen jedoch vor allem Kinder und Jugendliche an.

Die Trägerschaft des Vereins setzt sich zusammen aus Grün Stadt Zürich, Pro Natura Zürich, Stadtgärtnerei Winterthur, Zoo Zürich und dem Zürcher Tierschutz, der dieses Unternehmen auch finanziell mitträgt.

Natur liegt nahe
Hallwylstrasse 29
8004 Zürich
Tel. 044 241 61 17
www.natur-liegt-nahe.ch

Rucksackschule Wald

Für alle, die Lust haben, ein paar Stunden, Nächte oder Tage Auge in Auge mit Mutter Natur zu verbringen, gibt es einen Verein, der dieses Abenteuer möglich macht: die Rucksackschule. Seit 1994 begleitet ein naturwissenschaftlich und pädagogisch geschultes Team Menschen in den Wald und verhilft ihnen zu einem einzigartigen Naturerlebnis nach ihrer Wahl. Ob Schulklasse, Jassverein, Firma oder Familie: Die Rucksackschule bietet für alle Bedürfnisse eine massgeschneiderte Entdeckungsreise an. Die Biologinnen und Zoologen, die uns die Augen für den ökologischen Reichtum des Waldes öffnen wollen, kennen zahlreiche Wege, um ihr Ziel zu erreichen. Im Vordergrund steht das «sinnenhafte Wahrnehmen, Erforschen und Erleben».

Die Zürcher Rucksackschule wird von der Pädagogischen Hochschule Zürich empfohlen und ist eine gemeinnützige Institution. Der Zürcher Tierschutz unterstützt sie seit Jahren massgeblich.

Rucksackschule
Hallwylstrasse 29
8004 Zürich
Tel. 044 291 22 12
www.rucksackschule.ch

Volieren für verletzte Fundevögel

Was tun, wenn man einen verletzten Vogel findet? Die Pflegestationen der Voliere Seebach und der Voliere am Mythenquai in der Stadt Zürich bieten seit vielen Jahren kostenlose Soforthilfe. Jährlich werden Hunderte von Wildvögeln gesundgepflegt und wieder freigelassen, wenn sie flugtüchtig sind. Die Pflegestationen erfüllen auch einen gesetzlichen Auftrag, da alle einheimischen Vögel geschützt sind; demnach dürfen weder gesunde noch kranke Exemplare zu Hause ohne Bewilligung gehalten werden.

Neben der Pflege von Notfällen erfüllen die Zürcher Volieren zahlreiche weitere Aufgaben: Sie beherbergen verwaiste Stubenvögel, züchten auf wissenschaftlicher Basis vom Aussterben bedrohte Arten, veranstalten Ausstellungen, erfüllen einen Bildungsauftrag – und schenken mit der singenden bunten Vogelschar ganz einfach Freude.

Der Zürcher Tierschutz unterstützte die beiden Vogelpflegestationen regelmässig und garantierte damit ihr Fortbestehen. Namhafte Beiträge wurden für bauliche Massnahmen und eine Betreuungsstelle geleistet.

Voliere Mythenquai
Mythenquai 1
8002 Zürich
Tel. 01 201 05 36
www.voliere.ch

Voliere Seebach
Glatttalstrasse 45
8052 Zürich
Tel. 044 301 28 50
www.voliere.ch

Rechts: Nestor ist eine starke Wildkatzen-Persönlichkeit

Kaltblütig – und dennoch leidensfähig

Sei fairer mit den Fischen!

Fisch gilt als gesundes Nahrungsmittel und liegt voll im Trend. Zwischen 1950 und 2000 ist die Menge der Wildfänge weltweit von 18 auf 95 Millionen Tonnen gestiegen. Nur dank intensiver Zucht kann die steigende Nachfrage nach der wertvollen Proteinquelle befriedigt werden. Den verheerenden ökologischen Folgen versucht man durch nachhaltige Fischerei entgegenzuwirken. Über die ethischen Aspekte der Fischgewinnung hingegen machen sich wenige Gedanken. Der Verein fair-fish ist bis heute die einzige Organisation, die sich um den tierschützerischen Aspekt der Fischerei kümmert.

Mit rund 175 Tonnen pro Jahr gehört die Schweiz zu den weltweit grössten Kaviarimporteuren. Ein Grossteil des «schwarzen Goldes» wird durch Wilderei der stark gefährdeten Störe gewonnen.

«Neuerdings beschäftigt sich die Forschung intensiver mit den Sinnesleistungen der Fische, nicht zuletzt weil viele und vor allem wirtschaftlich wichtige Arten hochgradig gefährdet sind.»

Fischstäbchen haben keine Augen

Sie machen Angst, die Nachrichten über die geplünderten, verschmutzten Meere, deren Bewohner, von den Muscheln und Austern über die Hummer und Crevetten bis zu den Fischen, krank sind und krank machen, wenn man sie isst. Die Tatsache, dass zahlreiche Spezies zu verschwinden drohen, weil sie gezielt und in grossem Stil ausgebeutet werden oder weil sie als sogenannte «Beifänge» in die Netze der schwimmenden Fischfabriken geraten, schreckt die Menschen auf. Die Gefahr, eine unserer wichtigsten Nahrungsressourcen zu verlieren, hat etwas bewegt: Heute steht die Forderung im Raum, der rücksichtslosen Meeresfischerei den Riegel zu schieben, indem nur noch so viel gefangen werden darf, wie wieder nachwächst.

Der Marine Stewardship Council (MSC), ein Verbund aus Umweltschutzorganisationen und Nahrungsmittelproduzenten, hat Leitlinien für eine ökologisch verantwortbare Fischerei entwickelt. Obschon das MSC-Zertifikat ein Schritt in die richtige Richtung ist, wird es wohl nicht verhindern können, dass die Fischbestände weiter schrumpfen: Bis 2020 wird der Konsum von Fischprodukten voraussichtlich um 1,5 Prozent pro Jahr zunehmen, während die Fänge jährlich um 2 Prozent zurückgehen...

Auch diese Bilder sind bekannt: Riesige Trawler und Fabrikschiffe, die durch die hohe See pflügen, ohne Unterlass riesige, prallvolle Netze aus der Tiefe holen und deren Inhalt auf Deck prasseln lassen. Es folgt ein verzweifeltes Zappeln, Nach-Luft-Schnappen und Sich-Winden, ein langsames Ersticken und Erdrücktwerden, bevor die Fische auf den Fliessbändern präpariert werden. Oder, noch schlimmer, das nach wie vor praktizierte Finning: Ein grosser, kräftiger Hai wird über Bord gezerrt, dann schneidet man ihm routiniert bei lebendigem Leib die Flossen ab. Der blutige Rumpf interessiert die «Fischer» nicht weiter, er ist wertloser Ballast, den sie kurzerhand wieder ins Meer werfen – wohlwissend, dass das verstümmelte Tier keine Überlebenschancen hat, sondern auf den Grund sinkt und verendet. Diese Quälerei bleibt so lange höchst lukrativ, als in asiatischen Restaurants für ein Tässchen Suppe aus getrockneten Haiflossen bis zu 150 Dollar bezahlt wird. Weltweit wurden 2004 offiziell rund 22 000 Tonnen Haiflossen verkauft; doch in Wirklichkeit ist es um ein Vielfaches mehr.

Derweil löffeln die europäischen Snobs genussvoll Kaviar von laichbereiten Störweibchen. In der Zucht wird ihnen der Rogen per Kaiserschnitt aus dem Leib gepresst und die Wunde wieder zugenäht. Höchstens sechsmal kann ein Stör diese Prozedur durchmachen, dann ist er ausgepumpt und wird getötet. Freilebende Störe hingegen können erwiesenermassen über hundert Jahre alt werden. Weil das schwarze Gold astronomische Preise erzielt (je nach Qualität und Herkunft zwischen 3000 und 30 000 Euro pro Kilogramm), verlockt es Fischer und Mafiosi zur Wilderei, bis der letzte Stör das Zeitliche gesegnet haben wird.

Weder knusprig gebackene, kindgerechte Fischstäbchen noch Kaviar oder Haiflossensuppen haben Augen und Mäuler. Das erleichtert den Verzehr. Ganz abgesehen davon, dass die herkömmliche Meinung war, Fische seien empfindungslose Organismen, die keine Schmerzen verspüren. Der starre, durch keinen Lidschlag vermenschlichte Blick und die schuppige, schleimige Haut laden

Täglich werden Abertausende Tonnen Fisch und anderes Meeresgetier gefangen, verarbeitet und verkauft. Wider besseres Wissen plündert man so die Weltmeere rücksichtslos, um die laufend steigende Nachfrage zu befriedigen.

nicht zum Streicheln ein. Auch wer «stumm und kalt wie ein Fisch» ist, weckt keine fürsorglichen Gefühle. Kurzum: Die Fische scheinen dafür bestimmt zu sein, als Ware behandelt zu werden, denn sie schreien nicht und vergiessen weder Blut noch Tränen.

Lebewesen wie du und ich?

Die allein vom menschlichen Schmerzempfinden ausgehende Beurteilung der Fische war bis vor kurzem die Norm. Ihre Hirnstruktur, die sich von höheren Wirbeltieren unterscheidet, und weitere anatomische Eigenheiten genügten, um dieser Tierklasse in einem «wissenschaftlichen» Rundumschlag jegliche Empfindungsfähigkeit abzusprechen. Sogar in Grzimeks Tierleben von 1970 wurde verkündet: «Die wenigen Schmerzpunkte zeigen, dass Fische nur in geringem Masse schmerzempfindlich sind.» Für die Fischereilobby und viele Freizeitangler bestand kein Grund, an dieser Behauptung öffentlich zu zweifeln, selbst wenn sie es aus eigener Anschauung besser wussten.

Dass man es schon längst hätte besser wissen können, beweist unter anderem Hermann Hesses Appell an die Händler und Feinschmecker in Narziss und Goldmund aus dem Jahre 1930: «Er sah die Frauen und Mägde zu Markte gehen, hielt sich besonders beim Fischmarktbrunnen auf und sah den Fischhändlern und ihren derben Weibern zu, wie sie ihre Ware feilboten und anpriesen, wie sie die kühlen silbernen Fische aus ihren Bottichen rissen und darboten, wie die Fische mit schmerzlich geöffneten Mäulern und angstvoll starren Goldaugen sich still dem Tode ergaben oder sich wütend und verzweifelt gegen ihn wehrten. Wie schon manches Mal ergriff ihn ein Mitleid mit diesen Tieren und ein trauriger Unmut gegen die Menschen; ... warum sahen sie diese Mäuler, diese zum Tod erschreckten Augen und wild um sich schlagenden Schwänze nicht, nicht diesen grausigen nutzlosen Verzweiflungskampf, nicht diese unerträgliche Verwandlung der geheimnisvollen, wunderbar schönen Tiere, wie ihnen das leise letzte Zittern über die sterbende Haut schauderte und sie dann tot und erloschen lagen, hingestreckt, klägliche Fleischstücke für den Tisch der vergnügten Fresser?»*

Ein qualvoll ersticktes Opfer der asiatischen Luxusküche. Durch das «Finning» genannte Abschneiden der Flossen werden zahlreiche Haifischbestände so stark dezimiert, dass sie laut dem EU-Rat vom Zusammenbruch bedroht sind.

Neuerdings beschäftigt sich die Forschung intensiver mit den Sinnesleistungen der Fische. Die Ergebnisse dieser Arbeiten übertreffen sogar die Erwartungen der meisten Tierschützer: Fische können nicht nur hören sowie Farben und ultraviolettes Licht sehen, nein, sie sprechen auch miteinander. Die Geräusche werden mit den Kiemen und der Schwimmblase erzeugt und bewegen sich in Frequenzbereichen, die für das menschliche Ohr nicht hörbar sind. Die Fische kommunizieren mit artspezifischen Lauten untereinander und nutzen sie zur Feindvermeidung sowie als Orientierungshilfe in der Unterwasserlandschaft. Der differenzierte Sound wird jedoch zunehmend durch Schiffsmotoren, Sprengungen, Sonarsysteme und andere Lärmquellen gestört. Darunter leiden auch andere Wasserbewohner wie Wale und Delphine, für die der hohe Geräuschpegel mitunter zur Todesfalle wird, wenn sie sich in seichte Gewässer verirren. Versuche im Indischen Ozean haben ergeben, dass Sprengungen Fische schwerhörig machen und zu Verhaltensstörungen führen. Ihre Innenohren sind ähnlich konstruiert wie die unsrigen und scheinen ebenso empfindlich zu sein.

Selbst in bezug auf den Stress wurden Parallelen festgestellt, die in Erinnerung rufen, dass unsere Ururvorfahren im Wasser lebten. Miesmuscheln, denen man Stress und Schmerzen zufügt, reagieren ähnlich wie der menschliche Körper: Sie schütten Endorphine aus, die betäubend und somit schmerzlindernd wirken. Und wenn sogar Muscheln schmerzempfindlich sind, wieso sollten Fische es nicht ebenfalls sein? Forellen, denen zu Versuchszwecken Essigsäure oder Bienengift in die Lippen gespritzt wurde, zuckten jeweils heftig, rieben die malträtierten Mäuler an der Aquariumsscheibe und verweigerten eine Weile das Futter – offensichtlich war der Schmerz stärker als der Hunger.

Ein weiterer Beweis, dass Fische ähnlich wie andere Wirbeltiere reagieren, wenn sie in Not sind, lieferten Probanden der Universität Bristol. Die bemitleidenswerten Studienobjekte wurden eine Zeitlang an die Luft gesetzt, worauf ihre Stresshormone prompt anstiegen. Wer je gesehen und gehört hat, mit welcher Kraft sich eine grosse Forelle gegen das Ersticken wehrt – die Kiemen können laute Geräusche erzeugen, die an ein weinendes Baby erinnern –, zweifelt keine Sekunde an ihrer Leidensfähigkeit.

Die zahlreichen Lachsfarmen gefährden die Wildlachspopulationen, unter anderem durch Übertragung von Parasiten. Ihren angeborenen Wandertrieb können die Lachse hier nicht ausleben.

Hummer sind solitäre Höhlenbewohner. Nach dem Fang werden sie jedoch oft zu Hunderten monatelang zuammengepfercht. Ohne Futter und mit zusammengebundenen Scheren werden sie heruntergekühlt, bis sie «lebend» verkauft werden.

Gegen den Strom

Seit dem Jahr 2000 setzt sich der Verein fair-fish für tierfreundliche Haltung und schmerzlose Tötung von Speisefischen ein. Initiant der bis heute einzigartigen Institution mit Sitz in Winterthur ist der seit 25 Jahren für den Tierschutz tätige Sozialpsychologe und Journalist Heinzpeter Studer. Nachdem er zwanzig Jahre lang bei kagfreiland gekämpft hatte, um dem Batteriehuhn zu einer artgerechten Existenz zu verhelfen, rief er die ethische Dimension unseres gedankenlosen Umgangs mit den Fischen ins Bewusstsein einer breiteren Öffentlichkeit. Grundsätzlich erscheint es ihm fragwürdig, das Verhalten gegenüber einem Tier vor allem auf der Ebene des Schmerzes zu diskutieren, da jedes Lebewesen unabhängig von seiner Schmerzempfindung ein Individuum sei: «Da das Denken zu unseren Lebensaufgaben gehört, sind wir verantwortlich dafür, dass und wie wir andere Wesen aus deren Lebenssinn herausreissen (lassen), zum Beispiel für unsere Ernährung.»

Fair-fish hat sich das Ziel gesteckt, dass Konsumentinnen, Gourmets, Hobbyangler, Berufsfischer und Fischzüchter mit Kopf und Herz dabei sind, wenn sie Fisch kaufen, essen oder fangen. Das tönt griffig und einfach, ist jedoch ein anstrengendes Schwimmen gegen den Strom. Laut von fair-fish veranlassten Repräsentativumfragen (LINK, 2000 und 2001) würden es zwei Drittel der Fischesser begrüssen, wenn sie das Objekt ihrer Begierde mit gutem Gewissen geniessen könnten, und wären bereit, für «anständig» getöteten Fisch ein bisschen mehr zu bezahlen. Bei den Schweizer Berufsfischern hingegen stiess fair-fish auf zähen Widerstand. Die Bedingung, die Fische bei der Entnahme aus dem Wasser sogleich zu betäuben und zu töten, ist den meisten zu aufwendig. Es stellte sich dann heraus, dass es besonders für Einmannbetriebe tatsächlich schwierig ist, bei grossen Fängen jeden Fisch sofort auf dem Boot mit einem Schlag auf den Kopf zu erlösen. So sind denn die meisten Berufsfischer grundsätzlich mit fair-fish einig, dass mehr Tierschutz für die Fische nötig ist, wollen sich jedoch nicht verpflichten, die strengen Regeln einzuhalten. Ein Trost, dass es bei der professionellen Binnenfischerei immer noch wesentlich humaner zu und her geht als bei der Meeresfischerei!

Wer glaubt, mit dem Kauf von Zuchtfischen den Anforderungen von Ökologie und Tierschutz zu genügen, liegt zwar oft richtig, häufiger ist allerdings das Gegenteil der Fall. Was einst als Patentlösung für die Ernährungsprobleme der Dritten Welt gepriesen wurde, entpuppt sich zunehmend als Zeitbombe: Die hochintensiven Fisch- und Crevettenzuchten drohen die Meere nachhaltig zu verseuchen. Weil die Wildfänge schrumpfen und gleichzeitig die

Nachfrage steigt, gibt es immer mehr und immer grössere Betriebe, die eine immer breitere Palette von Arten züchten. Rund zwanzig Prozent der in der Schweiz konsumierten Meerfische stammen aus ausländischen Zuchtbetrieben, ein Grossteil davon sind Lachse. Der edle Raubfisch mit dem angeborenen Wandertrieb wird vor allem in Norwegen, Chile, Grossbritannien und Kanada in küstennahen Aquakulturen aufgezogen. Die Massenhaltung bringt es mit sich, dass die Tiere mit Antibiotika behandelt werden müssen, um Krankheiten vorzubeugen.

Norwegische Tierschützer, die verkrüppelte, wunde und von Parasiten befallene Lachse nicht mehr stillschweigend als schicksalshaft akzeptieren, liegen mit ihrer Prophezeiung wohl richtig: «Sobald sich die europäischen Konsumenten des Tierleids in der Fischzuchtindustrie bewusst werden, wird Norwegen ein grosses finanzielles Problem bekommen.» Dass wir es weitgehend in der Hand haben, unter welchen Bedingungen die Nutztiere aufwachsen, ist denn auch eine zentrale Botschaft von fair-fish. Schmecken uns die Regenbogenforellen, die in dem zu kleinen, trüben Aquarium neben dem Restauranteingang vor sich hinsiechen? Sind die gefesselten, gestressten und halbverhungerten Hummer im Vivier wirklich das, was man unter Genuss versteht? Oder sollten wir den Wirt lieber auf das Elend aufmerksam machen, das uns den Appetit verdirbt? Dank einem ausführlichen Merkblatt von fair-fish ist es möglich, Einfluss auf die Ethik unserer Gastronomie auszuüben!

Ab 2007 müssen die Schweizer Sportfischer laut revidiertem Tierschutzgesetz eine sachkundige Prüfung ablegen, die auch tierschützerische Anliegen berücksichtigt.

Die Erfüllung der fair-fish-Anforderungen ist für Schweizer Berufsfischer schwierig, da sie aus Kostengründen meist allein auf dem Boot arbeiten.

fair-fish | 117

Die delikatesten Speisefische und Krustentiere sind begehrt und werden stark überfischt. Die Bestände von Seezunge (oben), Seehecht, Dorsch und Hering sind akut gefährdet. Die ebenfalls überfischten torpedoförmigen Kalmare (unten) sind erstaunlich intelligente Tiere, werden jedoch meist lediglich als Tintenfischringli wahrgenommen.

Rechte Seite: Die von Fliegenfischern und Feinschmeckern hochgeschätzte Bachforelle hat in vielen Gewässern Überlebensprobleme.

Dank Kopfschlag und Kiemenschnitt mit dem fair-fish-Stock werden die gefangenen Fische rasch betäubt und getötet.

Wenn schon angeln, dann wirklich weidgerecht!

Für 150 000 Schweizer – darunter befinden sich auch ein paar Schweizerinnen – ist das Fangen von Süsswasserfischen eine Freizeitbeschäftigung, die sie nicht missen möchten. Knapp 35 000 Angler sind einem kantonalen oder lokalen Fischereiverband angeschlossen. Die Mitglieder sollten sich an den eigenen Ethikkodex halten, der unter dem Motto «faires Verhalten gegenüber der Kreatur Fisch» dem Tierschutz mehr Platz einräumt, als dies früher gemeinhin der Fall war. Für den weidgerechten Angler ist es Ehrensache, den Fisch rasch und korrekt zu töten und zusätzlichen Stress durch Hälterung zu vermeiden.

Uneinig sind sich jedoch Fischer und Tierschützer über den «Sport», der mit *Catch and release* oder *No kill* bezeichnet wird. Die geangelten Fische werden nicht getötet, sondern wieder freigelassen, weil die Faszination nicht im Töten bestehe, sondern darin, «den Fisch auszumachen, anzugehen und mit gekonntem Drill einzuholen». Dass dies nicht ohne Verletzungen vonstatten geht, liegt auf der Hand (abgesehen davon, dass die meisten der wieder freigesetzten Fische diese nicht überleben und qualvoll verenden). Den Fischen bleibt diese Tortur offenbar noch lange im Gedächtnis: Forellen und Karpfen, die einmal in einen Haken gebissen hatten, liessen künftig die Köder der Petrijünger vorzugsweise links liegen. Die zu Versuchszwecken geangelten und wieder ausgesetzten Fische verhielten sich noch nach einem Jahr viel vorsichtiger als Artgenossen, die noch nie angebissen hatten. Einmal mehr bestätigte sich, dass Fische ein erstaunliches Erinnerungsvermögen besitzen, das sich mit den Gedächtnisleistungen höherer Wirbeltiere durchaus messen lässt.

Wie steht es jedoch mit jenen 90 000 statistisch erfassten Gelegenheitsfischern (in Wirklichkeit sind es etliche mehr), die ohne Bewilligung und Ausbildung ihr Glück versuchen? Viele von ihnen werden sich um die moralische Verpflichtung ihrer Beute gegenüber wenig kümmern, sie wollen einfach ihren Plausch haben. Noch schlimmer geht es häufig beim sogenannten Familienfischen zu und her: Wenn Eltern und ihr Nachwuchs, darunter Kleinkinder, zum Spass und völlig unsachgemäss Zuchtforellen an Land ziehen, verstösst das eindeutig und massiv gegen das Tierschutzgesetz. Die Szenen, die sich an diesen Teichen abspielen, spotten oft jeder Beschreibung: Die Fische werden ohne Kescher aus dem Wasser gezogen, zappeln lange an der Angel, bis sie endlich auf dem Boden landen und ungeschickt erschlagen werden. Viele lässt man überdies einfach verenden, ohne sie zu töten. Den Kindern wird dabei unweigerlich suggeriert, dass das Umbringen eines Tiers eine lustige Sache sei und für Fische die Tötungs- und Quäl-Tabus nicht gälten.

Ressourcen schonen und fair handeln

Obwohl es fair-fish bis jetzt nicht gelungen ist, die einheimischen Berufsfischer und die westeuropäische Küstenfischerei zum Mitmachen zu bewegen, gaben die Initianten nicht auf. Da kam ihnen Ende 2003 ein Projekt in Senegal gelegen: «Unser Ziel war und bleibt die Förderung des Tierschutzes bei Fischen – auf der ganzen Welt. Da ist uns der Anfang in jedem Land recht.» Vor allem, wenn die Chance besteht, gemeinsam mit der senegalesischen Bevölkerung ein gut organisiertes Unternehmen auf die Beine zu stellen, das allen hilft, Mensch und Tier.

Das Projekt soll senegalesischen Kleinfischern zugute kommen, die mit ihren schmalen, buntbemalten Holzbooten vor der Küste fangen, was ihnen die Hochseeflotten übriglassen. Die Idee, die senegalesischen Pirogenfischer ebenfalls am Export teilhaben zu lassen, indem sie für nachhaltig und tierschonend gefangene Fische einen höheren Preis erzielen, weckte Hoffnung. Denn die traditionelle Fischerei für den eigenen Bedarf ist schlecht bezahlt. Die Aussicht, dank einer durchorganisierten Kühlkette den Fang direkt nach Europa liefern zu können, wird voraussichtlich manchen Jungfischer dazu bewegen, in der Heimat zu bleiben, dem vorher die Emigration der einzige Ausweg aus der finanziellen Misere erschien.

Weil der Teufel jedoch im Detail steckt, benötigten die Vorbereitungen länger als geplant. Ein spezieller Schlagstock wird konstruiert, dank dem die rasche Betäubung und Tötung kontrollierbar ist. Die reibungslose Verarbeitung und Lieferung der Fänge zu den Abnehmern musste garantiert sein. Ökologie und Nachhaltigkeit dürfen keine leeren Worthülsen sein: fair-fish akzeptiert nur Fischarten, die nicht gefährdet sind. Die vom Verein lizenzierte Handelsfirma wird die Klimabelastung durch Luft- und Strassentransporte der Fische durch Zahlungen kompensieren, die in Klimaschutzprojekte vor Ort investiert werden, zum Beispiel in CO_2-neutrale Aussenbordmotoren für die Fischer. Zudem darf die Firma keine Gewinne ausschütten; überschüssige Mittel werden hälftig lokalen Projekten zur Schaffung von Arbeitsplätzen ausserhalb der Fischerei sowie ähnlichen Fischereiprojekten in andern Ländern zur Verfügung gestellt.

Fair-fish hofft, dass das Projekt in Senegal, einmal richtig angelaufen, Kreise ziehen und Nachahmer finden wird. Auch in andern europäischen Ländern soll die Nachfrage nach schonend gefangenen und getöteten Fischen steigen. Dank den wirtschaftlichen Perspektiven werden sich die senegalesischen Fischer gegen korrupte Politiker zur Wehr setzen. Und schliesslich, meint Heinzpeter Studer, wird es sogar möglich, dass es mit der Überfischung ein Ende hat und die Ressourcen geschont und nachhaltig genutzt werden.

Das fair-fish-Projekt in Senegal fördert die nachhaltige Nutzung der Fischbestände durch die einheimische Bevölkerung. Für viele junge Fischer wäre dies ein Grund, in der Heimat zu bleiben, statt zu emigrieren.

Hier konnten wir helfen...

Verein fair-fish

Die im Jahr 2000 gegründete gemeinnützige Organisation fair-fish hat sich die folgenden Ziele und Aufgaben gesetzt: «Der Verein will dem Tierschutz bei Fischen zum Durchbruch verhelfen, insbesondere bei Speisefischen. Er berücksichtigt dabei zugleich die Kriterien der Nachhaltigkeit und des fairen Handels. Er informiert die Öffentlichkeit und pflegt die Zusammenarbeit mit interessierten Fachkreisen, Vermarktern und Organisationen verwandter Zielrichtung. Er legt Richtlinien fest und vergibt ein Label. Der Verein verfolgt weder Erwerbs- noch Selbsthilfezwecke.»

Fair-fish hat sich mittlerweilen zu einem Kompetenzzentrum in Fischfragen entwickelt. Eine zentrale Aufgabe des Vereins ist die Information, denn er will den Menschen bewusst machen, dass Fische empfindsame Lebewesen sind, die wie andere Tiere auch schonend gefangen und getötet sowie artgerecht gehalten werden sollten. Dank der Sensibilisierung würde sich vieles zum Besseren wenden, etwa die Überfischung der Meere oder die Zerstörung der Riffe. Das pionierhafte Senegalprojekt ist beispielhaft für die Breitenwirkung, die der Respekt vor dem Fisch als schmerzempfindlichem Lebewesen haben kann.

Mit kritischen Informationen über häufig konsumierte Fischarten bietet der Verein fair-fish auch praktische Hilfe für Konsumentinnen und Konsumenten, die bewusster Fisch geniessen möchten.

Der Zürcher Tierschutz unterstützt fair-fish seit der Gründung mit beträchtlichen Mitteln.

Verein fair-fish
Grüzenstrasse 22
8400 Winterthur
Tel. 052 301 44 35,
Fax 052 301 45 80
info@fair-fish.ch,
www.fair-fish.ch

Hilfe für Stadtzürcher Zierfische

Auch Guppys, Buntbarsche und Piranhas sind keine Ware, die man nach Lust und Laune kaufen und wieder beseitigen darf, wenn sie einem nicht mehr passt. Um die private Zierfischhaltung zu verbessern und der Unsitte entgegenzuwirken, dass Zierfische in öffentlichen Gewässern ausgesetzt oder gar das WC hinuntergespült werden, lancierte der Verein Aquarium Zürich (VAZ) zusammen mit fair-fish, dem Zürcher und dem Schweizer Tierschutz sowie dem Schweizerischen Dachverband für Aquaristik und Terraristik ein Beratungstelefon.

Statt die Fische während der Ferien oder einem Spitalaufenthalt im Aquarium ihrem Schicksal zu überlassen, versucht die Beratungsstelle, ihnen ein neues Zuhause zu vermitteln. Notfalls nimmt der VAZ auch Fische auf oder kümmert sich darum, dass kranke Fische in Quarantäne kommen oder fachgerecht eingeschläfert werden.

Das Pilotprojekt richtet sich ausschliesslich an Bewohnerinnen und Bewohner der Stadt Zürich.

Stadtzürcher Fischvermittlungsstelle
Montag–Freitag 18–20 Uhr, Samstag 14–16 Uhr
Tel. 078 665 94 60
www.vaz.ch/fischvermittlung

Schweizer Walschutzkoalition

Das Überleben der Wale geht auch das Binnenland Schweiz etwas an. Nach diesem Grundsatz handelt OceanCare seit seiner Gründung 1989: Der gemeinnützige Verein setzt sich auf wissenschaftlicher und politischer Ebene für den Schutz der Meeressäuger und deren Lebensräume ein und hat sich damit weltweit Anerkennung verschafft. Der professionelle Einsatz kommt Walen, Delphinen und Robben zugute.

Für die Schweizer Walschutzkoalition, eine Kooperation des Zürcher Tierschutzes mit OceanCare, gibt es zahlreiche Möglichkeiten, gegen den Untergang dieser faszinierenden Tiere anzukämpfen. Da unsere Lobbyisten regelmässig an der Internationalen Walfangkonferenz (IWC) und an der Artenschutzkonferenz (CITES) teilnehmen, wissen sie, wo die Hebel am effizientesten anzusetzen sind. So gelang es ihnen, dank einer Studie zu verhindern, dass in der einzigartigen Baja California in Mexiko die grösste Salzgewinnungsanlage der Welt errichtet wurde. Die Fabrik hätte sich verheerend auf die Population der Grauwale ausgewirkt, da sie in der San-Ignacio-Lagune, einem von der Unesco zum «Weltnaturerbe» erklärten Juwel, ihre Kälber auf die Welt bringen. Seit Jahren protestiert der Verein OceanCare gegen das traditionelle Delphin-Massaker durch japanische Fischer, den zunehmenden Unterwasserlärm und die wachsende Verschmutzung der Meere.

Ständige Aufmerksamkeit verlangen auch jene Kreise, die es immer wieder versuchen, die Schutzbestimmungen für die kommerzielle Wal- und Robbenjagd zu lockern oder zu umgehen.

Sigrid Lüber, OceanCare-Präsidentin und Gründerin des Vereins, bringt es auf den Punkt: «Die Wale stehen ganz oben auf der Liste der gefährdeten Tiere, und wenn es uns nicht gelingt, diese Giganten zu retten, werden wir wohl kaum andere, weniger imposante Arten schützen können.»

OceanCare
Oberdorfstrasse 16
Postfach 30
8820 Wädenswil
Tel. 044 780 66 88,
Fax 044 780 68 08
info@oceancare.org,
www.oceancare.org

Gentechnik als tierschützerische Herausforderung

Fortschritt um jeden Preis?

Das Tier als Versuchsobjekt stand seit der Gründerzeit im Mittelpunkt des Tierschutzes. Seither hat sich vieles zum Besseren verändert, nicht zuletzt dank des zähen Widerstands von Menschen, die sich um ethisches Verhalten in allen Lebensbereichen bemühten, auch in der Wissenschaft. Die Gentechnik stellt die Ethik vor besonders grosse Herausforderungen. Tiere können nach Lust und Laune manipuliert und zu transgenen Nutzorganismen degradiert werden, sei dies als lebender Bioreaktor für die Produktion wertvoller Substanzen, als lebendes Ersatzteillager für die Organtransplantation oder als Tiermodell für die Forschung.

Die Verschmelzung von Mensch und Tier gehört zu den uralten und gleichzeitig hochaktuellen Themen der Kunst. Dieter Hubers Chimäre scheint ein bisschen ängstlich und unsicher in die Zukunft zu blicken.

> «Dass die Interessen der Menschen bedauerlicherweise so gut wie immer höher gewertet werden und die Verletzung der Tierwürde folglich fast immer akzeptiert wird, ist dadurch erklärlich, dass der Mensch den Hang hat, seine eigenen Interessen grundsätzlich höher als alle anderen zu werten.»

Zürcher Tierschutz: *1980 wurde in den USA erstmals ein gentechnisch veränderter Organismus patentiert. Dieser Bakterie folgte wenige Jahre später als erstes Säugetier mit Patent die berühmte «Krebsmaus». Damit waren die Schranken gefallen – plötzlich schien alles machbar. Die Euphorie der Wissenschaftler war so gross, dass sie selbst vor artübergreifenden Mischungen im Tierreich nicht mehr zurückschreckten. Welche Erwartungen standen hinter diesen Chimären?*

Claudia Mertens: Die Euphorie der Wissenschaft in bezug auf gentechnisch veränderte Säugetiere war schon vor der Patenterteilung gross, doch sie eröffnete die Perspektive auf astronomische Gewinne mit gentechnisch veränderten Tieren. Daran war und ist besonders die pharmazeutische Industrie interessiert. Die Forschung erwartete in erster Linie, mit Hilfe der Chimären die Wirkungsweise und Funktion menschlicher Gene sowie Vorgänge bei deren Fehlfunktion «elegant» und effizient am Tier zu erforschen. Aus dem gewonnenen Wissen wollte man wirksame Therapien ableiten, und diese Therapien wollte man wiederum am Tier mit menschlichen (kranken) Genen testen. Dann bestand ja auch die Hoffnung, mit Mensch-Tier-Chimären, etwa humanisierten Schweinen, lebende Ersatzteillager für den ewigen Organmangel in der Transplantationsmedizin zu «bauen».

ZT: *Die Gentechnik schürte verständlicherweise auch Ängste. Als Laie wusste man nicht so recht, was man von den Mischwesen halten sollte, von denen sich ihre Schöpfer wahre Wunder versprachen. Waren diese Befürchtungen berechtigt? Wie und wann reagierte der Zürcher Tierschutz auf diese Entwicklung?*

CM: Die Ängste waren insofern falsch, als der Mensch trotz Gentechnik keinem Heer frei herumlaufender «Monster» gegenübersteht, die er fürchten müsste wie Rotkäppchen den Wolf. Die Befürchtungen waren aber berechtigt, weil der verhältnismässig einfache Austausch von Genen selbst über Artgrenzen hinaus zugleich die Austauschbarkeit beziehungsweise Übertragbarkeit von Krankheiten sowie mögliche negative Effekte auf die Umwelt und das ökologische Gleichgewicht aufgezeigt hat. Man musste zum Beispiel feststellen, dass gentechnisch veränderte Nahrungsmittel beim Menschen lebensbedrohliche Allergien auslösen und dass Resistenzgene in Kulturpflanzen auf Wildpflanzen überspringen können. Die Befürchtungen waren auch insofern berechtigt, als die Gentechnologie – bei aller technischer Eleganz und Raffinesse und allen zwischenzeitlichen Fortschritten – extrem viele Versuchstiere verbraucht und gar nicht derart wundersam effizient ist; neben gewissen Erfolgen hat sie mit grossen fachlichen Problemen und Hindernissen zu kämpfen, welche «natürlich» in Tierversuchen angegangen werden und deren Zahl zusätzlich ankurbeln. Die Befürchtungen waren schliesslich insofern berechtigt, als die Gentechnologie die Instrumentalisierung (um nicht zu sagen den Missbrauch) von Tieren zum Nutzen des Menschen massiv steigerte. Damit sind ethische Schranken ins Wanken geraten beziehungsweise gefallen, was für Mensch und Tier von grosser Tragweite ist. In Vorahnung all dieser Entwicklungen hat der Zürcher Tierschutz sich von allem Anfang an zum Genschutz bekannt und beispielsweise die Genschutz-Initiative unterstützt.

Claudia Mertens (*1951), diplomierte Zoologin/Ethologin, ist seit 1992 für den Zürcher Tierschutz tätig. Sie ist zuständig für Fragen der Mensch-Tier-Beziehung, Sachverständige für Tierversuchsfragen, Mitglied und Tierschutzvertreterin in der Kantonalen und Eidgenössischen Tierversuchskommission sowie Stiftungsrätin (Quästorin) im Fonds für versuchstierfreie Forschung (FFVFF). Ausserdem wirkt sie in der Vereinsheft-Redaktion mit.

ZT: Welche Aufgaben erfüllen Sie im Namen des Zürcher Tierschutzes?

CM: Ich habe mehrere Arbeitsgebiete wie Katzen, Verhalten, Mensch-Tier-Beziehung, die sich zum Teil aus meiner ursprünglichen Spezialisierung als Ethologin ableiten. Diesbezüglich schreibe ich Artikel und halte Referate für ein sehr unterschiedliches Publikum: für Fachleute (beispielsweise der Gerontologie oder Psychiatrie) wie für Schulkinder oder Senioren. Ich unterstütze und begleite auch Schülerarbeiten und leiste Beratung bei Verhaltensproblemen mit Katzen. Meine wichtigste und bei weitem zeitintensivste Aufgabe betrifft aber Versuchstiere und Fragen rund um das Thema Tierversuch:
- Haltung von Versuchstieren und mögliche Haltungsverbesserungen;
- Bewilligungsverfahren für Tierversuche und Überwachung von Versuchstierhaltung und Tierversuchdurchführung (Vollzug des Tierschutzgesetzes);
- Entwicklungsarbeit auf Gesetzes-, Verordnungs- und Richtlinienebene (Entwürfe, Vernehmlassungen);
- Erarbeitung von Stellungnahmen, Gutachten und Leitlinien (zum Beispiel Stellungnahmen zur Würde des Tieres und zur Forschung mit Primaten);
- Förderung von Alternativmethoden zum Tierversuch (sogenanntes 3R-Prinzip, das heisst *replace, reduce, refine* bzw. Vermeidung, Verminderung und Verfeinerung von Tierversuchen).

Zur Erfüllung dieser teilweise durch das Tierschutzgesetz geforderten Aufgaben «sitze» ich in diversen Gremien, einerseits als offizielle Tierschutz-Vertreterin (Kantonale Tierversuchskommission KTVK, Eidgenössische Kommission für Tierversuche EKTV), andererseits als Fachperson und Mitstreiterin (Schwesterorganisationen wie Fonds für versuchstierfreie Forschung FFVFF, Dachorganisationen wie Koordination Kantonaler Tierschutz KKT oder Konferenz der Tierschutzdelegierten in kantonalen Tierversuchskommissionen KTT).

In der Tierschutzarbeit ist die Vernetzung sehr wichtig; diese findet nicht nur im Rahmen der genannten ständigen Gremien statt, sondern wird auch an Tagungen und Kongressen sowie in gemeinsamen Aktionen (beispielsweise im Abstimmungskampf) gepflegt. Veranstaltungen und persönliche Kontakte bieten auch den Rahmen und die Chance, sich konstruktiv mit Andersdenkenden auszutauschen und nach möglichen Brücken zu suchen.

ZT: Der Zürcher Tierschutz hat sich auch für die Gentechfrei-Initiative eingesetzt. Wie wird sich das fünfjährige Moratorium auswirken? Wie soll es nachher weitergehen?

CM: Die Volksinitiative «für Lebensmittel aus gentechnikfreier Landwirtschaft» hat einen fünfjährigen Verzicht auf kommerzielle Anwendungen von gentechnisch veränderten Organismen in der Umwelt errungen. Das betrifft konkret nur Pflanzen, denn obwohl die Herstellung transgener landwirtschaftlicher Tiere im Prinzip möglich ist und auch erprobt wurde, gibt es derart viele Probleme damit, dass mehr Kosten als kommerzielle Vorteile anfallen und das Interesse der Bauern entsprechend klein ist. Auch nach Beendigung des Moratoriums dürfte sich im Bereich der Lebensmittelherstellung durch gentechnisch veränderte Tiere nicht sonderlich viel tun. In der Forschung sind landwirtschaftliche Nutztiere, zum Beispiel Milchproduzenten wie Schafe, Ziegen und Rinder, aber immer noch interes-

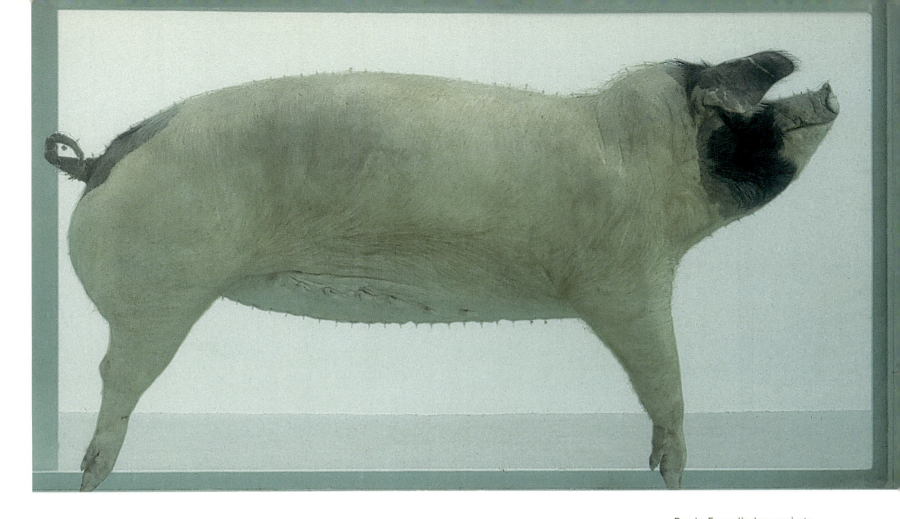

sante «Objekte» für die Gentechnik, und zwar vor allem im Hinblick auf die Herstellung pharmazeutisch nutzbarer Substanzen. Als Beispiel sei ein menschlicher Gerinnungsfaktor (Faktor VIII) für sogenannte Bluter erwähnt, der sich über die Milch der Tiere gewinnen liesse.

ZT: *Seit der Mensch Tiere und Pflanzen züchtet, verändert er sie durch Selektion und Kreuzung. Was unterscheidet die konventionelle Zucht von der gentechnischen Manipulation von Nutztieren? Was entgegnen Sie Befürwortern der Gentechnologie, die behaupten, dass transgene Kreuzungen verschiedener Arten zum normalen evolutionären Geschehen gehörten?*

CM: Zum einen entspricht das Tempo der gentechnisch herbeigeführten «Entwicklung» in keiner Weise demjenigen der konventionellen Zucht oder der natürlichen Evolution; während letztere über viele Generationen verläuft oder – im Falle wenig vorteilhafter Entwicklungen – schnell beendet ist, spielt der Zeitfaktor in der Gentechnik nur eine Rolle: Es eilt. Es eilt der Forschung, möglichst direkt und ohne Umwege – brutal, könnte man sagen – zum Ziel zu gelangen, was oftmals gerade wegen der Hast nicht zum erwünschten Erfolg führt. Zum andern werden in der Evolution immer an die jeweilige Umwelt angepasste selektive Vorteile gefördert und weiterentwickelt, während die Gentechnik vielfach genetische Fehler oder selektive Nachteile produzieren will, einerseits mit den sogenannten Krankheitsmodellen für die Forschung, anderseits mit «tollen» (Qual-)Zuchten im Bereich der Heimtiere und landwirtschaftlichen Nutztiere. Schliesslich ist die Eingriffstiefe bei der Gentechnik ungleich grösser als in der normalen Zucht, da sie direkt im Erbgut (Genotyp) ansetzt und nicht an dessen Manifestation (Phänotyp), die meistens ein Kombinationsprodukt aus Erbgut und Umwelt ist.

Das in Formalin konservierte Schweinchen des britischen Künstlers Damien Hirst soll an die Vergänglichkeit alles Lebendigen erinnern. Es steht zudem für die Einzigartigkeit jedes Lebewesens, und sei es auch «nur» ein Nutztier.

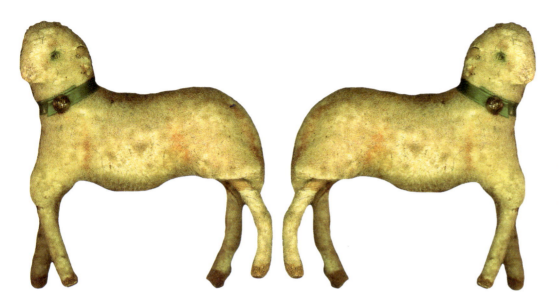

«Konzept Dolly» nennt der Schweizer Stefan Saner das geklonte Doppel. So lieb die goldenen Schäfchen auch wirken mögen: Versuchstiere werden um des schnöden Mammons willen zu Tode manipuliert.

ZT: Das vorzeitig gealterte, kranke Schaf Dolly steht für zahllose Experimente, die hochgejubelt wurden, sich jedoch später als Fehlschläge entpuppten. Wie sind solche Irrtümer erklärbar? Könnten sie vermieden werden?

CM: Dolly war ein Klon, ein Lebewesen, das aus einer Körperzelle eines erwachsenen, gesunden Schafes heraus entwickelt wurde und genetisch identisch zum Spenderschaf war. Dennoch war Dolly kränker und lebte kürzer als ein normales Schaf. Was man beim vermeintlichen Erfolg zu wenig berücksichtigt hatte: Die vielen und massiven Manipulationen bei der Herstellung eines Klons gehen nicht spurlos am Erbgut vorbei und bewirken ungeplante und unerwünschte genetische Effekte beziehungsweise Defekte. Ausserdem spielen bei der embryonalen Entwicklung immer auch sogenannte epigenetische Faktoren eine Rolle, Wechselwirkungen zwischen Genen und Umweltfaktoren (zum Beispiel Eigenschaften des Zellplasmas). Deshalb ist es letztlich unmöglich, eine komplett identische Kopie eines Lebewesens herzustellen.

Fehler lassen sich in der experimentellen Forschung nie ganz vermeiden oder ausschliessen, denn das Experiment als solches schliesst ein mögliches Scheitern immer ein. Fehler liessen sich aber reduzieren, wenn man einen weniger engen Blick auf biologische Phänomene hätte und das ganze System aus Erbgut und Umwelt – so weit und so gut man es eben schon kennt – berücksichtigen würde. Leider gibt die Forscherbrille oftmals nur einen extrem eingeschränkten und entsprechend verzerrten Blick auf die Wirklichkeit frei, was unvermeidlich zu Fehlbetrachtungen und Fehlschlüssen führt.

ZT: Welche wirtschaftlichen Auswirkungen haben patentierte transgene Nutztiere? Profitieren die Landwirte davon?

CM: Patente auf landwirtschaftlich genutzten Tieren würden den Landwirten mehr schaden als nützen; das ist auch im Bereich der Pflanzen so. Sie schaffen hohe Kosten und grosse Abhängigkeiten.

ZT: Die Mischung von tierischen und pflanzlichen Genen ist nichts Aussergewöhnliches mehr. Was bringt es uns, wenn ein Froschgen ins Erbgut von Kartoffeln eingeschleust oder Raps mit dem Gen eines Skorpions angereichert wird? Welche Risiken gehen von solchen Produkten aus?

CM: Was es bringt oder bringen könnte: Die Kartoffeln und der Raps haben zusätzlich zu Kartoffel- beziehungsweise Raps-Eigenschaften eine gewisse hochspezifische Eigenschaft des Frosches oder Skorpions. Die gentechnisch erzeugte Pflanze kombiniert also Eigenschaften verschiedener Arten, und im Idealfall erweist sich diese Verbindung als nützlich oder erwünscht. Es stellt sich allerdings die

Frage, für wen sie nützlich ist oder wer sie gewünscht hat… Die Risiken, die von solchen Produkten ausgehen, sind erheblich: Die Einzeleigenschaften beider Arten können sich durch Kombination und Interaktion in völlig neue und ziemlich unerwünschte Eigenschaften verwandeln. Gene können sich auf diese Art in einer gänzlich anderen Umgebung entfalten und neue, kaum kontrollierbare Eigenschaften entwickeln. Eingeschleuste Gene gehen in der Natur zwar oftmals wieder verloren, weil sie ihren Trägern keinerlei Selektionsvorteile bringen. In gewissen Fällen kann aber auch das Gegenteil passieren, indem sich ein Gen oder eine ganze Pflanzensorte übermässig ausbreitet und die anderen, angestammten Sorten verdrängt.

ZT: *Falls es wirklich gelingen sollte, Rinder, Schafe, Hühner oder Kaninchen zu klonen, die Superleistungen erbringen und überdies auch noch körperlich «gesund» sind, fänden Sie das ethisch akzeptabel?*

CM: Nein, denn es verletzt in erheblichem Mass die Würde des Individuums, des Spenders wie des Klons. Die Individualität und Einzigartigkeit jedes Lebewesens wird damit verneint, auf dem Altar der Macht und Machbarkeit geopfert. Ob es sich dabei um Mensch oder Tier handelt, spielt keine Rolle; ein solches Vorgehen zur Maximierung von Eigenschaften – und Gewinnen – drückt letztlich eine lebensverachtende Haltung aus. Wieso verlässt man sich kaum mehr auf die ganz normale Fortpflanzung?

ZT: *Es werden wieder mehr Tierversuche durchgeführt als noch vor fünf Jahren. Was sind die Gründe dafür?*

CM: Es sind vor allem die wissenschaftlichen Fortschritte im Bereich gen- und reproduktionstechnischer Eingriffsmöglichkeiten. Die Gentechnik sowie die Nutzung von Stammzellen werden als Schlüssel für Quantensprünge in der biomedizinischen Forschung gesehen. Davon versprechen sich in erster Linie die Medizin und die pharmazeutische Industrie enorm viel und dort wird entsprechend viel investiert.

ZT: *Gibt es taugliche Alternativen für Tierversuche?*

CM: Natürlich gibt es taugliche Alternativen, und zwar nicht wenige! Das Wissenschaftsjournal ALTEX (um nur eines zu nennen) publiziert regelmässig über neue Entwicklungen auf dem Gebiet, und ECVAM (http://ecvam.jrc.it/), das 1991 gegründete Europäische Zentrum zur Validierung von Alternativmethoden, arbeitet mit erheblichen Mitteln aus der Europäischen Union an der Entwicklung und Validierung (wissenschaftlichen Prüfung) neuer Methoden. Nur: Es braucht sehr viel und dauert sehr lange, bis validierte Alternativen auch akzeptiert werden, beispielsweise durch die Behörden. Und meistens braucht es danach nochmals viel und dauert lange, bis die Alternativen auch tatsächlich eingesetzt werden.

ZT: *Wissenschaftler der Universitäten Zürich und Giessen konnten nachweisen, dass Mäuse in artgerecht eingerichteten Käfigen weniger ängstlich reagieren und sich als Versuchstiere mindestens ebenso gut eignen wie Mäuse aus konventionellen, sprich zu kleinen, kahlen Käfigen. Hat dieses Resultat die Haltung von Versuchstieren in der Schweiz bereits positiv beeinflusst?*

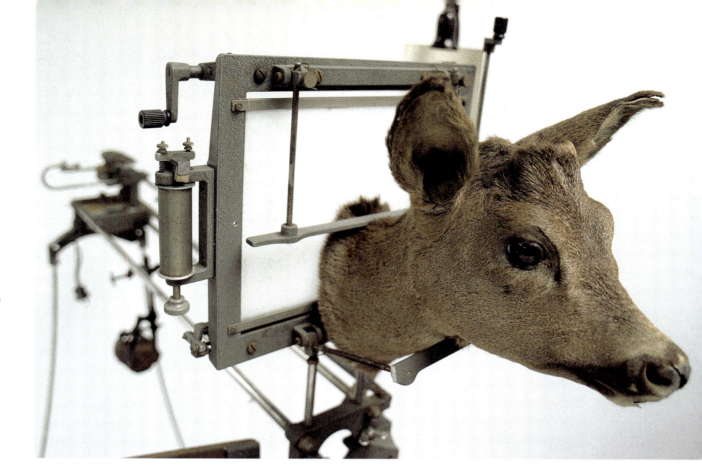

Ob ein Reh als Versuchsobjekt missbraucht wird oder eine Maus – welchen Unterschied macht das aus? Jiri Szeppans Werk provoziert, löst Emotionen aus und macht nachdenklich.

CM: Jein. Es hängt weitgehend von den einzelnen Forschenden oder Firmen ab, da die Behörden nur das gesetzlich verlangte Minimum durchsetzen können und dieses leider immer noch wirklich bescheiden ist. Auf freiwilliger Basis gibt es durchaus Fachleute oder Forschungsgruppen, die die Maushaltung um einige Aspekte bereichert haben, indem sie grössere Käfige als die gesetzlich verlangten, Nistmaterial, Rückzugsmöglichkeiten, Spielröhren usw. anbieten, zum Teil taten sie dies bereits schon vor der Publikation der genannten Ergebnisse.

ZT: *Seit August 2005 wirkt an der Universität und ETH Zürich ein vollamtlicher Tierschutzbeauftragter. Welche Erfahrungen hat der ZT mit der neuen Stelle gemacht?*

CM: Nach so kurzer Zeit ist es schwierig, etwas Gesichertes sagen zu können. Die Funktion des Tierschutzbeauftragten besteht im Wesentlichen darin, die Forschenden zu beraten, so dass die Abläufe (Bewilligung von Tierversuchsgesuchen und Durchführung von Tierversuchen) möglichst reibungslos und tierschutzkonform sind. Im Idealfall werden auf diese Weise weniger schlechte Gesuche eingereicht und bei behördlichen Inspektionen weniger Missstände in der Tierhaltung und Versuchsdurchführung angetroffen werden. Doch wie gesagt: Ein paar Monate genügen nicht, um zu erkennen, welche Auswirkungen die Tätigkeit des Tierschutzbeauftragten effektiv hat.

ZT: *Das Tierschutzgesetz verlangt, «die Würde und das Wohlergehen des Tieres zu schützen». Wie wird die Tierwürde definiert? Was unterscheidet sie von der Menschenwürde?*

CM: Wie die Eidgenössische Ethikkommission für die Gentechnik im ausserhumanen Bereich (EKAH) und die Eidgenössische Kommission für Tierversuche (EKTV) in ihrer gemeinsamen Stellungnahme «Die Würde des Tieres» im Jahr

Gentechnik

2001 festgehalten haben, bezieht sich die Würde der Kreatur auf den Eigenwert des Tieres, auf einen Wert also, der dem Tier innewohnt und nicht durch den Menschen – beispielsweise aufgrund irgendwelcher Nützlichkeitsüberlegungen – verliehen wird. Da es nicht einfach ist, die Tierwürde oder den Eigenwert von Tieren positiv zu definieren, hat man sich in jener Stellungnahme (an der ich übrigens mitgearbeitet habe) damit beholfen, aufzuzählen, wann beziehungsweise wodurch die Würde verletzt wird: Dazu zählen das Zufügen von ungerechtfertigten Leiden, Schmerzen, Schäden sowie ungerechtfertigtes Verängstigen, aber auch Eingriffe ins Erscheinungsbild und in die Fähigkeiten des Tieres, Erniedrigung oder übermässige Instrumentalisierung.

Es würde zu weit führen, hier alle genannten Arten von Würdeverletzung im Detail zu erörtern, da sehr viele Fragen zu stellen und zu beantworten wären: Was heisst zum Beispiel ungerechtfertigt oder übermässig, was ist für das Tier eine Erniedrigung? Fest steht, dass die Würde von Tieren – und Menschen! – im Alltag wohl überall und permanent verletzt wird und vermutlich die Frage realistischer ist, wo die ethischen Grenzen zu setzen sind.

Die Unterscheidung zwischen Menschen- und Tierwürde wurde in der genannten Schrift folgendermassen vorgenommen: Die Menschenwürde ist ein uralter Begriff und streicht die herausragende Stellung des Menschen heraus, die dieser wegen seiner Vernunft- und Moralfähigkeit hat, aus theologischer Sicht wegen seiner Ebenbildlichkeit mit Gott. Die Würde der Kreatur hingegen hat erst seit einigen Jahren einen ethischen und rechtlichen Stellenwert (in der Schweiz seit 1992 in der Bundesverfassung); sie schliesst den Menschen aus und umfasst Tiere, Pflanzen und andere Organismen. Die Menschenwürde und die Tierwürde sind demnach vergleichbar, aber nicht gleich. Je nachdem, welchen moralischen Status man dem Tier zubilligt, wird die Tierwürde ähnlicher oder unterschiedlicher definiert als die Menschenwürde.

ZT: *Ist die Verletzung der Tierwürde gerechtfertigt, wenn dadurch Menschenleben gerettet werden können?*

CM: Wie gesagt, wird die Tierwürde permanent verletzt, und es stellt sich eigentlich mehr die Frage nach den Grenzen des Zulässigen. Das wiederum ist eine Frage der Weltanschauung und der grundsätzlichen Haltung Tieren gegenüber. Man kann etwa der Meinung sein, das Töten von Tieren zum Verzehr sei eine Würdeverletzung des Tieres und darum grundsätzlich abzulehnen. In ähnlicher Weise kann auch die Nutzung oder Instrumentalisierung von Tieren im Rahmen von Tierversuchen zur Rettung von Menschenleben und Verbesserung menschlicher Gesundheit gänzlich abgelehnt werden. Häufiger ist in unserer Gesellschaft die Meinung vertreten, dass zwischen (berechtigten) Interessen des Menschen und (berechtigten) Interessen der Tiere abzuwägen ist und erst eine sogenannte Güterabwägung im Einzelfall eine Rechtfertigung zur Verletzung der Tierwürde gibt oder verweigert.

Dass die Interessen des Menschen bedauerlicherweise so gut wie immer höher gewertet werden und die Verletzung der Tierwürde folglich fast immer akzeptiert wird, ist dadurch erklärlich, dass der Mensch den Hang hat, seine eigenen Interessen grundsätzlich höher als alle anderen zu werten.

Haustiere werden zuweilen in groteske Rollen gezwungen. Der Pudel des Engländers Edward Lipski führt die Entfremdung des Menschen von der Natur drastisch vor Augen.

ZT: Könnten Sie sich eine Schweiz oder gar eine Welt ohne Tierversuche vorstellen?

CM: Wenn ich ehrlich und vor allem realistisch bin: Nein, jedenfalls nicht in den nächsten Generationen und bestimmt nicht ganz ohne Tierversuche. Das Problem ist aber nicht etwa, dass eine Welt ohne Tierversuche nicht funktionieren, das heisst der Mensch in Bälde untergehen würde. Es liegt vermutlich vielmehr darin, dass Menschen grosse Angst vor dem persönlichen Leiden und Sterben haben und es in Kauf nehmen, andere leiden zu lassen, wenn das eigene Leiden sich damit auch nur minimal verringern lässt.

ZT: Ihre Tätigkeit ist oft von Rückschlägen und Enttäuschungen begleitet. Wie sieht Ihre «Erfolgsbilanz» aus?

CM: Oh! Das hängt ganz davon ab, welche Messlatte ich ansetze und welchen Zeitraum ich berücksichtige. Um ehrlich zu sein, muss ich zugeben, dass sich im Bereich der Tierversuche einiges verbessert hat, seit ich 1992 in die «Branche» eingestiegen bin. Dass in derselben Zeit andere Entwicklungen stattgefunden haben, die ich gar nicht für gut halte, ist die Kehrseite der Medaille. Es kommt also immer auch darauf an, wohin man blickt.
Ich finde, dass meine persönlichen Möglichkeiten, im Rahmen meiner Arbeit etwas zu bewegen, durchaus vorhanden sind ... sofern ich realistisch bleibe und mir nicht einbilde, in no time und allein gegen die Welt alles auf den Kopf stellen zu können. Von blindwütigem Aktivismus und einer Subito-Mentalität habe ich noch nie viel gehalten, vom Missionarentum bin ich im Verlauf der Jahre ziemlich abgekommen. Worauf ich setze, ist der kontinuierliche und beharrliche Dialog, eine Methode, die sehr viel Geduld, sehr viel Frustrationstoleranz und sehr viel Hoffnung voraussetzt. Oftmals werden genau diese Eigenschaften arg strapaziert, da möchte man den Bettel am liebsten hinschmeissen! Da aber genau das absolut nichts bringt, rappelt man sich doch immer wieder auf und freut sich an den kleinen Erfolgen, die gar nicht mal so selten sind.

ZT: Was können wir als normale Bürgerinnen/Bürger dazu beitragen, dass weniger Tiere in Laboratorien leiden müssen?

CM: Ich würde bestimmt nicht dazu raten, keine medikamentösen Therapien und keine Impfungen und operativen Eingriffe mehr machen zu lassen. Ich würde überhaupt zu nichts raten, das radikal und entsprechend explosiv beziehungsweise destruktiv ist, wie es zum Beispiel gewisse Tierbefreiungsaktionen sind. Vielmehr würde ich empfehlen, sich öfters zu überlegen, wie viel Gesundheit oder Freiheit von Leiden man für sich persönlich und für die Mitmenschen in Anspruch nimmt und wie stark dies auf Kosten anderer (der Tiere) gehen darf. Ich würde weiterhin raten, die «Werkstatt-Mentalität» kritisch zu hinterfragen, mit der man sich in die Arztpraxis wie in eine Autowerkstatt zur Reparatur begibt. Stattdessen oder parallel zu diesem Reparaturverhalten könnte die Eigenverantwortlichkeit gefördert werden, die Krankheit und Leiden vermeiden oder immerhin verringern hilft, zum Beispiel durch mehr Bewegung und gesündere Ernährung.
Selbstverständlich steht es allen frei, sich aktiv für Alternativmethoden und/oder gegen Tierversuche zu engagieren. Das kann in unterschiedlichster Form geschehen, vom

LeserInnenbrief bis hin zur Geldspende für Alternativmethoden. Meiner Meinung nach ist der beste Beitrag die eigene Lebenshaltung ständig zu überprüfen und sich dabei bewusst zu werden, was welchen Preis hat und wer die Zeche dafür bezahlt.

Der Smalltalk zwischen dem Künstler Zhao Bandi und dem (vom Aussterben bedrohten) Panda illustriert unter anderem, wie gedankenlos Tiere in den Tod geschickt werden.

Gentechnik | 135

Hier konnten wir helfen...

Schweizerische Arbeitsgruppe Gentechnologie (SAG)

Die SAG bietet grundsätzlich allen, die gegenüber der Gentechnologie kritisch eingestellt sind, eine multifunktionale Plattform. Unter ihrem Dach versammeln sich rund zwanzig Organisationen aus den Bereichen Natur- und Umweltschutz, Bio-Landwirtschaft, Konsumentenschutz, Medizin und Tierschutz. Da die Gentechnologie immer komplexer wird und für Laien kaum mehr durchschaubar ist, leistet die Arbeitsgruppe Gentechnologie als wirtschaftsunabhängiges Kompetenzzentrum wertvolle Dienste. Fachleute unterschiedlicher Richtungen erarbeiten die Grundlagen und stellen sie der Öffentlichkeit als Diskussionsbasis zur Verfügung. Information ist jedoch nur eine Aufgabe der SAG, eine andere besteht darin, die «Diskussionsresultate konkret und politisch umzusetzen».

Diese Umsetzung gelang in geradezu spektakulärer Weise mit der Gentechfrei-Initiative, die von der SAG lanciert und vom Volk im Herbst 2005 mit beeindruckender Mehrheit angenommen wurde. Da im Rahmen dieser Initiative ausdrücklich für die Würde der Kreatur plädiert und diesem Aspekt innerhalb der Gentech-Diskussion einmal mehr das nötige Gewicht verliehen wurde, unterstützte der Zürcher Tierschutz das Volksbegehren tatkräftig.

Um eine möglichst breite Öffentlichkeit über die aktuellen Trends und Forschungsergebnisse der Gentechnologie im Inland und Ausland zu informieren, gibt die SAG viermal jährlich die *Genschutz-Zeitung* heraus. Das Blatt mit seinen engagierten und fundierten Beiträgen hat zweifellos dazu beigetragen, dass das Schweizer Volk gegenüber genmanipulierter Nahrung skeptisch reagiert.

SAG Schweizerische Arbeitsgruppe Gentechnologie
Postfach 1168, 8032 Zürich
Tel. 044 262 25 63, Fax 044 262 25 70
www.gentechnologie.ch, info@gentechnologie.ch

Alternativen zu Tierexperimenten

Seit dreissig Jahren setzt sich die Stiftung Fonds für versuchstierfreie Forschung (FFVFF) dafür ein, dass Tiere dereinst für immer aus den Labors verschwinden werden, indem qualvolle Tierversuche durch alternative Methoden ersetzt oder zumindest erheblich eingeschränkt werden. Der Stiftung wurde schnell klar, dass dieses Fernziel nur erreicht wird, wenn taugliche Alternativen nicht bloss entwickelt, sondern auch bekannt gemacht, von einer breiten Öffentlichkeit anerkannt und vor allem angewandt werden.

Dank ihrer Zeitschrift ALTEX (Alternativen zu Tierexperimenten), die 1984 im Eigenverlag lanciert wurde und seit 1994 in einem internationalen Wissenschaftsverlag erscheint, wurde auch die Stiftung selber über die Landesgrenzen hinaus bekannt. Das Periodikum, dessen Redaktion mit namhaften Wissenschaftlern aus der Human- und Veterinärmedizin, Chemie und Informatik bestückt ist, wurde europaweit beachtet, so dass die Zahl der Abonnenten innert kurzer Zeit stark anstieg. ALTEX wurde zum wichtigsten Instrument des FFVFF und soll nach eigener Vorstellung «ein Medium sein, das nicht nur eine neue Schule des Denkens fördert, sondern auch dazu beiträgt, die Diskussionen um das Thema Tierversuche auf einer sachlichen und weniger emotionsgeladenen Ebene zu führen.»

Der Fonds für versuchstierfreie Forschung gab auch die Initialzündung für mehrere Institutionen, die sich mit der Problematik der Tierversuche beschäftigen.

Weniger Labormäuse auf Kuba

Eine der bedeutendsten ist die Stiftung Forschung 3R die – finanziell getragen von Bund und Industrie – die Suche nach alternativen Methoden vorantreibt, indem sie 3R – und damit tierschutzrelevante Forschungsprojekte unterstützt (3R = *reduce, refine, replace* beziehungsweise Vermeiden, Vermindern, Verfeinern).

Der Zürcher Tierschutz unterstützt die Stiftung und das Periodikum ALTEX grosszügig und ist seit 1995 mit Claudia Mertens im Stiftungsrat sowie im wissenschaftlichen Beirat vertreten.

FFVFF/Zeitschrift ALTEX
Hegarstrasse 9
Postfach 1766
8032 Zürich
Tel. 044 380 08 30, Fax 044 422 80 10
altex@bluewin.ch, info@altex.ch

Ein Beispiel für die Verbindung von aktivem Tierschutz und koordinierter Entwicklungszusammenarbeit ist das «Kuba-Projekt», das von René Fischer, ETH Zürich, initiiert und geleitet und vom ZT unterstützt wurde.

Seit 1975 wurden zur Produktion monoklonaler Antikörper (MAk) sogenannte Ascitesmäuse verwendet. Die Maus wird mit einer massiven Bauchfellentzündung infiziert, wodurch sich ihr Bauch stark mit Flüssigkeit (Ascites) anfüllt; in dieser Flüssigkeit schwimmen viele Antikörper (Abwehrstoffe), die man «ernten» und weiterverwenden kann. MAks finden breite Anwendung in der biomedizinischen Forschung, der Krankheitsdiagnostik und der Therapie von Krankheiten; entsprechend grosse Mengen von MAks werden benötigt, und es wurden früher sehr viele Mäuse für deren Produktion eingesetzt. Diese Bauchfellentzündung ist für die Tiere jedoch überaus schmerzhaft und belastend. Als auf Betreiben von Tierversuchsgegnern deren synthetische Herstellung in Bioreaktoren entwickelt worden war, verschwand die Ascitesmaus allmählich aus den Labors. In der Schweiz wurde sie 1994 verboten.

1998 erkundigte sich ein kubanischer Forscher im Namen seiner Firma bei der ETH Zürich über die alternative In-vitro-Kultur mit einem Bioreaktor. In Castros Reich war und ist die Produktion monoklonaler Antikörper mit Ascitesmäusen nach wie vor Routine. Da das Gerät für kubanische Verhältnisse kostspielig ist, wollte sich der Wissenschaftler zuerst eingehend über den Bioreaktor und seine Handhabung informieren. In der Hoffnung, damit einen Stein ins Rollen zu bringen, finanzierte der Zürcher Tierschutz seinen Aufenthalt. Obschon etliche Hindernisse aus dem Weg geräumt werden mussten, bis der Bioreaktor nach Kuba geliefert werden konnte, gelang die Mission, was pro Woche immerhin 4000 Labormäuse einspart.

Das Tier im Recht

Die Stiftung für das Tier im Recht setzt sich dafür ein, dass Tiere auf gesetzlicher Ebene als leidensfähige Lebewesen anerkannt werden und den entsprechenden rechtlichen Schutz geniessen. Die Stifter der 1995 gegründeten Organisation konnten mehrere beachtliche Erfolge erzielen. Ohne sie gäbe es wohl keinen Tieranwalt im Kanton Zürich, und das Tier würde in der Schweiz wahrscheinlich nach wie vor als Sache gelten. Antoine F. Goetschel, Jurist und Geschäftsleiter der Stiftung, hat durch sein unermüdliches Engagement wesentlich dazu beigetragen, dass die «Würde der Kreatur» 1992 in die Bundesverfassung aufgenommen wurde. Durch Vorträge, Zeitungsartikel, Buchpublikationen usw. sorgen die Mitglieder dafür, dass das anspruchsvolle Thema Tierwürde im Gespräch bleibt und möglichst human definiert wird.

Als zeitgemässes Informationsmittel mit Unterhaltungswert für ein breites Publikum gab die Stiftung für das Tier im Recht eine CD-ROM heraus, die eine erstaunliche Fülle von Wissenswertem über und rund um das Thema Tier in Recht und Gesellschaft bietet. Das Autorenteam hat den Bogen von Gesetzestexten und Strafrechtsfällen bis zu Spielen, Gedichten, Kunstwerken und Walgesängen geschlagen. «Mit der Tier-CD-ROM und via Internet machen wir für alle Vollzugsbehörden, Gerichte, Tierärzte, Lehrer, Tierfreunde, Landwirte, Politiker und besonders auch Medienschaffende das Wissen um Tierschutz und Tiere sehr leicht abrufbar. Daneben bilden wir juristischen Nachwuchs aus und beabsichtigen, Tieranwälte in anderen Kantonen als Zürich einzuführen und in einem weltweiten Projekt langfristig Tiere vom Sachstatus zu befreien.»

Der Zürcher Tierschutz hat für die CD geworben und die Stiftung unterstützt.

Antoine F. Goetschel und Gieri Bolliger, *Die TIER-CD-ROM über das Tier in Gesellschaft und Recht*, Stiftung für das Tier im Recht (2004)

Stiftung für das Tier im Recht
Wildbachstrasse 46
Postfach 1033
8034 Zürich
Tel. 043 443 06 43, Fax 043 443 06 46
www.tierimrecht.org

Das Tier in der zeitgenössischen Kunst

«Die Kunst ist die Bewahrerin des Menschheitsgedächtnisses. (...) War der Übergang zum Haustier, das Herauszüchten menschendienlicher Eigenschaften früher noch ein zeitaufwendiges Geschäft, so hat die biotechnologische Beschleunigung heute aus dem Tier fast ein Instant-Produkt gemacht. Die Kunst bringt die Deformation ans Licht, die im Supermarkt hinter der Klarsichtfolie verschwindet und auf dem Tisch als 'Appetithäppchen' lockt. (...) Das Auge der Kunst, und oft es allein, nimmt Anstoss und verweigert sich der Verblendung.» Der Schriftsteller Adolf Muschg, der Künstlern einen unbestechlichen Klarblick zubilligt, schrieb eine brillante Einleitung zu diesem bemerkenswerten Bildband, mit dem der Tierschutzverlag Zürich die Beziehung zwischen Mensch und Tier aus ungewöhnlichen Perspektiven zeigt. Die Werke von rund vierzig Künstlerinnen und Künstlern machen betroffen oder zumindest nachdenklich, vergessen jedoch nicht, dass Humor ebenfalls zu unserem facettenreichen Verhältnis zu den animalischen Mitgeschöpfen gehört.

Die hochkarätige Auswahl aus dem internationalen Kunstschaffen wird adäquat kommentiert vom Autorenteam Zvjezdana Cimerman und Daniel Ammann. Ihre Texte loten das Thema in alle möglichen Richtungen aus und schlagen Brücken zwischen Kunst, Philosophie, Literatur, Wissenschaft und Tierschutz. *Das Tier in der zeitgenössischen Kunst* ist ein anspruchsvolles editorisches Juwel, das eine grosse Leserschaft verdient hat.

Das Tier in der zeitgenössischen Kunst ist im Buchhandel oder im Tierschutzverlag Zürich erhältlich.
www.tierschutzverlag.ch

Das Foto von Henri Cartier-Bresson zeigt beides: die Verbundenheit von Katze und Mensch und die unüberbrückbare Distanz zwischen den beiden Arten.

Für die artgerechte Haltung von Heimtieren

Weder Spielzeug noch Konsumgut

Ob Meersäuli, Zwergkaninchen, Rennmaus, Frettchen, Papagei oder Schildkröte – sie alle zählen zu den beliebten, aber selten genug artgerecht gehaltenen Heimtieren. Dass jedes Heim- oder Haustier, und sei es noch so domestiziert und schnuckelig, Eigenschaften und Bedürfnisse seiner wilden Artgenossen oder Vorfahren besitzt, wird oft vergessen. Dank des heutigen zoologischen Wissensstands sollte der Hamster im Laufrad, die Schildkröte in der Kartonschachtel oder der Goldfisch im Kugelglas endgültig der Vergangenheit angehören.

«Würden ausschliesslich Arten verkauft, die sich hundertprozentig als Heimtiere eignen, hätten die Zoohandlungen mit Umsatzeinbussen zu rechnen.»

Die entthronten Götter

Deutet man die alten Mythen richtig, hatte der Mensch vor Urzeiten ein Verhältnis zum Tier, das gleichermassen von Furcht und Ehrfurcht geprägt war. Der Jäger kompensierte sein Schuldbewusstsein, einen nahen Verwandten zu töten, indem er das Opfer als geheiligtes Wesen verehrte. Man verkleidete sich als Tier, um sich eine göttliche Aura zu verleihen, und die Götter besuchten in der Gestalt von Katze, Schakal, Hirsch, Adler, Kuh, Affe, Schlange, Krokodil oder Ratte die Erde. Die Tiergötter wurden in Höhlen und Tempeln verehrt, ja die ägyptischen Pharaonen gingen so weit, für Katzen und Krokodile ganze Städte zu errichten. Heiligen Tieren wurden sogar Menschen geopfert. Diese magisch-religiöse Beziehung ging mit dem Aufkommen der monotheistischen Religionen unter: Nun wurde der Mensch zur Krone der Schöpfung, der die übrigen Lebewesen beherrrscht. Das mechanistische Weltbild beförderte die Tiermythen vollends ins Abseits, sie blieben allenfalls bei Naturvölkern am Rande der Zivilisation erhalten.

Im 18. Jahrhundert begann sich das Blatt wieder zu wenden. So wurde die lange Zeit verteufelte Hauskatze wieder als verspielter, verschmuster Salontiger entdeckt. Damals fand auch die exotische Fauna den Weg in die adligen und grossbürgerlichen Häuser. Die Entdeckungsreisen der Naturforscher lösten eine Welle der Begeisterung für die aussergewöhnlichen, buntschillernden, seltenen Kreaturen aus fernen Landen aus. Als (schlechtes) Vorbild dienten die Menagerien und Tiergärten, wo die exotischen Raritäten oft in engen Käfigen und an Ketten vegetierten. Zu Hause, ob in Villen oder Wohnungen, stand noch weniger Platz als in den Zoos zur Verfügung. Doch das Tier hatte ja immer noch den Status einer Maschine...

In den Pionierzeiten des Zoos freuten sich die Besucher, wenn sie von den Tieren mit Kunststücken unterhalten wurden. Zu den populärsten Attraktionen der Tiergärten gehörten dressierte Schimpansen. Bis weit ins 20. Jahrhundert sassen sie in Kleidern an Tischen, assen mit Messer und Gabel, tranken Bier und rauchten gar Zigarren. Zoologische Gärten waren lange Zeit für viele die einzige Möglichkeit, mit Tieren aus anderen Kontinenten Bekanntschaft zu machen. Zur Belehrung und Volksbelustigung wurden dort gelegentlich sogar Menschen ausgestellt: Die farbenprächtigen Völkerschauen gehören zu den dunkelsten Kapiteln der Zoogeschichte, wurden damals aber als kulturhistorische Events geschätzt.

Nach dem Zweiten Weltkrieg verbesserte sich die Gehegehaltung in den Zoos kontinuierlich. Eine Schlüsselfigur der modernen Tiergartenbiologie ist Heini Hediger (1908–1992), der auch im Zürcher Zoo wirkte und der Verhaltensforschung zu einer helvetischen Blüte verhalf. Dennoch ging er nicht mit allen Vertretern seiner Zunft einig und verurteilte die Tendenz, das Tier als von egoistischen Genen gesteuerten Roboter zu sehen, ebenso wie die gegenteilige Mode, alles und jedes zu vermenschlichen, so auch die Tiere. In seinem Buch *Tiere verstehen* geht er auch mit falsch verstandener Tierliebe ins Gericht: «Wie oft Hunde zu leiden haben, weil sie vermenschlichend wie ungezogene Kinder behandelt werden, will ich hier nur erwähnen – unter Verzicht auf die Ausführung von Beispielen. Auch Verzärtelung, Verhätschelung von Tieren ist oft Quälerei aufgrund verfehlter Vermenschlichung.»

Im alten Ägypten war der Falke ein Sinnbild für Schönheit und Kraft, das die aufgehende Sonne symbolisierte. Der falkenköpfige Horus war fast in allen Epochen der Hauptgott der Ägypter und wurde in unterschiedlicher Gestalt dargestellt.

Goldhamster sind keine Kuscheltiere, sondern werden nur mit viel Geduld handzahm. Da sie vorwiegend nachts aktiv sind, eignen sie sich nicht als Heimtiere für kleinere Kinder. Ausserdem ist der Hamster ein ausgesprochener Einzelgänger, der sein Territorium aggressiv verteidigt.

Im Gegensatz zu den Goldhamstern sind Meerschweinchen gesellig und leben in Südamerika in grossen Sippen. Das graubraune «Urmeerschweinchen» oben ist unauffälliger als seine gezüchteten Artgenossen (oben rechts).

Für wissenschaftlich geführte Zoos ist die Vermenschlichung der Tiere kein Thema mehr. Sie leiden jedoch häufig unter Platzproblemen und unter dem Anspruch des Publikums, möglichst viele Arten aus der Nähe betrachten zu können. Aber immerhin sind Zoos und Tierparks öffentlich zugänglich und folglich bis zu einem gewissen Mass kontrollierbar. Ausserdem sind Zooleute im allgemeinen allein schon aus Prestigegründen daran interessiert, ihren Schützlingen tiergerechte Unterkünfte zu schaffen (siehe auch Kapitel 4 über die Wildkatze). Seriöse Tierparks und Zoos verstehen sich heutzutage ohnehin als Naturschutzzentren und setzen sich für bedrohte Tierarten und deren Lebensräume ein. Unter enormem Aufwand koordiniert man Erhaltungszuchten international, organisiert Wiederansiedlungen in der Wildnis und leistet Entwicklungshilfe. Im Idealfall erfüllen Zootiere die Aufgabe von Botschaftern, die für die gute Sache werben.

Das Heimtier als Wirtschaftsfaktor

In den Zoos ist zweifellos noch manches verbesserungswürdig – ganz abgesehen davon, dass viele Menschen grundsätzlich dagegen sind, dass Tiere eingesperrt werden. Wesentlich schlechter steht es allerdings im Bereich der Heimtiere. Sie verschwinden hinter Haustüren, wo sie häufig ohne jegliche Fachkenntnis gehalten werden und leiden, weil die Besitzer nur vage Vorstellungen von den natürlichen Bedürfnissen ihrer «Lieblinge» haben. Solange sich die Nachbarn nicht belästigt fühlen und die Polizei oder den Tierschutz alarmieren, ist das Tierwohl in den eigenen vier Wänden Privatsache.

Der Politische Arbeitskreis für Tierrechte in Europa (PAKT) beurteilt den Leidensdruck der Heimtiere kaum geringer als den von Nutztieren und weist auf den wirtschaftlichen Faktor hin: «Eine ständig wachsende Heimtierindustrie heizt, gemeinsam mit Zoohandels- und Heimtierhalterverbänden, das Bedürfnis an, immer mehr Tiere und immer exotischere Arten und Rassen anzuschaffen und zu Hause, meist zwischen Fernseher und Stereoanlage, im Hobbykeller oder auf dem Balkon unterzubringen. ... Der Umsatz mit diesen Tieren und entsprechendem Zubehör beträgt Milliarden. Ganze Industriezweige setzen zum Teil völlig unsinnige und tierschutzwidrige Produkte um. Die private Haltung von exotischen Säugetieren, Reptilien, Amphibien, Zierfischen und Vögeln hat bisher stetig zugenommen. Die EU importierte von 1990 bis 1999 1,7 Millionen geschützter Reptilien für den Heimtiermarkt.» Auf 100 Millionen wird die Zahl der in Deutschland gehaltenen Heimtiere geschätzt, rund vier Fünftel davon sind Zierfische. Ein Grossteil der prachtvollen Aquariumsfische wird in tropischen und subtropischen Gewässern betäubt und dann mit Netzen gefischt. Das Gift und der lange Transport machen die Fische krank, bevor sie am Ziel angelangt sind, wo sie häufig nach wenigen Wochen verenden.

Tiere werden in Warenhäusern, auf Märkten und übers Internet gehandelt. Weil man sich per Mausklick ins Haus holen kann, was das Herz begehrt, boomen die elektronischen Tierbörsen ganz besonders. Das Angebot ist gross und reicht von Riesenschlangen über Bartagamen und Geckos bis zu Vogelspinnen oder Ponys. Zur Hauptsache werden allerdings selbstgezüchtete Zwergkaninchen, Meerschweinchen, Hamster, Schildkröten, Katzen und Hunde inseriert. Zu Tausenden warten Lebewesen auf «ein gutes Plätzchen». Doch längst nicht alle finden es. Meist stehen Jungtiere zum Verkauf, oft sind jedoch die Besitzer ganz einfach ihrer blinden Katze, des bewegungsfreudigen Hundes oder der langweiligen Schlange überdrüssig geworden und wollen sie so rasch wie möglich loswerden...

Dank dem Tierschutz ist der Tierhandel in der Schweiz durch Gesetze und Auflagen geregelt. Der Artenschutz setzt der Branche Grenzen, vor allem bezüglich Exoten und seltenen Wildtieren, und Vorschriften über Transport und Haltung der Tiere haben die Verhältnisse verbessert. Auch die Aus- und Weiterbildung des Verkaufspersonals sowie die verbandsinterne Selbstkontrolle sind Schritte in die richtige Richtung. Dennoch bleibt der Handel mit lebenden Tieren aus Sicht des Tierschutzes fragwürdig. Es liegt in der Natur der Sache, dass die Branche aus wirtschaftlichen Gründen kaum daran interessiert ist, dessen Forderungen vollumfänglich umzusetzen. Würden ausschliesslich Arten verkauft, die sich hundertprozentig als Heimtiere eignen, hätten die Zoohandlungen mit Umsatzeinbussen zu rechnen. Häufig wird überdies wider besseres Wissen Zubehör verkauft, das eindeutig tierquälerisch ist: Viel zu kleine Käfige für Kleinsäuger und Vögel zum Beispiel sind eher die Regel als die Ausnahme.

Ein blühendes Geschäft mit dem Mitleid wird auf Touristenmärkten gemacht. Der traurige Anblick der eingesperrten oder angeketteten Tiere, die zu Spottpreisen verscherbelt werden, verleitet zu Spontankäufen. Damit hat man vielleicht einem Tier geholfen, aber der Sache geschadet, denn für Nachschub wird prompt und ohne Rücksicht auf Verluste gesorgt.

Modeartikel und Renommierobjekte

Die absolut selbstlose Tierliebe ist eine seltene Blume. Wer sich ein Heimtier anschafft, verbindet damit bestimmte Erwartungen... und wenn es nur der Wunsch ist, «öppis

Geckos und Zierfische – wie die durch den Disney-Film «Findet Nemo» populär gewordenen Clownfische – gehen oft kurze Zeit nach dem Kauf ein, weil sie nicht richtig gepflegt werden. Als Bewohner des Korallenriffs brauchen Clownfische Meerwasser, und Geckos sind schwierig zu ernähren.

Landschildkröten sind kein Kinderspielzeug: Werden sie allzuoft aufgehoben, bedeutet das für sie grossen Stress. Die artgerechte Haltung der wechselwarmen Reptilien setzt überdies ein grosses und strukturreiches Gehege mit Sonnen- und Schattenplätzen voraus.

Läbigs» um sich zu haben. Im Idealfall halten sich das Geben und Nehmen die Waage, so dass Mensch und Tier von der Beziehung profitieren.

Die Funktionen, die Heimtiere erfüllen, sind vielfältig und können nicht auf einen Nenner gebracht werden. Die Sehnsucht nach einem Gefährten gehört laut einer Umfrage zu den stärksten Motiven für die Tierhaltung. Wie oft hört man doch den Spruch, der eigene Hund, die eigene Katze verstehe einen besser als die meisten Menschen. Die Liebe kann für das Tier zur Qual werden, etwa wenn es aus lauter Zuneigung überfüttert wird und verfettet. Die amerikanische Mode, Hunde in Luxusklamotten zu hüllen und mit Dreisterne-Menüs zu «verwöhnen», hat in Europa glücklicherweise noch nicht so recht Fuss gefasst.

Wird das Tier selbst zum modischen Accessoire gezüchtet, geht das meist auf Kosten seiner Gesundheit. Zwar gibt es unzählige Hunderassen, die äusserlich mit ihren Stammeltern, den Wölfen, so wenig gemeinsam haben wie der Archaeopteryx mit dem Wellensittich und dennoch anatomisch «stimmen». Da der Hund jedoch schier grenzenlos formbar scheint, kam es zu Auswüchsen, die man mit Fug und Recht als Qualzucht bezeichnen darf. Die neue Zuchttendenz beim Shar-Pei mit seiner faltigen, entzündungsanfälligen Haut gehört in diese Kategorie. Stark verkürzte Oberkiefer, hervorquellende Augäpfel, bodenlange Ohren, überlange Haarkleider oder extrem langgezogene Rümpfe sorgen vielleicht für Aufsehen, machen den Hunden jedoch das Leben schwer. Dasselbe gilt für nackte Hunde, Katzen und Ratten, denen sogar die Wimpern und Barthaare weggezüchtet wurden, riesige, fast bewegungsunfähige Kaninchen und aus optischen Gründen deformierte Ziervögel. Je grotesker und exklusiver, desto gesuchter und teurer.

Mit seltenen, abnormen oder gefährlichen Exoten versuchen Liebhaber, ihr eigenes Image aufzupolieren. Tiere werden zur Projektionsfläche, die Stärke, Macht, Reichtum, Mut, Abenteurertum usw. illustrieren soll. Giftschlangen, Vogelspinnen, Leguane, Piranhas müssen dazu ebenso herhalten wie die sogenannten Kampfhunde oder Raubkatzen. Ins gleiche Kapitel gehören Trophäen seltener und vermeintlich gefährlicher Tierarten. Der kommerzielle Erfolg, der Ehrgeiz skrupelloser Züchter und die stetige Nachfrage bilden einen Kreislauf, der allenfalls mit gesetzlichen Mitteln gestoppt werden kann.

Fast wie im richtigen Wildtierleben

Doch im Heimtierbereich, wo sich vieles in der Privatsphäre oder in der Grauzone des Halblegalen bis Verbotenen abspielt, greifen Gesetze und Kontrollen nur bedingt. Ein nach wie vor wirksames Instrument ist indes die Information. Meist werden Meerschweinchen, Hamster oder

Es ist auf den ersten Blick kaum glaublich, dass der Wolf und der Chinesische Nackthund so eng verwandt sind, dass sie theoretisch miteinander Nachkommen zeugen können. Dem bedauernswerten Nackthund, hier ein Welpe, wurde das wärmende und schützende Fell aus «ästhetischen» Gründen weggezüchtet.

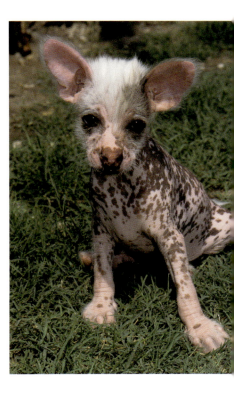

Zwergkaninchen nicht aus bösem Willen falsch gehalten, sondern schlicht und einfach aus Unkenntnis. Die wenigsten Kinder und Eltern kennen die wahren Bedürfnisse ihrer Hausgenossen. Deshalb behandeln sie sie oft wie ein Spielzeug, das man wieder in die Ecke stellen kann, wenn es einem verleidet ist.

Wenn Eltern und Kinder jedoch erfahren, dass ein Meersäuli acht bis zehn Jahre alt werden kann, sich am liebsten im Freien aufhält und in der Wohnung ein grosses, mit Ästen, Wurzeln, Steinen und einem Unterschlupf möbliertes Gehege benötigt, das regelmässig ausgemistet werden muss, wird ihnen vielleicht bewusst, dass eine artgerechte Haltung recht anspruchsvoll ist. Dies nicht zuletzt, weil die Wild-Meerschweinchen in den Anden in Sippen leben, fühlen sich auch die domestizierten Nachkommen nur in der Gruppe wohl. Darüber, dass die geselligen Meerschweinchen in Einzelhaft echte Qualen erleiden, werden die Käufer in den Zoohandlungen selten aufgeklärt.

Auch die herzigen Zwergkaninchen fristen nicht selten ein trauriges Käfigleben. Wie die normalgrossen Kaninchen sind sie jedoch ebenfalls ausgesprochene Sippentiere, die hoppeln, rennen, graben und nagen wollen. (Die engen und dunklen Verschläge, in denen zahllose Mastkaninchen bis zu ihrer Schlachtung in Einzelhaft ausharren müssen, gehörten längst verboten!) In der Broschüre des Zürcher Tierschutzes wird vor den scharfen Nagezähnen der Ha-

senartigen gewarnt und empfohlen, ihnen ein weitläufiges Gehege im Freien einzurichten, weil die wenigsten Wohnungen die Voraussetzungen für ein Kaninchenparadies bieten. Man lernt auch, dass Langohr sich schwer mit Fremden tut: «Das Eingliedern eines neuen Kaninchens in eine bestehende Gruppe erfordert sehr viel Geduld. Es lohnt sich jedoch, die anfänglichen Auseinandersetzungen zu akzeptieren und nicht einzugreifen, bis die Rangordnung klar ist. Diese Anpassungszeit dauert etwa drei bis vierzehn Tage. Bei Gehässigkeiten unter weiblichen Kaninchen empfiehlt es sich, einen kastrierten Bock einzugliedern.»

Anders hält es der aus der Steppe stammende Hamster: Als notorischer Einzelgänger reagiert er überaus unwirsch, wenn ihm ein Artgenosse über den Weg läuft. Das gilt für Weibchen ebenso wie für Männchen. So herzig Goldhamster aussehen, es sind nach wie vor echte Wildtiere, die sich ungern knuddeln lassen, erst nachts richtig aktiv werden und Winterruhe halten. Die putzigen Nager kamen nach 1945 in die Schweiz und eroberten die Kinderherzen im Sturm. Seither zählen die Hamster zu den meistgehaltenen Heimtieren... obschon sie sich, genau besehen, dafür überhaupt nicht eignen. Dasselbe gilt für die Schildkröten. Vor allem Landschildkröten haben das Pech, als pflegeleicht und kindgerecht zu gelten. Doch der dicke Panzer bewahrt sie nicht vor den tödlichen Folgen von Fehlernährung, Kälte und Platzmangel.

Esel stehen den Menschen seit Urzeiten treu und klaglos zu Diensten. Ungeachtet ihrer eher kleinen Statur werden sie oft gezwungen, enorme Lasten zu tragen und zu ziehen. Dennoch werden sie vor allem in südlichen Ländern nicht selten schlecht ernährt und geschlagen.

Noch immer vegetieren aus Renommiergründen gehaltene Reitpferde in solch viel zu kleinen Boxen und werden kaum bewegt.

Wohlstandsopfer Pferd und Esel

Schlimm genug, dass bei den exotischen Heimtieren vieles im Argen liegt. Tierarten, die seit Jahrtausenden zu den engsten Gefährten des Menschen gehören, sollten wir jedoch so gut kennen, dass ihre richtige Haltung selbstverständlich wäre. «Dem ist bei weitem nicht so!» bedauert der ZT-Geschäftsführer und Eselspezialist Bernhard Trachsel. «Wir müssen konstatieren, dass die Pferdehaltung in der Schweiz den Ansprüchen an Tiergerechtheit allzu oft nicht genügt. Gründe dafür sind nicht nur Gedankenlosigkeit und Profitgier, sondern auch veraltete Ansichten und vor allem fehlende Bestimmungen in der Tierschutzgesetzgebung.»

Das bedeutet, dass zahlreiche Pferde die meiste Zeit ihres Lebens in engen, dunklen Einzelboxen verbringen. Oft sind sie zusätzlich noch angebunden. Kontakt mit Artgenossen bleibt vielen Reitpferden verwehrt, obschon sie die Natur als soziale Wesen geschaffen hat, die in Herden leben. «Glücklich» fühlen sie sich deshalb nur in Gesellschaft von anderen Pferden, wobei Esel und Maultier ebenfalls geeignete Partner sein können. Dem enormen Laufbedürfnis dieser ursprünglichen Steppentiere wird ebenfalls noch immer allzu selten Rechnung getragen: Bewegungsmangel ist denn auch das Hauptübel, unter dem zahllose Pferde leiden. Der Zeitaufwand wird von vielen Halterinnen und Haltern unterschätzt, die annehmen, zwei, drei Stunden Auslauf pro Woche würden genügen. In Wirklichkeit sollten Pferde in luftigen, hellen Laufställen gehalten und tagtäglich ausreichend bewegt werden, sonst werden ihre Grundbedürfnisse nicht befriedigt. Beim Pferdesport hingegen liegt das Problem eher darin, dass die Tiere überfordert und zwecks Leistungssteigerung gedopt und misshandelt werden. Wo es wie in diesem Bereich um eine Menge Geld sowie um Ruhm und Ehre geht, wird das Tier zum Verschleiss-, Prestige- und Spekulationsobjekt degradiert.

Eselfreunde gehören üblicherweise nicht zu jener Sorte Mensch, die mit ihrem Haustier protzen. Bei uns wird das Grautier im allgemeinen auch nicht gehalten, um Lasten zu schleppen, sondern vielmehr aus sentimentalen Motiven. Oft wünschen sich Kinder ein Eselchen, weil sie es in Märchen, Fabeln und Filmen als Sympathietier kennengelernt haben. Ungeachtet dieser durchaus positiven Gründe geht die Liebesgeschichte zwischen Mensch und Esel nicht immer gut aus. Auch diese Pferdeartigen benötigen regelmässige Sozialkontakte mit mindestens einem Artgenossen und grossem Auslauf. Das Gruppenleben der Langohren ist streng strukturiert, worauf ebenfalls Rücksicht nehmen muss, wer Esel halten möchte. Was die sprichwörtliche Störrigkeit anbelangt, beruht sie vor allem auf einem fundamentalen Missverständnis: Das intelligente Tier lässt eben lieber Vorsicht walten, als blindlings zu gehorchen…

Die wenigen wildlebenden Pferde, die es auf der Welt noch gibt, bilden Familiengruppen oder Harems und sind fast ständig in Bewegung. Domestizierte Pferde haben diese beiden charakteristischen Merkmale behalten und sollten deshalb nie vereinzelt, sondern in Gruppen und mit grossem Auslauf gehalten werden.

Hier konnten wir helfen...

Nager-Notstation Obfelden

Wenn es sie nicht schon seit über zwanzig Jahren gäbe, müsste man die Nagerstation umgehend erfinden, denn sie entspricht einem echten Bedürfnis. Ruth Morgenegg nimmt pro Jahr mehrere hundert Kaninchen und Meerschweinchen auf, die ausgesetzt wurden oder aus irgendeinem Grund nicht mehr erwünscht sind. Die heimatlosen, oftmals kranken oder verletzten Tiere werden von ihr liebevoll gehalten und gepflegt. Für die medizinische Versorgung garantiert ihr Mann, Gottfried Morgenegg, als Tierarzt.

Ob Meerschweinchen oder Kaninchen: Hier können sich wahrscheinlich die meisten von ihnen zum ersten Mal in ihrem Leben in einem grossen Gehege bewegen, das all ihren Ansprüchen gerecht wird. Wenn sie wieder plazierbar, gesund und munter sind, vermittelt die Nagerstation ihre Schützlinge an Tierfreundinnen und Tierfreunde, die sie künftig gewissenhaft betreuen werden. Es ist Ruth Morgenegg ein wichtiges Anliegen, dass sich die neuen Besitzer gut um die Heimtiere kümmern, weshalb sie viel Zeit in die Aufklärung investiert. Wer sich hier ein günstiges Spielzeug für seine Kinder sucht, ist an der falschen Adresse! Ausserdem leistet die Fachfrau telefonische Beratung weit über die Kantons- und Landesgrenzen hinaus.

Als Frucht ihrer reichen Erfahrung hat Ruth Morgenegg nicht nur Bücher (siehe Bibliographie im Anhang) über die artgerechte Haltung von (Zwerg-)Kaninchen und Meerschweinchen verfasst, sie entwickelte ausserdem mehrere Gehegetypen und Hütten für draussen und drinnen, die dem artspezifischen Verhalten der Tiere gerecht werden. Sie sind bei der Nagerstation Obfelden erhältlich. Der Verkauf und das kostenpflichtige Beratungstelefon decken einen Teil des Unterhalts der Notstation. Der Zürcher Tierschutz unterstützt sie regelmässig mit namhaften Beträgen.

Nagerstation
Postfach 62
8912 Obfelden
Beratungs- und Informationstelefon
0900 57 52 31
(Fr. 2.13/Min. zugunsten heimatloser Tiere)

www.nagerstation.ch
Buchbestellungen: www.nagerstation.ch/Bücher oder info@buch2000.ch

Heimtierberatung im Tierspital

Das Tierspital Zürich ist als Anlaufstelle seit je eine gefragte Adresse. Wenn das Heimtier Probleme macht, wird dort häufig um Rat gebeten, vor allem am Wochenende oder nachts, wenn die Tierarztpraxen geschlossen sind. Das Personal wird gefordert, denn die Palette ist breit: Die Ärztinnen und Ärzte müssen nicht nur über die «geläufigen» Heimtiere rasche und kompetente Auskunft geben, auch über Exoten und heimische Wildtiere sollten sie Bescheid wissen. Weil das Tierspital bereits mit den regulären Patienten alle Hände voll zu tun hatte, fehlte oft die Zeit, um die Anfragen mit der nötigen Sorgfalt und Geduld zu behandeln. Dafür benötigte es zusätzliches Personal. Doch wer sollte das bezahlen? Der Zürcher Tierschutz sah hier eine Möglichkeit, in akute Not geratenen Tieren und ihren oft verzweifelten Haltern zu helfen. Die Investition hat sich gelohnt, denn auch der ZT und das Tierspital ziehen mehrfachen Nutzen aus der Zusammenarbeit. Als Beispiel seien die Leguan- und die Frettchen-Broschüren* erwähnt, die über diese häufig falsch behandelten Arten informieren. Die Fachleute stehen ausserdem dem ZT zur Seite, wenn in der Internet-Beratung knifflige Fragen gestellt werden.

*Die Frettchen und die Leguan-Broschüre sind beim Zürcher Tierschutz erhältlich.

Kantonales Tierspital Notfallstation
(Beratungsstelle für Heimtierhaltung)
Tel. 044 635 81 14
Online: Heimtierberatung des Zürcher Tierschutzes:
Dr. Tiger: www.zuerchertierschutz.ch

IEMT Schweiz: Link zwischen Tier und Mensch

Das Institut für interdisziplinäre Erforschung der Mensch-Tier-Beziehung (IEMT) wurde 1977 in Wien gegründet. Sein berühmtester Pionier war der Verhaltensforscher Konrad Lorenz, der das Institut bis zu seinem Tod wissenschaftlich betreute. Seit 1990 trägt das IEMT Schweiz mit wissenschaftlicher Forschung, Öffentlichkeitsarbeit und Aufklärung dazu bei, dass die generationenübergreifende Bedeutung des Heimtiers für die Gesellschaft erkannt wird. Damit Kinder den Umgang mit Tieren auf ebenso spielerische wie praxisbezogene Weise erlernen können, bietet das IEMT den Besuch der Lorenz-Tierschule an: Speziell dafür ausgebildete Lehrpersonen besuchen mit ihrem Hund in der Deutschschweiz und im Tessin Primarschulklassen mit dem Ziel, bei den Kindern das Interesse und den Respekt vor allen Tieren zu wecken. Der Erfolg der Lorenz-Tierschule ist so gross, dass inzwischen elf Teams im Einsatz sind. Überdies entwickelte das IEMT in Zusammenarbeit mit Psychologen und Pädagogen Lehrmittel zum Thema artgerechte, verantwortungsvolle Heimtierhaltung für den Primarschulunterricht. Ein Aspekt, den das Institut neuerdings untersucht, betrifft die Tierhaltung in Alters- und Pflegeheimen. Die positiven Ergebnisse dieser Studie sollen den Weg ebnen für eine bessere Lebensqualität der Senioren. Der Zürcher Tierschutz unterstützt das IEMT seit Jahren ideell.

IEMT Schweiz
Postfach 1273
8032 Zürich
Tel. 044 260 59 80,
www.iemt.ch

Museumspädagogik am Zoologischen Museum Zürich

Aus Anlass des 150-jährigen Bestehens des Zürcher Tierschutzes schenkt die Haldimann-Stiftung der Zürcher Bevölkerung eine Stelle für Museumspädagogik am Zoologischen Museum der Universität Zürich. Im Winter 2006/2007 startet das Museum mit zwei Angeboten: den Kindergeburtstagen zu den Themen «Tierriesen und Märchentiere» und den Familienworkshops zum Thema «Heimtiere mit Nagezähnen». Mit Spiel und Spass erfahren Kinder und ihre Begleitpersonen viel Spannendes und Interessantes über Tiere und ihre artgerechte Haltung. Im Zentrum steht die Begegnung mit Haustieren und ihren Bedürfnissen.

Zoologisches Museum der Universität Zürich
Karl Schmid-Strasse 4
8006 Zürich
Tel. 044 634 38 38
www.unizh.ch/zoolmus

I.E.T. Institut für angewandte Ethologie und Tierpsychologie

Die Heimtier-Mensch-Beziehung steht auch im I.E.T. im Mittelpunkt. Das 1991 gegründete wissenschaftliche Institut auf dem Hirzel wird vom bekannten Verhaltensforscher und «Katzenpapst» Dennis C. Turner geleitet. Die facettenreiche Interaktion zwischen Tier und Mensch und ihre Auswirkungen auf deren körperliches und seelisches Wohlbefinden sind das Leitmotiv des privatwirtschaftlich organisierten Instituts.

Das Wirkungsfeld des I.E.T. ist weit und vielfältig. Die Mitarbeitenden sind im Inland und Ausland tätig, betreiben vorwiegend Forschung, jedoch auch Aus- und Weiterbildung in den unterschiedlichsten Berufszweigen, sind als Medien- und Öffentlichkeitsarbeiter tätig, verfassen Gutachten, unter anderem für Tierschutzorganisationen, Anwälte und Gerichte…

Tierschutzfragen spielen bei den meisten Projekten des I.E.T. eine Rolle und sind dem Institutsleiter ein grundsätzliches Anliegen: «Tierschutz fängt bei jedem einzelnen an! Dabei sind die unermüdlichen und kontinuierlichen Bestrebungen und Aktivitäten der Tierschutzvereine sehr wichtig. I.E.T. unterstützt diese Institutionen in vielen Belangen. Insbesondere junge Menschen sind offen und müssen gegenüber Tierschutzfragen sensibilisiert werden. Deshalb verlangt sinnvoller Tierschutz fundierte Kenntnisse über tier- und artgerechte Haltung und über die Mensch-Tier-Beziehung, und diese sollen sowohl in den Schulen als auch in der allgemeinen Öffentlichkeit Eingang finden. Mit der Realisierung von Ausstellungen, Tonbildschauen, Videos und Broschüren leistet das Institut einen wichtigen Beitrag, um dieses Ziel zu erreichen.»

Der Zürcher Tierschutz arbeitet mit Dennis C. Turner eng zusammen und hat mehrere seiner Forschungsprojekte gefördert.

I.E.T. Institut für angewandte Ethologie
und Tierpsychologie
Vorderi Siten 30
Postfach 32
8816 Hirzel
Tel. 044 729 92 27,
Fax 044 729 92 86
Tierpsychologische Beratung:
Tel. 044 729 92 46
www.turner-iet.ch

Esel in Not

In südeuropäischen und orientalischen Ländern werden Esel nach wie vor als Arbeitstiere genutzt und dabei häufig geschunden, misshandelt und gequält. In Spanien und im Iran zum Beispiel werden endlich Stimmen laut, die solche Barbareien verurteilen und sich für die gutmütigen Esel einsetzen. Dass es um die Langohren in der Schweiz auch nicht immer zum Besten steht, davon könnten die Betreuerinnen und Betreuer der Aufnahmestellen und Pflegestationen des Vereins «Esel in Not» ein trauriges Lied singen.

«Esel in Not» ist ein Projekt, das von der Schweizerischen Interessengemeinschaft Eselfreunde (SIGEF) und der Stiftung «Humanatura» mitgetragen wird. Falls Not am Grautier ist, etwa wenn der Besitzer schwer erkrankt oder verschieden ist, bei einer Scheidung oder einem Tierschutzfall, hilft der Verein rasch und unbürokratisch und sucht für das Tier einen neuen Platz. Für kranke Esel stehen Pflegestationen im Furttal und Säuliamt zur Verfügung.

Um zu vermeiden, dass die Tiere unter Umständen vom Regen in die Traufe geraten, werden die Interessenten einer genauen Prüfung unterzogen: Sie müssen sich verpflichten, den oder die gekauften Esel nach den Vereinsrichtlinien tiergerecht zu halten, wobei eine Fachperson vorher Stall und Auslauf begutachtet. Falls es dennoch Probleme gibt, steht dem Verein das vertragliche Recht zu, den Esel wieder zurückzukaufen. Der Käufer wiederum kann von der zweimonatigen Probezeit Gebrauch machen. Der Aufwand zahlt sich für das Wohl der Esel aus.

Tier-Informations-Zentrum (TIZ)

Pflegestationen:

Erna und Hans Schmid
Eselhof «Merlin»
8114 Hüttikon
Tel. 044 844 31 47

Christiana Sommer und Albert Suter
Eselhof «im Loch»
8909 Zwillikon
Tel./Fax: 044 764 85 09

Aufnahmestation:

Markus Böhi
Sal
9606 Bütschwil
079 240 62 36

www.eselfreunde.ch

Annekäthi Frei und Kathrin Herzog, zwei Veterinärinnen mit jahrelanger Erfahrung in Kleintiermedizin und der Schulung von Kindern und Erwachsenen, gründeten 2006 das Tier-Informations-Zentrum mit Sitz im Kanton Zürich. Das TIZ versteht sich als neutrale Dienstleistungsstelle für alle, die sich über die Haltung von Heimtieren fundiert informieren möchten, angefangen bei Kindern und Lehrkräften über erwachsene Tierfreunde bis zu Hundezüchtern, Zoofachhandels-Personal, Tierheimen und Gemeinden. Die Hauptaufgabe des TIZ ist es, auf die jeweilige Zielgruppe zugeschnittenes Fachwissen zu vermitteln.

Die positive Kind-Tier-Beziehung liegt den beiden Tierärztinnen besonders am Herzen: «Ein nicht zu unterschätzender Faktor in der ganzen Tierhaltungsproblematik sind die Kinder. Oft wird ein Tier auf ihren Wunsch angeschafft, ohne dass sie und die erwachsenen Familienmitglieder sich der Verantwortung bewusst sind, die sie für die nächsten Jahre bis Jahrzehnte übernehmen müssen. Eine kindgerechte Aufklärung über die Bedürfnisse der verschiedenen Haustiere ist daher enorm wichtig.» Gemeinsam mit dem Zürcher Tierschutz plant das TIZ Ferienprogramme, die Kinder und Jugendliche im Umgang mit Hunden, Katzen, Pferden, Eseln, Nagern und weiteren Heim- und Haustieren sensibilisieren sollen. Die gute Beziehung zwischen Kindern und Heimtieren wird überdies durch Schulprojekte und Schulführungen, aber auch durch die Schulung der Lehrkräfte und die Abgabe von Gratis-Informationsmaterial gefördert.

Für Eltern und Kinder, die noch kein Heimtier besitzen oder nicht wissen, welches Tier sich für ihren speziellen Fall eignet, organisiert das TIZ Familien-Workshops, die vorzugsweise an Wochenenden stattfinden.

Das Tier-Informations-Zentrum, eine Non-Profit-Organisation, befindet sich in der Aufbauphase und ist auf Sponsoring angewiesen. Dank der Unterstützung des Zürcher Tierschutzes haben die Initiantinnen die Möglichkeit, mit der Realisierung ihres engagierten Unternehmens zu beginnen.

Tier-Informations-Zentrum
Dr. med. vet. Annekäthi Frei
und Dr. med. vet. Kathrin Herzog
Kontakt: Annekäthi Frei, 078 690 22 61
anfr@gmx.ch

Vom Anti-Pelz-Feldzug zur Konsumenteninformation

Chronologie eines jahrzehntelangen Engagements

Frau und Mann trägt wieder ungeniert Pelz. Fast wie während der Eiszeit. Die «Gewissensfrage» scheint man sich nicht mehr zu stellen, obschon Nerze, Blau- oder Silberfüchse, Chinchillas und Zobel gar nicht tiergerecht gehalten werden können und die Fallen nach wie vor schmerzhaft zuschnappen. Die Geschichte hat den Zürcher Tierschutz gelehrt, dass kleine Schritte häufig sicherer zum Ziel führen als spektakuläre Sprünge. Seine aktuelle Pelzkampagne, die für die Zusammenhänge von Mode und Tierleid sensibilisieren soll, ist die Frucht dieses Lernprozesses.

«Wer für teures Geld einen Luchsmantel ersteht, der möchte bewundert werden und sicher nicht demonstrieren, dass man den gesamten Luchsbestand eines Gebietes von der Grösse des Kantons Zürich am Leib trägt.»

Zur Pionierzeit des Tierschutzes war die Pelzzucht noch kein Thema. Doch die heimische wie die exotische Tierwelt wurde hemmungslos geplündert, um die Extravaganzen modebewusster Damen zu befriedigen. Stein des Anstosses bildete damals die vogelmörderische Hutmode.

1899 «Mit Entrüstung muss man bemerken, dass die tyrannische Mode auch in diesem Jahre unseren Frauen und Jungfrauen wiederum die Zumutung stellt, die Leichen gemordeter Vögel auf den Hüten durch die Strassen zu tragen.» *Zürcher Blätter für Tierschutz*

Für die Winterkollektion 2006/2007 hat der britische Modedesigner Alexander McQueen Hüte mit echten Vogelschwingen und mit Eiern gefüllten Nestern entworfen. Presse und Publikum spendeten dem «verrückten Tierpräparator» Beifall.

1905 «Mit der Mode geht die Geschmacklosigkeit des Menschen einher!» *Zürcher Blätter für Tierschutz*

Nicht nur in Europa, auch in Afrika, Indien und Nordamerika dezimierten die Weissen mit ihrer masslosen Trophäen- und Pelzjagd die Tierwelt massiv.

1912 «Der Vernichtungstrieb ist ein Privileg der zivilisierten Rassen und erst zur vollen Entfaltung gekommen, seit Erwerbssinn und Gewinnsucht Motive zur Jagd geworden sind.» W. Soergel, deutscher Paläontologe

Fuchspelz war einstmals begehrt. Die Damen schätzten ihn als Stola, wobei Kopf und Pfoten als schmückendes Beiwerk galten und häufig am Balg blieben.

1932 «Einst hatte der Jägerspruch gelautet: 'Stirbt der Fuchs, so gilt der Balg.' Jetzt galt nichts mehr. Von 1932 an hatten die Fellpreise für Fuchspelze nachgelassen, und in den vierziger Jahren war's überhaupt vorbei. «Kein Interesse», hatten die Kürschner gesagt. Und dabei blieb es. Und nun kam das Unerwartete: Der Gaudieb, der Erzschlingel, der rote Halunke – und wie seine gewohnten Ehrennamen alle lauteten –, verlor in kurzer Zeit jedes Interesse bei den Jägern.» Philipp Schmidt, *Das Wild der Schweiz*

Wer Tiere mit Tellereisen und anderen brutalen Fallen fängt, kommt in der Schweiz seit geraumer Zeit vor Gericht. Dennoch werden solche Grausamkeiten bei uns mit erstaunlicher Selbstverständlichkeit toleriert, wenn sie im Ausland für die Pelztierjagd angewendet werden.

1921 «In Zürich kam 1921 das völlige Giftlegeverbot; von allen Fallen wurden nur noch Kastenfallen erlaubt.» Philipp Schmidt, *Das Wild der Schweiz*

In den sechziger, siebziger Jahren machten sich die begangenen Umweltsünden immer schmerzlicher bemerkbar. Der globale Charakter der Umweltprobleme rief nach grenzüberschreitenden Lösungen. Auch die Pelzindustrie musste unter dem Druck der Natur- und Tierschutzorganisationen gewisse Konsequenzen ziehen.

1971 «Der Verband der Schweizerischen Pelzindustrie (VSPI) ist einem Rahmenabkommen beigetreten, das einen Einkaufs- und Verkaufsstopp der Felle mehrerer durch Ausrottung bedrohter Tiergattungen vorsieht. (...) Aufgrund wissenschaftlicher Untersuchungen gelten augenblicklich die folgenden Tiergattungen als schwerwiegend gefährdet und dürfen ab 1. September 1971 nicht für kommerzielle Zwecke verwendet werden: Tiger, Schneeleopard, Nebelparder, La-Plata-Otter, Riesenotter.» *Zürcher Tierschutz*

Katzen und Hunde werden heute noch, vor allem in China, zur Pelzgewinnung in Käfigen gemästet und getötet. Jordan Basemans Werk *The Cat and the Dog* befindet sich in der Saatchi Gallery, London.

Wegen ihres weichen, dichten Fells wurden die Chinchillas in ihrer Heimat Südamerika sozusagen ausgerottet. Die zutraulichen Nager sind vorwiegend nachtaktiv und leben in unterirdischen Gangsystemen, weshalb sie weder als Pelz- noch als Haustier ein artgerechtes Dasein führen können.

Die ökologische Verantwortung der «Ersten Welt» wird zum Politikum.

1972 «Deshalb soll unsere Landesregierung nun eingeladen werden, den Entwurf für einen Verfassungsartikel auszuarbeiten, in dem ausdrücklich die Befugnis enthalten wäre, ein Gesetz über die Einfuhr von wildlebenden Tieren sowie von Fellen und Häuten von Tieren, deren Art bedroht oder vom Aussterben begriffen ist, zu erlassen. Ausserdem soll der Bundesrat jede denkbare Initiative auf internationaler Ebene ergreifen, um den Abschluss eines internationalen Übereinkommens mit der gleichen Zweckrichtung zu fördern. ... Wie soll den «wilden Völkern» Achtung vor den Tieren beigebracht werden, wenn die Angehörigen zivilisierter Länder sich um die Pelze und Federn solcher Tierarten reissen? Die Anregung zum Tierschutz muss von uns ausgehen.» *Zürcher Tierschutz*

Ihr hochwertiges Fell wurde den Kamelartigen der Anden zum Verhängnis. Dank konsequentem Schutz und Management stieg der Bestand in Peru wieder auf 130 000 Tiere an. Für einen Vikunjamantel wird bis zu 25 000 Euro bezahlt.

1977 «Auch das Vikunja in Peru steht vor der Auslöschung. Nach einem Bericht der FAO sind von den 200 000 Exemplaren, die vor zehn Jahren noch in Peru lebten, nur noch 20 000 übrig. Es wird wegen seiner feinen, teuren Wolle, die früher nur den Inka-Herrschern vorbehalten war, rücksichtslos gejagt.» *Zürcher Tierschutz*

Im Winter 1980 beginnt die Inseratenkampagne des Schweizer und Zürcher Tierschutzes zu laufen. Das Motto «Pelztragen ist Gewissensfrage» wurde zum geflügelten Wort, das bis heute in Erinnerung blieb. Die aufwendigen Aktionen haben die Menschen aufgerüttelt und die Pelzindustrie in die Defensive gedrängt.

1981 «Sich einen Pelz nach aussen umzuhängen, ist nichts anderes als das Zeigen einer Trophäe, wie man das im Eis- und Steinzeitalter tat (auch wenn uns das nicht bewusst ist). Damals hängte man sich die Felle erbeuteter Tiere um, man zeigte so, dass man ein guter Jäger war oder als Frau, dass man einen grossen Jäger zum Manne hatte. ... In der Nerzzucht werden junge, von Natur sehr lebhafte und bewegungsfreudige Tiere in engen Drahtverschlägen qualvoll eingesperrt und müssen dort bewegungslos und tätigkeitslos verharren. Ein Nerzmantel ist daher erkauft mit den grossen Leiden vieler Tiere, das sollte man wissen, bevor man sich damit schmückt. Dass es 'domestizierte Farmtypen' gezüchteter Nerze gäbe, welche die Verhaltensweise ihrer Ahnen verloren hätten und sich in engen Käfigen wohlfühlten, das ist eine Mär, wie jene der glücklichen Batteriehühner. ... Dass Instinktverhalten dauerhaft ist, beweisen wir selber. Würden wir uns sonst heute noch Tierfelle umhängen, einen ganzen Nerz oder Fuchs auf den Kopf stülpen, mit einem Wort: Trophäen tragen wie unsere wilden Vorfahren?»

Zürcher Tierschutz, B. D. Kramel-Kruck

«In letzter Zeit musste ein eigentlicher Pelzboom festgestellt werden. Wenn auch das Tragen von gefleckten Raubkatzen dank dem Washingtoner Artenschutzübereinkommen spürbar abgenommen hat, feiern nun vor allem die Pelze von gezüchteten Tieren ein Comeback. Nach einer Information des Welttierschutzbundes stieg die Kapazität von Intensivhaltungsbetrieben für die Zucht dieser Tiere von 6,5 Millionen auf 23,5 Millionen. Dazu kommt noch die Zahl der in Fallen gefangenen Pelztiere von jährlich über 15 Millionen. Es genügt aber nicht, beide Methoden der Pelzgewinnung lediglich als tierquälerisch abzulehnen; wir müssen auch versuchen, das Pelztragen zu bekämpfen. Gemeinsam mit dem Schweizer Tierschutz haben wir deshalb eine Informationskampagne gestartet. Dabei wird vorerst mit Inseraten auf die ganze Problematik der Pelzgewinnung hingewiesen. Die Kampagne ist als langfristige Aktion konzipiert und wird im Laufe der Zeit noch ergänzt und erweitert mit dem Versand einer Informationsbroschüre, TV- und Radio-Spots, einer Wanderausstellung, Plakataushang, Ansichtskarten-Sets usw. Damit haben wir einmal einen Anfang gemacht und hoffen, dass der für die ganze Kampagne gewählte Slogan 'Pelztragen ist Gewissensfrage' Früchte tragen wird und der heutige Statussymbol-Charakter des Pelztragens mit der Zeit verschwindet.» *Zürcher Tierschutz*

Unter dem Titel «Kunstpelz, die neue Zauberformel der Mode» warb der ZT für eine tierschutzverträgliche Alternative zum Echtpelz.

1982 «Nach Frankreich und Deutschland gibt es nun auch in der Schweiz ein Fachgeschäft für Kunstpelze.»
Zürcher Tierschutz

Ungefähr 40 Millionen Tiere werden jährlich weltweit zur Gewinnung von Pelzwerk getötet. Ein Grossteil davon wird zu Accessoires verarbeitet. Mit der jüngsten Kampagne will der Zürcher Tierschutz das Bewusstsein der Konsumentinnen und der Modebranche schärfen.

Der Erfolg der Kampagne machte die Tierschützer stark und zuversichtlich.

«Die allgemeine Empörung, die der 'Kassensturz'-Beitrag über die Pelzzucht ausgelöst hat, muss als Signal einer evolutiven Strömung von jenen zur Kenntnis genommen werden, die beruflich mit Tieren zu tun haben. Immer weniger akzeptiert die Öffentlichkeit, dass sich eine Industrie oder ein Gewerbe das Recht herausnimmt, seine Existenz zu verbessern oder auszudehnen, wenn dies mit dem Leiden von Tieren in Verbindung steht. ... Wenn schon Alternativen zum bisherigen Raubbau an der Natur entwickelt werden – in diesem Fall durch Tierzucht –, so muss sich die daran interessierte Industrie der Ethik gegenüber dem Tier unterstellen. Und wenn es sich herausstellt, dass der Mindestanstand gegenüber dem Lebewesen zu teuer kommt, dann taugt das System eben nicht und muss fallengelassen werden. Wir sind uns bewusst, dass die Konsumenten die wirksamste Waffe gegen die überbordende industrielle Tierquälerei in Händen haben. Wenn die Pelz-

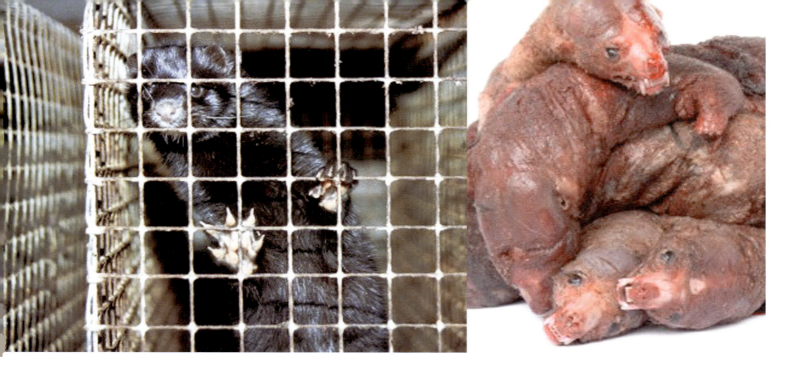

Auch Nerze sind Wildtiere, die in den üblichen zu kleinen Käfigen unter Dauerstress stehen. Für einen Mantel benötigt man die Felle von 40 bis 60 Tieren. Sie werden entweder langsam vergast oder erschlagen.

industrie nicht in der Lage ist, auf anständige Art und Weise zu existieren, dann muss sie dies über den Markt zu fühlen bekommen. Schliesslich möchte sich niemand bewusst einer qualifizierten Tierquälerei mitschuldig machen. Wer einen teuren Pelzmantel kauft, möchte dafür Achtung und nicht Ächtung ernten. Unter den heutigen Verhältnissen hat die Pelzmode ihren Prestigewert verloren. Was lange Zeit Symbol für Status und Erfolg war, ist auf dem besten Weg, zu einer Etikette für Arroganz oder Ignoranz zu werden.» *Zürcher Tierschutz,* Richard Steiner

Dennoch wandte sich nicht alles zum besten. Die Pelzindustrie fand neue Wege, um ihren (geringer gewordenen) Bedarf zu decken.

1985 «Was nützt ein Importverbot von Pelzen von Robbenbabys, wenn im Austausch dafür dann Millionen von Bibern ersäuft werden? Und wer für teures Geld einen Luchsmantel ersteht, der möchte bewundert werden und sicher mit diesem Luchsmantel nicht demonstrieren, dass man den gesamten Luchsbestand eines Gebietes von der Grösse des Kantons Zürich auf dem Rücken trägt.»
Zürcher Tierschutz, Richard Steiner

«Jede Sekunde schnappen irgendwo in der Welt sechzig Tierfallen zu. Fallen, in denen die Tiere oft tagelang erbärmlich leiden, an denen sie sich die Zähne ausbeissen,

in denen ihre Knochen brechen und aus denen sich das verzweifelte Tier oft zu befreien versucht, indem es sich die eigene Pfote abbeisst.» *Zürcher Tierschutz*

Die Pelzlobby versuchte mit allen Mitteln, die Tierschützer ins Abseits der Illegalität zu manövrieren.

1986 «Durch die konsequente Verwendung der Bezeichnung 'Antipelzaktivisten' wird der Versuch unternommen, eine Brücke vom Tierschutz zum Terrorismus zu schlagen. Aktivismus wird in Nordamerika bereits als Vorläufer zum Terrorismus angesehen.»
Zürcher Tierschutz, Claude M. Beck, Präsident der Europäischen Tierschutzunion EUPA

Die Prognosen des Tierschutzes waren zu optimistisch.

«Ich bin überzeugt, dass der Pelz innerhalb der kommenden zwanzig Jahre aus der Mode kommen wird. Irgendwie passt er nicht mehr zum postindustriellen Zeitalter. ... Es gibt aber auch Wachstumschancen in schrumpfenden Märkten. Wer heute einen ethisch einwandfreien und sichtbar bezeichneten Pelz auf den Markt bringt, wird das Geschäft machen.» *Zürcher Tierschutz,* Claude M. Beck, Präsident der Europäischen Tierschutzunion EUPA

Die TV-Dokumentarfilme von Mark M. Rissi zeigten die schrecklichen Zustände in den Pelzzuchten unverhüllt und

lösten in der Schweiz eine neue Anti-Pelz-Welle aus. Die Branche verschwand deswegen nicht, ganz im Gegenteil.

1993 «Die Käfighaltung wird auf immer neue Wildtierarten ausgedehnt. Luchse, Bobcat, Waschbärhund, Hauskatzen und Schäferhunde, alles, was Haare hat, wird von der Pelzindustrie vereinnahmt und in Drahtgitterkäfigen reihenweise grossgemästet.»

Mark M. Rissi, Dokumentarfilmer, *Schweizer Tierschutz*

Eines der vielen schiefen Bilder, die von der Pelzindustrie immer wieder vorgebracht werden, lautet, die Aktivitäten der Pelzgegner hätten den Inuits die Existenzgrundlage genommen.

1994 «Es sind längst nicht mehr die unberührten Ureinwohner, die Tiere mit Fallen fangen, um zu überleben. Es sind Menschen, die von den findigen Weissen in den industrialisierten Pelzgewinnungsprozess eingebunden wurden und heute ausgebeutet werden.»
Zürcher Tierschutz, Bernhard Trachsel

Für gutes Geld lassen sich Fachleute aller Sparten überreden, ihre Forschungsergebnisse im Sinn und Geist ihrer Auftraggeber zurechtzubiegen.

2002 «Angesichts des immer rauheren Windes, der den Kürschnern und Pelztierzüchtern seit Jahren ins Gesicht bläst, hatte man sich sehr bemüht, einen Professor zu finden, welcher der Branche den lang ersehnten Freipass zu erteilen bereit war. ... Seine Arbeiten wurden von der Pelzbranche finanziert, nämlich 60% durch Pelztierzüchtervereine in Dänemark, Finnland, Norwegen, Schweden, den Niederlanden und Grossbritannien, der Rest durch die International Fur Trade Federation.»
Zürcher Tierschutz, Bernhard Trachsel

Tiere, die zur Pelzgewinnung gezüchtet werden, werden immer noch rein profitorientiert gehalten.

2003 «Und Hand aufs Herz, Ihr Herren Pelzlobby-Vertreter: Es würde wohl nicht einmal Ihnen in den Sinn kommen, den eigenen Labradorhund dauernd in einen solchen Käfig einzusperren. Genau dies aber befürworten Sie vehement, wenn es sich um Wildtiere wie den Blaufuchs handelt.» *Zürcher Tierschutz*, Bernhard Trachsel

In der Herbstsession hiess der Ständerat das Importverbot von Hunde- und Katzenfellen aus China gut, ein Entscheid, der von anderen europäischen Ländern stark beachtet wird.

2005 «China kennt weder Tierschutz- noch Umweltschutzgesetze. ... Die Tiere werden so lange mit Knüppeln malträtiert oder auf den Boden geschlagen, bis sie tot oder bewusstlos sind.» Mark M. Rissi, Dokumentarfilmer

Sobald die Robbenbabys ihr flauschiges weisses Fell verloren haben, droht ihnen der Tod mit der Keule. Oft sind sie jedoch nur betäubt und werden bei lebendigem Leibe gehäutet.

Mit Pelz verbrämte Accessoires sind gegenwärtig das grosse Geschäft, da sie für fast jedes Portemonnaie erschwinglich sind und auch von Menschen gekauft werden, die sich niemals in einem Pelzmantel zeigen würden.

2006 «Ist es nur ein Hauch einer Pelzgarnitur an einem Kaschmirpullover, ein pelziges Accessoire wie Taschen, Schlüsselanhänger, Pelzpompons auf Highheels, Pelzstolen mit oder ohne Satinschleifen, ein grosszügiger Pelzkragen auf einem eleganten, schlichten Etuikleid, ein Hauch von Nichts die Mikro-Boleros, die sogar zu Jeans gut aussehen, die wunderschönen Jacken und Mäntel in Nerz, Zobel oder Chinchilla. Einfach wunderschön!»

Fun fur/Schweizerischer Pelzfachverband (SPFV), www.pelzfachverband.ch

Ob die zahllosen Pelztiere ihr Käfigleben wohl als funny empfinden?

«Für Accessoires gibt es weder eine eindeutige und zuverlässige Herkunftsdeklaration, noch ein Label für die tierschützerische Unbedenklichkeit. Was bei Fleisch und Gemüse heute selbstverständlich ist, fehlt in der Modewelt. Der Zürcher Tierschutz will erreichen, dass Konsumentinnen und Konsumenten sich orientieren können, wenn sie sich etwas Modisches kaufen.»

Zürcher Tierschutz, www.pelzinfo.ch

Trotz Verbesserungen, die auf Druck des Tierschutzes vorgenommen wurden, können die nordeuropäischen und nordamerikanischen Pelzfarmen keineswegs als vorbildlich bezeichnet werden. In den Ostländern, wo es keine entsprechenden Gesetze gibt, sind sie jedoch katastrophal.

«Der weitaus grösste Teil der verarbeiteten Pelzfelle – durchschnittlich 46,9 % aller Felleinfuhren – kommen heute aus Zucht und Farmhaltung, vorrangig aus Skandinavien, Nordamerika, Polen und den baltischen Ländern.»

Fun fur/Schweizerischer Pelzfachverband (SPFV), www.pelzfachverband.ch

Die enorme Menge der verarbeiteten Tierhäute steht der wildtiergerechten Haltung im Weg.

«Weltweit werden jedes Jahr etwa 90 Millionen Pelze verarbeitet. Für einen Pelzmantel verwendet man die Felle von ungefähr 6 Ozelots oder 14 Luchsen oder 60 Nerzen oder 12 Wölfen oder 110 Eichhörnchen oder 130 bis 200 Chinchillas.» www.wikipedia.pelz

Selbst Bundesratsgattinnen und Models, die sich einst in der Anti-Pelz-Bewegung profilierten, zeigen sich wieder mit Pelz. Für diese Entwicklung hat die Branche eine Menge investiert.

«Das Prinzip Mode ist eigentlich immer dasselbe, alles wiederholt sich, man muss nur ein paar Jährchen verstreichen lassen. ... Auch Mann darf sich in Pelzoutfits ungeniert in Szene setzen.»

Der Pelz als in Überfülle vorhandenes Geschenk der Natur: Ein Märchen, das das Gewissen beruhigen soll.

«Alle Tiere haben eine Vermehrungsrate, die weit grösser ist, als ihr natürliches Territorium ertragen könnte. Der Mensch hat seit je diesen natürlichen Überschuss genutzt, um seine Bedürfnisse zu befriedigen.»

Fun fur / Schweizerischer Pelzfachverband (SPFV), www.pelzfachverband.ch

Der Behauptung des Pelzfachverbands, der «natürliche Überschuss» der Wildtiere sei so gross, dass sie ohne den

Menschen in Platznot gerieten, widerspricht sehr vieles, nicht zuletzt die Bestandesaufnahmen, die eine andere Geschichte erzählen.

«Phasen massiven Artensterbens aufgrund von Naturkatastrophen sind zwar in der Erdgeschichte nichts Neues, doch wird seit etwa dem 17. Jahrhundert der Rückgang massgeblich durch menschliches Handeln verursacht. Jedes Jahr verschwinden Tier- und Pflanzenarten unwiederbringlich von unserer Erde. Neueste Erhebungen gehen davon aus, dass die derzeitige Aussterberate sogar um den Faktor 1000 bis 10 000 über dem natürlichen Prozess der Evolution liegt.» WWF Deutschland, www.wwf.de

Auch der illegalen Jagd auf seltene Wildtiere wie den Schneeleoparden ist schwer beizukommen. Zwölf Tiere für einen Mantel!

«Die Schneeleoparden gehören zu den Grosskatzen, die weltweit am stärksten vom Aussterben bedroht sind: Nur noch 3500 bis 7000 Tiere überleben in den Hochgebirgsregionen Zentralasiens. ... Die Felle von Schneeleoparden werden als Wandbehänge oder für Mützen und Mäntel verwendet. Ein Mantel, der aus sechs bis 12 Fellen hergestellt wird, kann 60 000 US-$ auf dem Schwarzmarkt kosten. ... Die Felle aus den früheren Sowjetrepubliken Kirgisistan, Kasachstan, Tadschikistan und Usbekistan gelangen aufgrund der reduzierten Grenzkontrollen innerhalb der Länder der Gemeinschaft Unabhängiger Staaten (GUS) auf die Märkte nach Moskau und Kaliningrad und von dort durch Osteuropa auch in die Europäische Union. ... Ein weiterer wachsender Absatzmarkt sowohl für Felle als auch für Lebendexemplare befindet sich in den Vereinigten Arabischen Emiraten und Dubai.» WWF Deutschland, www.wwf.de

Schweizer Frauen schmücken sich erneut mit Tierfellen, ohne sich die «Gewissensfrage» gross zu stellen. Die Pelzdiskussion der achtziger und neunziger Jahre ist offenbar in Vergessenheit geraten. Der ZT resigniert deswegen nicht, sondern sucht nach neuen Wegen, seine Ziele zu verwirklichen. Ein zuverlässiges Label für Pelze aus tiergerechter Zucht würde die Situation zumindest verbessern.

«Der Zürcher Tierschutz betont ausdrücklich, dass er sich nicht gegen den Gebrauch von Pelzen stellt. Er will vielmehr bewirken, dass die Gewinnung der Pelze nicht mit Tierleid verbunden ist und erreichen, dass Konsumentinnen und Konsumenten sich orientieren können, wenn sie sich etwas Modisches kaufen.» Zürcher Tierschutz, www.pelzinfo.ch

Die Künstlerin Katharina Büche hat mit ihren eingepferchten Tieren auf unseren gedankenlosen Konsum von Pelz, Leder, Federn usw. aufmerksam gemacht. «Lass mich raus!» ist dieses ausdrucksstarke Objekt betitelt. Dem ist nichts beizufügen.

Pelztiere | 163

Den Menschen zum Nutzen, den Tieren zum Wohl

Produzieren und geniessen mit Herz und Verstand

Zu Beginn der 1960er Jahre geriet die Schweizer Landwirtschaft immer tiefer in die Krise. Mit den Butterbergen und Milchseen wuchs die Unzufriedenheit des Bauernstands. Man glaubte, das Heil liege in Mammutbetrieben nach amerikanischem Vorbild und setzte auf die Industriemast. Möglichst viel, möglichst billig und möglichst schnell produzieren war von da an die Devise. Der Fleisch- und Eierkonsum stieg, die Preise sanken, aber auch die Qualität. Was ebenfalls anstieg und sich ins Unermessliche vervielfachte, war das Leiden der Nutztiere.

«Für die Tierschutzbewegung war die industrielle Nutztierhaltung eine aussergewöhnliche Herausforderung, weil sie – David und Goliath vergleichbar – einer politisch und finanziell bärenstarken Lobby gegenüberstand.»

Morgenröte der Technokraten und Ökologen

Die Schweizer Landwirtschaft durchlebte während der fünziger und sechziger Jahre unsichere Zeiten. Das Wirtschaftswunder liess die Erinnerung an den Weltkrieg und die Anbauschlacht verblassen. Die Bauern wurden sich schmerzlich bewusst, dass sie trotz ihrer Verdienste um die Nahrungsversorgung keine staatliche Existenzgarantie beanspruchen konnten. Wollten kleinere Betriebe überleben, die über wenig Land verfügten, bot sich die Aufstockung durch Tierproduktion mit zugekauften Futtermitteln als Patentlösung an. Nicht nur der Bund, auch die landwirtschaftlichen Schulen förderten diese Entwicklung kritiklos. Insbesondere die Haltung von Schweinen und Hühnern versprach kleinen und mittelgrossen Betrieben eine gute Rendite.

Die ethische Seite der Massentierhaltung wurde von der Agrarpolitik ignoriert. Auch unter den Landwirten gab es offensichtlich nur wenige, die sich über diesen Aspekt ihres Berufs Gedanken machten. Eine Folge der Mechanisierung und Rationalisierung der Landwirtschaft war, dass auch das Nutztier als Teil der Maschinerie betrachtet und entsprechend behandelt wurde. Der persönliche Kontakt zwischen Mensch und Tier ist in der Intensivmast allein schon aus hygienischen Gründen nicht erwünscht.

Am 17. November 1961 sangen rund 40 000 Bauern auf dem Bundesplatz in Bern die Nationalhymne «Trittst im Morgenrot daher». Sie waren aus allen Landesteilen angereist, vordergründig, um einen höheren Milchpreis zu verlangen. Doch die Grossdemo, die in der Randale endete und mit Wasserwerfern und Tränengas aufgelöst wurde, wirkte eher wie eine hilflose Reaktion auf den brutalen Strukturwandel, der die Zukunft der landwirtschaftlichen Betriebe längerfristig auch nicht zu gewährleisten vermochte.

Hans Weiss hat in seinem tiefsinnigen und nach zwanzig Jahren immer noch aktuellen Buch *Die unteilbare Landschaft* das Unbehagen gegenüber der Technokratie ergründet: «Die Ängste und das Unbehagen richten sich nicht gegen die Technik an sich. Vielmehr ist es die Angst vor einer eigengesetzlich werdenden Maschinenwelt, die gefährlich ist, weil wir ihr vielleicht schon zu viele körperliche, seelische und geistige Aufgaben übertragen haben. Das Erkennen dieser Gefahr geschieht instinktiv. Es ist deshalb ein Warnsignal, das nicht mit rationalistischen Erklärungsversuchen verdrängt werden kann. Das Signal sagt uns, dass wir uns mit einer nur nach Gesichtspunkten der Machbarkeit entwickelten Technik schon sehr weit, vielleicht zu weit eingelassen haben.»

Einige immerhin hatten die Gefahr erkannt und hielten Ausschau nach Möglichkeiten, in Einklang mit «Mutter Natur» zu leben, ihre Gesetze zu respektieren und dennoch ein Auskommen zu fristen. Die Verarmung und Vergiftung der Landschaft, die Bedrohung der Wildtiere und der Missbrauch der Nutztiere waren nicht mehr zu übersehen und riefen nach Alternativen.

Albträume erzeugten Tagträume

In der Schweiz wird die biologisch-dynamische Wirtschaftsweise seit den 1930er Jahren betrieben und gelehrt, doch der grosse Durchbruch des Biolandbaus folgte

erst vierzig Jahre später. Die Zunahme von Zivilisationskrankheiten sowie schockierende Nachrichten über Chemikalien in der Nahrung, überdüngte und ausgelaugte Böden, Tierquälereien in Mastbetrieben und Schlachthöfen öffneten vielen Menschen die Augen und riefen ganz konkret den Wunsch nach gesundem Essen wach. Die Nachfrage war bald grösser als die Produktion, ein Umstand, der Geschäftemacher und Scharlatane auf den Plan rief. Die Gunst der Stunde wurde jedoch auch von Menschen genutzt, die präzise Vorstellungen darüber hatten, wie der Weg in eine ökologischere Zukunft aussehen könnte, und ihre Visionen Schritt für Schritt umsetzten.

Moralische Unterstützung boten prominente Vordenker wie Horst Stern, Bernhard Grzimek, Hoimar von Ditfurth, Carl Amery, Ivan Illich und Denis Meadows. Die grösste Wirkung hatten jedoch die Veröffentlichungen zweier Frauen: 1962 erschien *Der stumme Frühling* der amerikanischen Zoologin Rachel Carson, ein Buch, das eindringlich über das zerstörerische Potential von Pestiziden aufklärte.

Zwei Jahre später schockierte die Engländerin Ruth Harrison mit *Tiermaschinen* die Leserschaft, indem sie die albtraumhaften Haltungsbedingungen in Eier- und Fleischfabriken schonungslos dokumentierte. Beide Publikationen wurden in mehrere Sprachen übersetzt und gaben dem Tier- und Umweltschutz kräftige Impulse.

Für die Tierschutzbewegung war die industrielle Nutztierhaltung eine aussergewöhnliche Herausforderung, weil sie – David und Goliath vergleichbar – einer politisch und finanziell bärenstarken Lobby gegenüberstand. Man nahm es mit der Wahrheit nicht allzu genau, wenn es galt, den Konsum von Fleisch und Eiern anzukurbeln, indem Schweinemast auf Spaltenböden, Hühnerhaltung in Batterien oder Einzelboxen für Kälber als tierfreundlich, weil hygienisch, erklärt wurden. Mit schönfärberischen Bildern einer längst wegrationalisierten Bauernidylle wurden die Menschen getäuscht und beruhigt. Die meisten wollten und wollen auch gar nicht genau wissen, was sich hinter den fensterlosen Mauern der neuen Riesenställe abspielt.

In der Schweiz wurde die Käfighaltung von Hühnern mit dem 1978 genehmigten Tierschutzgesetz abgeschafft. Die Bodenhaltung bietet zwar mehr Bewegungsfreiheit, ist jedoch auch nicht optimal.

Die domestizierten Hühner und Schweine unterscheiden sich wenig von ihren wilden Vorfahren. Vom asiatischen Bankivahuhn (oben) stammen alle Haushühnerrassen ab, vom Wildschwein alle Hausschweine. Deshalb sollte auch die Nutztierhaltung auf ihre natürlichen Verhaltensweisen Rücksicht nehmen.

Hinaus ins Freiland!

Es war auch in der Schweiz eine Frau, die den Stein ins Rollen brachte: Lea Hürlimann (1925–1998), eine Zürcher Kunstmalerin und Katzenfreundin, entdeckte am 3. Mai 1972 in einer Kalbslunge, die sie in der Migros gekauft hatte, einen faustgrossen Eiterpfropfen. Sie schmiss das ekelerregende Objekt nicht einfach in den Abfall, sondern ging dem Übel entschlossen auf den Grund: Wieso werden schwerkranke Kälber unkontrolliert geschlachtet und verkauft? Wer ist dafür verantwortlich? Und schliesslich: Weshalb leiden so viele Kälber unter Lungenentzündung? Die Nachforschungen der hartnäckigen Konsumentin machte die Branche nervös und liess ihr Buschtelefon heisslaufen.

Was Lea Hürlimann über die Nutztierhaltung in unserem Land erfahren hatte, wollte sie nicht für sich behalten. Sie überzeugte eine Gruppe von ökologisch und politisch Veränderungswilligen davon, dass diese skandalösen Zustände an die Öffentlichkeit gehörten. Der Protestmarsch auf der Zürcher Bahnhofstrasse blieb nicht unbemerkt: 1700 Menschen stärkten der couragierten Kunstmalerin den Rücken. Diese Reaktion liess Lea Hürlimann keine Wahl: Sie legte den Pinsel zur Seite und gründete gemeinsam mit ihrem Mann Heinz, dem Ingenieur Uwe Zahn und dem Grafiker Martin Diethelm die KAG (Konsumenten-Arbeitsgruppe zur Förderung tierfreundlicher und umweltgerechter Nutzung von Haustieren), heute Kagfreiland genannt. Weitere ausgesuchte Spezialisten wie der Jurist Martin Pestalozzi und der Tierarzt Detlef Fölsch stiessen später dazu.

Revolutionär an der KAG war die Idee, dass sich Produzenten und Verbraucher vernetzen, um das Wohl der Nutztiere zu garantieren. Nicht mehr blindes Konsumieren nach dem Je-billiger-desto-besser-Prinzip sollte die Norm sein, sondern ein ganzheitliches Verständnis für die vielfältigen Prozesse, denen wir unsere Nahrung verdanken. Die praktische Umsetzung dieser Vision begann bei den Hühnern, die in den 1970er Jahren nurmehr ausnahmsweise im Freien picken, scharren und im Sand baden durften. Die KAG setzte bei den wenigen Bauern an, die ihr Federvieh nach draussen liessen, und konnte in kurzer Zeit ein dichtes Produktions- und Vertriebsnetz aufbauen. Allmählich wurde die Philosophie, die im KAG-Freilandei steckt, bekannt und erfreute sich grossen Zuspruchs. Eine unerfreuliche Begleiterscheinung des ideellen und wirtschaftlichen Erfolgs waren jene dreisten Produzenten, die mit ihren Batterie-Eiern unter falscher Flagge segelten und dafür die höheren KAG-Preise kassierten. Bei den Lieferanten gab es ebenfalls einige schwarze Schafe, die dem Verein Umtriebe und Ärger bereiteten. Dennoch gaben die KAG-Leute nicht auf, sondern erweiterten das Angebot auf Freiland-Weidefleisch. Der Kreis der «glücklichen Tiere» schloss ab 1975 ausser dem Huhn auch Kalb, Rind, Schwein, Schaf, Ziege und Kaninchen mit ein. Zu Beginn bereiteten vor allem logistische Probleme Schwierigkeiten. Mit der Einführung der «Drehscheibe» über die KAG spielte sich die Direktvermarktung per Post dann so gut ein, dass sich dieser Dienst für viele Zertifikats-Betriebe erübrigte. Der Weg von KAG-Weidefleisch in die Metzgereien hingegen war wesentlich hindernisreicher.

Im Einsatz für Eber, Hähnchen und Kaninchen

Auf politischer Ebene hat die kleine KAG eine Menge bewegt: Das 1992 in Kraft getretene Verbot der Legebatterie war auf hauseigenem Mist gewachsen. Zahlreiche weitere Verbesserungen kamen zustande, weil sie mit anderen Tierschutz- und Umweltorganisationen zusammenarbeitete. Ein aktuelles Beispiel betrifft die männlichen Ferkel, die noch immer ohne Betäubung kastriert werden. Der Grund für den Eingriff, der erwiesenermassen sogar für wenige Tage alte Säuli überaus schmerzhaft ist, wird mit der Eigenheit von geschlechtsreifen Ebern gerechtfertigt, einen Lockstoff zu produzieren, der weibliche Schweine betört, aber dem Fleisch der Tiere einen Geschmack verleihe, der für Schweizer Nasen nicht goutierbar sei.

Dem Tierschutz wie der KAG war die Ferkelkastration seit je ein Dorn im Auge, daran vermochte auch die auf 2009 hinausgeschobene obligatorische Betäubung wenig zu ändern. Tierfreundlicher ist es auf jeden Fall, auf die Entfernung der Hoden zu verzichten. Zumal Jungeber in der Regel keinen besonderen Körpergeruch aufweisen und sich zu hochwertigen Fleischprodukten verarbeiten lassen. Warum die männlichen Schweine also nicht einfach natürlich leben lassen, statt zu Kastraten zu verstümmeln? Das anno 2000 begonnene Experiment wurde fünf Jahre später mit einer Auszeichnung gekrönt, die für das Projekt spricht: Der von Kagfreiland-Metzger Max Eichenberger, Wetzikon, kreierte Eber-Bauernschüblig erhielt an der OLMA die Silbermedaille des Prix d'innovation.

Oben: Ein männliches Ferkel wird vor der Kastration mit Gas narkotisiert.

Unten: Diese Mohre hat Schwein gehabt, da sie ihre Jungen im Freien aufziehen darf. Hier können sie nach Herzenslust wühlen und sich suhlen.

Kagfreiland setzt sich seit über drei Jahrzehnten für die artgerechte Haltung der Nutztiere ein. Damit auch die Kaninchen künftig mehr Platz erhalten und in der Gruppe leben können, wurden verschiedene ausbruchsichere Gehegetypen entwickelt.

Das starke Geschlecht hat in der modernen Nutztierindustrie allgemein wenig zu lachen. In der Schweiz werden pro Jahr ungefähr zwei Millionen männliche Küken von Leghuhnrassen gleich nach dem Schlüpfen vergast, weil sie sich nicht für die Fleischmast eignen. Die Massentötung lässt sich ethisch insofern nicht vertreten, als Lebewesen, die ausschliesslich für den menschlichen Nutzen produziert wurden, wie Ausschussware vernichtet werden. Früher war das anders: In der vorindustriellen Hühnerhaltung wuchs das männliche Bibeli zum Hähnchen oder «Güggeli» heran und wurde auf der sonntäglichen Tafel geschätzt. Es liegt darum für die KAG-Leute im Bereich des Möglichen, diese alte Tradition mit Hilfe eines «Kombihuhns» wiederaufleben zu lassen: Es soll eine Hühnerrasse gefunden werden, die sich für die Eier- und Fleischproduktion gleichermassen eignet. Die KAG und der Zürcher Tierschutz, der dieses Projekt unterstützt, sind guten Mutes, dass auch dieses Ziel erreicht wird. Bis die Forschung so weit ist, wachsen auf einigen Kagfreiland-Höfen Junghähne der Rasse «Silver» so langsam heran, dass sie beispielsweise den hohen Ansprüchen des Slow Food in jeder Beziehung entsprechen.

Der pazifistische KAG-Schlachtruf «Hinaus ins Freiland!» soll auch dem Chüngel künftig ein artgemässes Dasein ermöglichen. Hier und dort entdeckt man bei Bauernhöfen Gehege, in denen Kaninchen herumhoppeln, sich ausgestreckt sonnen und das Leben geniessen. Ein erfreulicher, aber immer noch viel zu seltener Anblick. Aus Bequemlichkeit sperrt man Mastkaninchen lieber in enge Verschläge ein, wo sich die bewegungsfreudigen Tiere kaum rühren können. Zugegeben: Es ist nicht ganz einfach, ein ideales Kaninchengehege einzurichten. Die herzigen Tierchen entpuppen sich nämlich als gewiefte Ausbruchkönige, die in Windeseile einen Tunnel graben und erstaunlich hoch springen können. Kagfreiland kennt die Tricks und Bedürfnisse seiner Schützlinge, weiss aber auch um die wirtschaftlichen und platzmässigen Probleme der Landwirte und hat verschiedene Systeme entworfen, die eine massgeschneiderte Lösung erlauben.

Eine der Stärken von Kagfreiland ist ihre Strenge und Konsequenz auch bei der Selbstkontrolle, die sie zum zuverlässigsten Tierhaltungslabel der Schweiz (und vermutlich sogar der Welt) macht. Der Verein ruht sich nicht auf seinen Lorbeeren aus, sondern verfolgt sein Ziel der artgerechten Nutztierhaltung beharrlich weiter.

MUT für eine neue Agrikultur

Die Einsicht, dass die Landwirtschaft den Karren nur dann aus dem Dreck ziehen kann, wenn Bauern und Tierschützer am selben Strang ziehen, führte 1979 zur Gründung der Stiftung MUT. Menschengerecht, umweltgerecht, tiergerecht sollte die Landwirtschaft werden, für die sich der Zürcher und der Schweizer Tierschutz einsetzten. Bauern, die sich für diese Zielvorgabe engagierten, wurden von der Stiftung mit einem Betriebskredit unterstützt; nach drei Jahren wirtschafteten bereits 16 kleinere und mittlere Betriebe in acht Kantonen nach den MUT-Richtlinien. Die Investitionen wurden in erster Linie für die Sanierung oder den Neubau von tiergerechten Ställen verwendet, wobei man auch neue Erkenntnisse der Nutztierforschung berücksichtigte. Das Vorbild wirkte anspornend oder sorgte zumindest für Diskussionen, doch für die Stiftung war die-

ses Engagement schliesslich finanziell nicht mehr tragbar. Mit dem 1986 lancierten Label «Gourmet mit Herz» wollte man den Konsumenten die Möglichkeit bieten, Fleisch von Tieren zu kaufen, deren Haltung ethisch verantwortbar ist. Für den Tierschutz bot sich ausserdem eine Plattform, um den Genuss von Froschschenkeln, Stopfleber, Schildkröten- und Haifischflossensuppen und ähnlichen Produkten anzuprangern, die mit Tierqual verbunden sind. Die Idee zündete, doch einerseits wurde das Herkunfts- und Qualitätssiegel in einigen wenigen Fällen missbraucht, und anderseits kamen allmählich auch die Grossverteiler auf den Geschmack und entwickelten ähnliche Produktelinien wie Naturaplan oder M7. Insofern war «Gourmet mit Herz» ein Erfolg, obschon die Aktion nach zwölf Jahren aufgegeben wurde.

Die Hauptziele der Stiftung MUT – artgerechte Haltung der Nutztiere, Abbau der Massentierhaltung und Einkommensverbesserung der Betriebe – hatten die Initianten in der Zwischenzeit nicht aus den Augen verloren. Die Landwirtschaft hatte einen ersten Schub in Richtung Ökologie erhalten. Nun galt es, diese positive Entwicklung zu fördern, indem innovative Projekte unterstützt werden, die auch wirtschaftlich interessant sind und sich zur Nachahmung eignen. Der Ideenwettbewerb «Die goldene Lerche» wurde zum ersten Mal 1999 ausgeschrieben. Seither wurden rund 400 000 Franken an 44 Projekte ausgeschüttet. Im Jahr 2004 entschloss sich die MUT-Stiftung zu ihrem ersten Auslandprojekt: In Kolumbien geförderte Kleinprojekte sollen miteinander verknüpft werden, expandieren, und der einheimischen Bevölkerung längerfristig zu einem regelmässigen Einkommen verhelfen.

Was die Schweizer Landwirtschaft betrifft, beschreitet die Stiftung mit ihrem jüngsten Projekt Neuland. «Vom Bauern» heisst die geplante Online-Plattform, dank der Gemüse, Obst, Honig, Eier, Fleisch und vieles mehr per Mausklick direkt von den Erzeugern in der Region bestellt werden können. Das bringt den Landwirten nicht nur grössere Wertschöpfung und der Kundschaft frische Lebensmittel, für beide Seiten schafft der persönliche Kontakt ein «gesünderes» Verhältnis zur Nahrung, zu den Nutztieren und ganz allgemein zur Natur.

Die Mutterkuhhaltung (oben) ist optimal, jedoch immer noch die Ausnahme. Die Mastkälbchen unten saugen ähnlich wie am Euter an zitzenähnlichen Nuggis. Diese Haltung ist tierfreundlicher als das Tränken mit dem Eimer.

Nutztiere | 171

Engagierte Züchter und die Stiftung ProSpecieRara bemühen sich, die einstige Vielfalt der Nutztierrassen für die Zukunft zu sichern. Die robuste und genügsame Stiefelgeiss ist eine gefährdete schweizerische Ziegenrasse, die sich fürs Berggebiet eignet.

Auch das kleinwüchsige Rätische Grauvieh gehört zu den uralten Gebirgsrassen, die beinahe ausgestorben wären. Es kommt in steilem Gelände besonders gut zurecht.

Dank seines dichten Zottelfells kann das Schottische Hochlandrind das ganze Jahr über im Freiland gehalten werden. Diese urtümliche Rasse, die erst 1993 in die Schweiz eingeführt wurde, wird häufig in Naturschutzgebieten eingesetzt.

Bäuerliche Arche

Dem Hochleistungszwang der modernen Landwirtschaft fielen zahlreiche einheimische Nutztierrassen zum Opfer. Einige sind unwiderruflich verschwunden, andere blieben nur erhalten, weil sich Hobbyzüchter nicht um Wirtschaftlichkeit kümmern müssen, sondern auf die Schönheit, Besonderheit und Seltenheit ihrer Tiere Wert legen. Das Bewusstsein, dass mit den bodenständigen Bauernhoftieren etwas verlorengeht, das man mit Fug und Recht als Kulturgut bezeichnen darf, erwachte in den frühen 1980er Jahren. Geweckt wurde es in erster Linie durch den Zootierarzt und Wissenschaftspublizisten Heini Hofmann, der mit seinem Buch *Die Tiere auf dem Schweizer Bauernhof* unsere vielfältige Haus- und Nutztierfauna auf das verdiente Ehrenpodest hob. Es ist bis heute aktuell geblieben, ein mit umfassender Sachkenntnis, viel Liebe und Humor verfasstes Standardwerk für alle, denen die uralte Symbiose von Mensch und Tier nicht gleichgültig ist.

Es ist heutzutage fraglos schwieriger als früher, mit den Tieren, die für uns Fleisch, Milch, Eier, Honig, Wolle, Leder und vieles mehr produzieren, Kontakt zu haben. Die Vogelgrippe und andere Seuchen, die mit grosser Wahrscheinlichkeit eine Folge der unnatürlichen Massenhaltung sind, verstärken die Trennung noch, da das Tier nicht mehr nur klaglos dient, sondern als möglicher Überträger unberechenbarer Krankheiten für viele Menschen zum Sicherheitsrisiko mutiert. Heini Hofmann, der als Veterinär in die «monströsen Regionalschlachthöfe» Einblick hatte, «wo an hochtechnisierten Schlachtstrassen die Partner Nutztiere als namenlose Eiweissspender am Förderband enden» will keineswegs die Landwirtschaft verklären. Aber er betrachtet den Untergang der bäuerlichen Traditionen, angefangen beim feierlichen Alpaufzug übers Kunsthandwerk bis zum prächtigen Bauerngarten, zweifellos zu Recht als Kulturverlust. Immerhin gibt es Museen und Vereine, die sich diesen Bereichen annehmen und sie zumindest dokumentieren.

Für lebende Nutz- und Haustiere ist das Museum jedoch nicht der richtige Ort. Heini Hofmann träumte davon, gewissermassen als realitätsnahe Illustration zu seinem Buch einen Nutztierpark zu schaffen, der den Besuchern die Biodiversität der Bauernhoftiere und ihre Bedeutung als nationales Kulturgut in passender Umgebung vor Augen führt. Der ideale Partner war bald gefunden: Das Freilichtmuseum Ballenberg bietet die ideale Kulisse für dieses europaweit einzigartige Experiment. Seit 2001 blökt, muht, meckert und gackert es vom Frühling bis in den Herbst rund um die alten Bauernhäuser, Ställe und Stadel. Sämtliche Arten und Rassen der Schweiz sind zu sehen und manchmal auch zu streicheln, zumeist mit ihren Jungtieren. Die nostalgische Idylle erfüllt mehrere Zwecke: Sie soll bei der Jugend das Interesse für die einheimische Nutztierwelt wecken. Landwirten, Pferdehaltern und Kleintierzüchtern wird die Freilaufhaltung propagiert. Und schliesslich sollen alle Besucherinnen und Besucher mit dem Wunsch nach Hause gehen, auch im Alltag wieder ein wenig näher bei den Tieren zu sein, denen wir so viel verdanken, wenn vielleicht auch bloss in Gedanken.

Zahlreiche Betriebe haben bewiesen, dass eine tier- und menschengerechte Landwirtschaft auch wirtschaftlich tragbar ist. Voraussetzung dafür ist jedoch die Solidarität von Konsumenten und Produzenten. Durch den Direktverkauf ab Hof oder auf Wochenmärkten kommt man sich näher.

Hier konnten wir helfen...

Bauernhoftiere im Ballenberg

Ohne Tiere könnte man sich das Freilichtmuseum Ballenberg überhaupt nicht mehr vorstellen. Dank den über 300 Nutz- und Haustieren, die sich seit 2001 auf dem Gelände tummeln, sind die historischen Bauernhöfe und ihre Stallungen mit echtem Leben erfüllt. Der Initiant dieses Projekts, Heini Hofmann, hat den Nutztierpark gemeinsam mit den offiziellen Schweizer Institutionen der Imker, Kleintier- und Nutztierzüchtern realisiert. Das Ergebnis ist eine Arche mit rund 76 Rassen von Schweizer Bauernhoftieren – Bienen, Hühner, Enten, Gänse, Kaninchen, Ziegen, Schafe, Schweine, Rinder, Esel und Pferde –, die im Freiland gehalten werden. Die Formen- und Farbenvielfalt unserer Nutztiere ist beeindruckend, ruft jedoch auch die Banalisierung durch die moderne Hochleistungszucht ins Bewusstsein. Informationstafeln zu sämtlichen präsentierten Rassen und Schlägen vertiefen das Schauvergnügen. Als Veterinär und Tierschützer hofft Heini Hofmann, dass der bäuerliche Tierpark bei den Besucherinnen und Besuchern etwas auslöst, das längerfristig nachwirkt, beim Kauf von Fleisch und Eiern zum Beispiel oder beim Ausfüllen des Stimmzettels. Die Erkenntnis, dass die Bauernhoftiere nicht nur nützlich, sondern lebendes Kuturgut von nationaler Bedeutung sind, «... beinhaltet automatisch auch den Tierschutzgedanken; denn wäre im Zuge der Modernisierung der Landwirtschaft mit der damit verbundenen Rationalisierung der Tierproduktion dieses Bewusstsein nie abhanden gekommen, hätte sich vielleicht manch notwendig gewordene Korrekturmassnahme in Züchtung und Haltung von Nutztieren erübrigt.» Kulturgut beispielsweise wie die schöne Pfauenziege und das berggängige Walliser Landschaf (Roux du Valais), die sehr selten geworden oder sogar vom Aussterben bedroht sind. Der Nutztierpark wurde von Anfang an vom Zürcher Tierschutz finanziell unterstützt.

Schweizerisches Freilichtmuseum Ballenberg
Postfach
3855 Brienz
Tel. 033 952 10 30,
Fax 033 952 10 39
www.ballenberg.ch, info@ballenberg.ch

Zukunftschance Tierwohl

Dank eines bedeutenden Legats von Martha Risler, die damit «den Kampf gegen die unwürdige Haltung von Tieren» unterstützen wollte, konnte der Zürcher Tierschutz ein Taschenbuch zum Thema Nutztierhaltung produzieren und einem breiten Leserkreis vermitteln: Die Mitglieder und Gönner/innen erhielten das Buch sogar kostenlos.

Der Autor Marc Frey, der unzählige Schweizer Bauern, Landwirtschaftsexperten und Konsumenten besuchte, geht in *Zukunftschance Tierwohl* den Zusammenhängen von verfehlter Agrarpolitik, Tierleid, ungesunder Ernährung, Zivilisationskrankheiten und Hungersnöten auf den Grund. Das Ergebnis: Das moderne Lebens- und Produktionsprinzip «Immer mehr, immer schneller, immer billiger» führt unweigerlich zum Kollaps von Tier und Mensch. «Nun will dieses Buch zwar nicht den Appetit auf Fleisch verderben (wohl aber für deutlich weniger plädieren!), aber es will Zusammenhänge und Wege aufzeigen und dabei verdeutlichen, warum es zu tierschutzgerecht produzierter Nahrung und zu einer Ernährungsweise, die sich an der Nachhaltigkeit einer zukunftsfähigen Landwirtschaft orientiert, keine Alternative gibt», erklärt Marc Frey und liefert eine Fülle dazugehörender Fakten und Meinungen.

Dieses in jeder Beziehung reichhaltige Buch führt die Leserinnen und Leser in bäuerliche Betriebe, wo die Tiere artgerecht gehalten und bis in den Tod mit Respekt behandelt werden. Wir schauen Küchenchefinnen über die Schulter, die ihre Gäste ausschliesslich mit

Stiftung MUT

biologischen Produkten bekochen, treffen Kleinbauern, die gemeinsam neue Wege gehen, um der «Gesundschrumpfung» zu entgehen. Diese und viele weitere Pioniere machen Mut, selbst wenn es bereits später als fünf vor zwölf ist.

Das Taschenbuch von Marc Frey *Zukunftschance Tierwohl – Die Bedeutung artgerechter Nutztierhaltung für die Landwirte und für unsere Gesundheit* ist direkt beim Verlag oder in jeder guten Buchhandlung erhältlich.

Tierschutzverlag Zürich
Zürichbergstrasse 263
8044 Zürich
www.tierschutzverlag.com

Die Stärke der 1979 gegründeten Stiftung MUT liegt in ihrer Mischung von Idealismus und bodenständiger Sachlichkeit. Die Mitglieder des Stiftungsrats kommen aus dem Tierschutz, der Landwirtschaft, der zoologischen Verhaltensforschung, der Forstwirtschaft, dem Management sowie der Juristerei und sind alles Menschen, die mit beiden Füssen auf der Erde stehen. 1999 wurde der Ideenwettbewerb «Die Goldene Lerche» ins Leben gerufen; inzwischen ist er einer der bedeutendsten und höchstdotierten Innovationspreise der Landwirtschaft. Die Preise werden durch Spender/innen, Partnerorganisationen wie den Zürcher Tierschutz und verschiedene Unternehmen getragen.

Grundsätzlich vertritt MUT die umwelt- und tiergerechte Landwirtschaft, da diese auch den menschlichen Bedürfnissen langfristig am besten entspricht. Die Stiftung ist zu einer Anlaufstelle für Menschen geworden, die sich den Herausforderungen der modernen Landwirtschaft mit Verantwortungsbewusstsein, Phantasie und Köpfchen stellen und denen Ökologie ein echtes Anliegen ist. 2005 wurden insgesamt neun Projekte ausgezeichnet, die auf unterschiedliche Art und Weise dazu beitragen, dass es um die Zukunft der Landwirtschaft besser steht. Ob wildtierfreundlicher Getreideanbau, neuartiger Stallbau, Kompostierung von Molke, Integration von Behinderten im Bauernhof, Bio-Erlebniswelt im Rebberg oder originelle Verwertung von Alpenrindern – allen gemeinsam ist die Verbindung von Ökologie und Wirtschaftlichkeit. Die prämierten «Erfindungen» zeichnen sich auch dadurch aus, dass sie von anderen Landwirten nachvollzogen werden können.

Dass die Stiftung MUT in der Lage ist, tragfähige Netzwerke über die Landesgrenzen hinaus zu knüpfen, beweist sie mit dem Kolumbien-Projekt, das nachhaltige Projekte der einheimischen Bevölkerung begleitet. Im Aufbau begriffen ist die Direktvermarktungs-Organisation «Vom Bauern». Auch bei diesem Projekt steht die Vernetzung von Produzenten, Konsumenten/-innen und Non-Profit-Organisationen im Mittelpunkt.

Der Zürcher Tierschutz ist mit der Stiftung MUT seit der Gründung eng verbunden.

Stiftung MUT
Geschäftsstelle
Wellberg
6130 Willisau
Tel. und Fax 041 971 02 88
www.mutstiftung.ch, info@mutstiftung.ch

Glückliche Schweine im Familienstall

Trotz Domestikation steckt in jedem Hausschwein ein Wildschwein. Entsprechend urtümlich sind seine Verhaltensweisen geblieben. Auch die gezähmten Muttersauen sind fürsorgliche Mütter, die sich vor der Geburt ein trockenes und geschütztes Nest bauen, ihre Ferkel säugen und unter Kontrolle halten. Wie ihre wilden Verwandten sind Hausschweine Gruppentiere, suhlen sich lustvoll im Schlamm, wühlen in der Erde, halten ihre Liegeplätze sauber, sind neugierig und verspielt – sofern man sie lässt. Diese Erkenntnisse bewogen den Schweizer Verhaltensforscher Alex Stolba Anfang der 1980er Jahre zur Entwicklung eines Stallsystems, das den Hausschweinen erlaubt, im arttypischen Familienverband aufzuwachsen. Im Gegensatz dazu herrscht in der konventionellen Schweinehaltung nach wie vor das technokratische Setzkastensystem: Ferkel, Mohren, Eber und Mastschweine werden getrennt in Kästen gehalten.

Der Zürcher Tierschutz erkannte im Familienstall eine einmalige Chance und unterstützte dessen Weiterentwicklung: Der Stolba-Stall sollte für die Landwirte arbeitstechnisch praktischer und folglich wirtschaftlicher konzipiert werden. Im Frühling 1991 konnte auf dem Schlösslihof in Oetwil am See ein solcher Pionierstall errichtet werden, und die drei Familiengruppen, die ihn bewohnten, fühlten sich darin saumässig wohl. Das Projekt wurde von der Arbeitsgruppe Nutztierethologie am Zoologischen Institut der Universität Zürich begleitet, gleichzeitig prüfte man die Wirtschaftlichkeit des Systems. Die Ergebnisse waren in jeder Beziehung gut, diese vorbildliche Haltung stellte sich als praxistauglich heraus. Dass heute schweizweit nur noch ein einziger Stolba-Familienstall in Betrieb ist, bedauern auch Hedy und Friedrich Hartmann in Dürrenroth. Aber sie hoffen, dass ihr Beispiel wieder mehr Nachahmer findet. Ein Augenschein in der blitzsauberen, luftigen und strukturreich eingerichteten Schweinefarm überzeugt von den zahlreichen Vorteilen dieser Methode: Die Tiere sind weder gestresst noch apathisch, sondern wirken aufgeweckt, zufrieden und zutraulich. Das Gerstenfutter aus der Gegend und der kurze Weg zum kleinen Schlachthof im Dorf tragen ebenfalls dazu bei, dass ihr Fleisch Gourmets begeistert: Es ist butterzart und «söielet» nicht.

Wo liegt also das Problem? Laut dem studierten Agronomen Friedrich Hartmann bringt der grössere Familienstall auch spürbar höhere Baukosten mit sich, die er ohne Hilfe der vom Zürcher Tierschutz unterstützten Stiftung MUT in Form eines zinslosen Darlehens nicht hätte aufbringen können. Obschon der Direktverkauf seit Jahren funktioniert, wäre eine grössere Kundschaft wünschenswert, denn die Grossverteiler drücken auch bei tiergerecht produziertem Fleisch die Preise.

Hedy und Friedrich Hartmann
Chnubel
3465 Dürrenroth
Tel. 062 964 15 56, Fax 062 964 16 58
www.chnubel.ch, hartmann@chnubel.ch

Feldhasenprojekt für mehr Ökologie

In der zweiten Hälfte des vergangenen Jahrhunderts sind die Feldhasenbestände in der Schweiz kontinuierlich um rund zwei Drittel geschrumpft. Nicht die Jäger trieben den Hasen auf die Rote Liste der gefährdeten Arten, sondern die Landwirtschaft. Jedenfalls vermuteten dies die Fachleute. Seit 1991 werden die nachtaktiven Tiere auf ausgewählten Testflächen mit Hilfe von Scheinwerfern gezählt, eine bewährte Methode, die zuverlässige Werte liefert. Von 1993 bis Ende 2006 werden die Feldhasenbestände im Mittelland und in Tallagen des Wallis beobachtet. Dank diesem intensiven Monitoring kann man sich heute ein präziseres Bild über die Auswirkungen des Lebensraums auf die Feldhasendichte machen.

Feldhasen sind ursprünglich Steppentiere, die sich ausschliesslich von Pflanzen ernähren. Solange die Landwirtschaft extensiv betrieben wurde, hatten sie keine Ernährungs- und Deckungsprobleme – im Gegenteil: Angesichts eines breitgefächerten Angebots auf kleinem Raum lebten sie beinahe das ganze Jahr über wie im Schlaraffenland. Gerade dort, wo ihnen Raumstruktur und Klima am besten entsprechen, herrschen heute jedoch Intensivkulturen vor. Indem die Schweizerische Vogelwarte in der Champagne genevoise (GE) und im Klettgau (SH) intensiv genutztes Landwirtschaftsland durch Buntbrachen und Hecken ökologisch besonders stark aufwertete und die dortige Entwicklung der Hasenbestände mit benachbarten Gebieten verglich, die nur durchschnittlich aufgewertet worden waren, konnte nachgewiesen werden, dass sich

Laufställe für behornte Milchkühe

Hornlose Kühe sind schon beinahe die Norm geworden. Aus praktischen Gründen und um Verletzungen zu vermeiden, werden die Kälber in den ersten Tagen nach der Geburt auf mehr oder weniger schmerzhafte Weise ihres künftigen Kopfschmucks beraubt. Ob und wie die vom Schweizerischen Bauernverband empfohlene Verstümmelung – anders kann man die Amputation eines durchbluteten Körperteils des Tiers nicht nennen – die Tiere beeinflusst, wurde vom Forschungsinstitut für biologischen Landbau (FiBL) untersucht. Das Resultat unterstützt die Vorbehalte des Tierschutzes vollauf: Die Hörner sind für die Kuh viel mehr als ein Schmuck, sie haben zahlreiche wichtige Funktionen. So sind sie etwa ein Instrument zur Körperpflege, regeln jedoch auch das Sozialverhalten und sollen sogar die Milchqualität positiv beeinflussen. Eine Studie im Allgäu zeigte, dass Kühe mit Hörnern gesünder sind als ihre hornlosen Artgenossinnen und ihre Milch für die menschliche Ernährung wertvoller ist.

Die heutigen Normen für die Grösse der Laufställe wurden jedoch für Kühe ohne Hörner konzipiert. In solchen ungünstigen Ställen können sich die Tiere gegenseitig verletzen. Das Projekt der FiBL soll Laufställe entwickeln, die für behornte Kühe richtig dimensioniert und gestaltet sind, um die Landwirte entsprechend zu beraten. Dafür wurde auf einem eigens dafür eingerichteten Gut das Verhalten und die Verletzungshäufigkeit bei behornten Tieren beobachtet, denen mehr Platz als heute üblich angeboten wird. Ausserdem werden in über sechzig schweizerischen und süddeutschen Milchviehbetrieben umfangreiche Untersuchungen durchgeführt. Auf diese Weise sollen für Mensch und Tier optimale Lösungen gefunden werden: Die Kühe sollen auch im Stall stressfrei und unter möglichst natürlichen Bedingungen leben, die Bauern sollen sich sicher fühlen und finanziell nicht über Gebühr belastet werden.

Das nutztierethologische Forschungsprojekt dauerte von 2003 bis Ende 2006 und wurde vom Zürcher Tierschutz mit einem namhaften Beitrag unterstützt.

FiBL – Forschungsinstitut für biologischen Landbau
Ackerstrasse / Postfach
5070 Frick
Tel. 062 865 72 72
www.fibl.org

---

mehr Natur und Vielfalt eindeutig positiv auswirken. Es stellte sich jedoch auch heraus, dass die Qualität und der flächenmässige Anteil der ökologischen Ausgleichsflächen eine wichtige Rolle spielen: Die Hasen lassen sich nicht mit «Trostpfläscherchen» abspeisen. Ausserdem eignen sich Äcker zur Jungenaufzucht besser als Grünland. Dieses wird zu häufig gemäht und sollte darum durch gezielte Massnahmen wildtierfreundlicher gestaltet werden. Nicht nur der Feldhase wird uns dies danken, es gibt zahlreiche andere Tierarten, die strukturreiche Kultursteppen ebenfalls zu schätzen wissen.

Der Zürcher Tierschutz hat dieses Inlandprojekt vor allem in der Anfangsphase unterstützt. Die ZT-Broschüre *Langohr mit vier Buchstaben* von Christian Speich hat das Feldhasenprojekt zum Thema.

Schweizerische Vogelwarte
Dr. Otto Holzgang
6204 Sempach
Tel. 041 462 97 42
otto.holzgang@vogelwarte.ch

Das Tierheim: Heimat auf Zeit

Dienstleistungszentrum für Mensch und Tier

1946, nachdem sich die dunklen Wolken des Weltkriegs verzogen hatten, verlegte der Zürcher Tierschutz seinen Sitz auf den Zürichberg und eröffnete direkt neben dem Zoo sein Tierheim. Es versteht sich als professionelles Dienstleistungszentrum, das sich in erster Linie für Tiere in Not einsetzt. Traurige Tierschicksale sind jedoch meist auch mit schwierigen menschlichen Schicksalen verbunden. Der einfühlsame Umgang mit der Spezies Mensch spielt im Alltag des Tierheim-Teams denn auch eine wichtige Rolle.

«Kein Mensch ist wie der andere, bei den Tieren ist das genauso. Wer sein Glück aber sorgfältig sucht, findet in den meisten Fällen das richtige 'Goldstück', auch in einem Tierheim oder vielleicht gerade dort.»

In diesem nach wissenschaftlichen Erkenntnissen gestalteten Gehege können Kaninchen und andere Kleintiere ein artgerechtes Leben führen. Dazu gehört die tägliche Reinigung und Fütterung.

Klassischer Tierschutz im Wandel

Im Verlauf der vergangenen 150 Jahre wurde der Wirkungsbereich des Zürcher Tierschutzes stetig ausgeweitet, und man setzte die Prioritäten verschiedentlich neu. So rückte zum Beispiel in neuerer Zeit die Erhaltung und Wiederherstellung ganzer Lebensräume in den Vordergrund. Dennoch blieb das Tierheim ein wichtiges Standbein und wurde ebenfalls stetig den neusten Erkenntnissen und Entwicklungen angepasst. Es erfüllt nach wie vor die wichtige Funktion einer Auffangstation für Hunde und Katzen, seien es Findlinge, misshandelte oder aus irgendeinem Grund unerwünschte Tiere. Sie finden auf dem Zürichberg nicht nur professionelle Betreuung und medizinische Versorgung, sondern auch Zuwendung. Indem die Tiere geheilt, resozialisiert und vermittelt werden, erhalten sie die Chance, ein neues, besseres Zuhause zu finden. Das ist die klassische – und oft nicht ganz einfache – Kernaufgabe des Tierheim-Personals.

Der finanzielle Aufwand dieses Dienstes, den der Zürcher Tierschutz ohne Entschädigung durch die öffentliche Hand erfüllt, ist enorm. In den Jahren 1997 bis 2002 verbrachten 679 heimatlose Hunde insgesamt 32 240 Tage und 1160 Katzen zusammen 53 993 Tage im Tierheim. In diesem Zeitraum mussten fürs Futter rund 100 000 Franken, für die tierärztliche Betreuung 350 000 Franken und für den allgemeinen Betrieb 90 000 Franken aufgewendet werden. Diese Kosten werden teilweise durch die «Feriengäste» aufgefangen: Im Jahr 2004 machten 411 Hunde und 356 Katzen während durchschnittlich 10,5 Tagen Urlaub auf dem Zürichberg. Doch dies allein würde bei weitem nicht reichen; den Grossteil finanzieren die Vereinsmitglieder sowie die Gönner/-innen.

Die steigenden Ansprüche bezüglich Hygiene, Raumbedarf und Komfort der Tiere, Verbesserung der Infrastruktur usw. konnten meist nur durch bauliche Veränderungen realisiert werden. 1968 wurde das Tierheimgebäude von Grund auf erneuert und um zwei neue Trakte erweitert. Als Architekt war ein Kenner der Materie am Werk: Franz Steinbrüchel (1915–2006), der sich unter anderem mit dem denkmalgeschützten Bau der Lutherkirche in Zürich hervortat, war ein langjähriges, engagiertes Vorstandsmitglied des Zürcher Tierschutzes. Seit dieser umfassenden Vergrösserung – Bau des neuen Hundetrakts und des Katzenhauses, Einrichtung von Personalräumen, einer Wohnung und Geschäftsräumen sowie einer Tierarztpraxis – wurde die Liegenschaft laufend baulich den wachsenden Bedürfnissen, Erkenntnissen und gesetzlichen Vorgaben angepasst. So gab es beispielsweise eine neue Futterküche, zusätzliche Quarantänestationen für Hunde und Katzen, Zimmer für Kleinsäuger (Meerschweinchen, Zwergkaninchen usw.) und einen neukonzipierten Eingangsbereich, der dem Sicherheitsbedürfnis des Personals entspricht. Mehrere Einbrüche und Besucher, die Mitarbeiterinnen sogar mit geladener Waffe bedrohten, um ihre von der Polizei beschlagnahmten Hunde zurückzufordern, hatten diese Massnahmen notwendig gemacht. Andererseits rief die elektronische Erfassung der Ferien- und Findeltiere nach computergerechten Arbeitsplätzen. Seit über fünfzehn Jahren werden diese Arbeiten planerisch entwickelt und baulich umgesetzt von Elisabeth Lubicz, Architektin und Vorstandsmitglied des Zürcher Tierschutzes. Sie setzt

sich seit Jahren intensiv mit tier- und menschengerechtem Bauen, Tier- und Naturschutz, Denkmalpflege und Kunst im öffentlichen Raum auseinander.

Als der Zürcher Zoo in unmittelbarer Nähe des Tierheims seine beeindruckende Masoala-Halle errichten wollte, fand ein freundschaftlicher Landabtausch statt, der nicht bloss dem Regenwald, sondern auch den Hunden zugute kommen sollte. 2002 erhielten sie eine wesentlich grössere, interessant strukturierte Auslaufanlage, die in mehrere Gehege unterteilt werden kann. Dort können sie sich gruppenweise draussen vergnügen, ohne dass es zu unerwünschten Rangeleien kommt. Mit der Gestaltung des Kaninchen-Freilandgeheges erhielten auch die Chüngel Gelegenheit, artgerecht herumzuwetzen und Baue zu graben.

Wo sich Zwei- und Vierbeiner finden

In Tierheimen leben so viele Tiere zusammen, dass Sauberkeit, Vorsorge und medizinische Betreuung eine besonders wichtige Rolle spielen. Quarantäneräume für kranke Tiere, Einzelhaltung der Ferienkatzen und die regelmässige Tierarztvisite sind in diesem Fall weder Schikane noch Luxus, sondern ein Muss. Zwar ist der Tierpflegeberuf vielseitig, doch das tägliche Putzen der Gehege und Boxen nimmt eine Menge Zeit in Anspruch. Die im Zürcher Tierheim beschäftigten sieben bis acht geschulten Tierpflegerinnen – sie erfüllen gesamthaft ein Pensum vor 580% – lassen sich davon jedoch nicht abschrecken, denn während des Reinigens und Desinfizierens kommen sie ja auch in Kontakt mit den Vierbeinern.

Das Tierheim auf dem Zürichberg wurde zum Wohl seiner Gäste kontinuierlich erweitert und modernisiert. Dies gilt auch für die Aussengehege für Hunde, Katzen und Kleintiere.

Die Tätigkeit der Tierpflegerinnen erfordert Einfühlungsvermögen, Geduld und Fachkenntnis. Links: Ein Bad muss hin und wieder sein! Rechts oben: Sämtliche Heimtiere werden medizinisch versorgt und regelmässig kontrolliert. Gutes Benehmen gehört ebenfalls zur Sozialisierung: Daniela Hörler, tierpsychologische Beraterin, unterstützt das Tierheim-Team mit Erziehungskursen für Hunde.

Die Zoologin Barbara Schnüriger – hier von den Tierheim-Hunden stürmisch empfangen – ist für die wissenschaftlich fundierte Information des Zürcher Tierschutzes verantwortlich.

Das Team auf dem Zürichberg möchte den ihm anvertrauten Lebewesen einen möglichst tiergerechten Aufenthalt bieten. Für Betriebsleiter Gerhard Möstl ist das Tierheim ein Ort der Begegnung zwischen Mensch und Tier: «Ferientiere bleiben ja nur eine begrenzte Zeit bei uns. Verzicht- und Findeltieren, aber auch beschlagnahmten Tieren möchten wir eine zeitweilige Heimat bieten. Dazu gehört neben der allgemeinen Pflege und persönlichen Zuwendung speziell bei Hunden auch die Erziehung und Begleitung. Je besser ein Hund mit schwierigem Hintergrund und/oder Wesen bei uns sozialisiert wird, desto eher finden wir für ihn ein neues Heim.»

Die Tierpflegerinnen besuchen mit ihren Patenhunden Welpenspielgruppen, Erziehungs- oder Agilitykurse, damit sie als gesellschaftsfähige Begleittiere vermittelt werden können. Freiwillige, die sich mit Hunden auskennen, führen die Tierheimgäste regelmässig spazieren, um ihnen die nötige Bewegung zu verschaffen, und lehren sie bei dieser Gelegenheit, ohne zu Zerren an der Leine zu laufen, sich mit fremden Hunden anständig zu verhalten, auf Wunsch «Sitz» und «Platz» zu machen und vieles andere mehr. Oft erfüllen Menschen diese wichtige Aufgabe, die früher einen eigenen Hund hatten, heute jedoch darauf verzichten müssen oder wollen. Sie werden vorher eingehend auf ihre Eignung getestet. Aus ähnlichen Gründen entschliessen sich die sogenannten «Streicheltanten», ein- bis zweimal pro Woche Tierheim-Katzen zu verwöhnen. Da sich das Personal aus Zeitgründen in der Regel nicht genügend um die liebesbedürftigen Büsi kümmern können, ist dieser Dienst am vierbeinigen Kunden besonders wertvoll. Wie das Futter und die Reinigung der Unterkünfte gehören Zärtlichkeiten und Spiele zum normalen Alltag von Hauskatzen, ohne die sie scheu werden und verwildern.

Ihre schönsten Erfolgserlebnisse haben die Tierpflegerinnen, wenn es ihnen gelingt, für eine Katze oder einen Hund einen neuen, wirklich guten Platz zu finden. Die Vermittlung ist oft ein langwieriger Prozess, der Geduld und

Menschenkenntnis erfordert. Der richtige Umgang mit den Besuchern, die ein Tier wünschen, braucht diplomatisches Geschick. Denn nicht in jedem Fall passen Wunsch und Realität überein: Wenn sich beispielsweise ein «Tierfreund», der den ganzen Tag ausser Haus arbeitet, einen aktiven, bewegungsfreudigen Boarder-Collie zutun will, muss ihn die Pflegerin höflich, aber bestimmt darauf aufmerksam machen, dass eine solche Verbindung bestimmt nicht im Interesse des Hundes und folglich auch nicht des Tierheims sein kann. Sie ist verpflichtet, genau abzuklären, welches Tier zu welchem Menschen passt. Schliesslich müssen sich die neuen Besitzer schriftlich verpflichten, das übernommene Tier artgerecht zu halten oder, im Falle von jüngeren Katzen, diese zu gegebener Zeit kastrieren zu lassen. Und weil es dem Zürcher Tierheim nicht egal ist, wie sich ihre Schützlinge am neuen Platz eingelebt haben, erkundigt sich eine Fachperson an Ort und Stelle nach ihrem Befinden oder allfälligen Problemen.

Die Schicksale der Hunde und Katzen, die im Tierheim landen, sind oft dramatisch oder herzzerreissend traurig. Dennoch haben die meisten erstaunlicherweise das Zutrauen zu den Menschen nicht verloren. Finden sie einen passenden Platz, blühen sie auf und werden erfahrungsgemäss oft überaus anhänglich. Die Tierpflegerin Katja Woerz kann dies nur bestätigen: «Unsere Fotoordner sind voll von solchen Geschichten, und uns erreichen viele Briefe, in denen beschrieben ist, dass man seinen neuen Partner nie mehr hergeben würde. Kein Mensch ist wie der andere, bei den Tieren ist das genauso. Wer sein Glück aber sorgfältig sucht, findet in den meisten Fällen das richtige ‚Goldstück', auch in einem Tierheim oder vielleicht gerade dort.»

Oben: Auch im Tierheim gilt: My home is my castle!

Links: Ein im Tierheim geborener Welpe hat ein neues Herrchen gefunden. Wenn ein Heimtier an einen guten Platz vermittelt werden kann, freut sich auch das Personal.

Tierheim | 187

Eine Aufgabe für Einfühlsame
Nicole Vuille, «Streicheltante» und Anwaltsgehilfin

«Vor ein paar Jahren machte ich mit meinem Mann Ferien in Griechenland. Im Hotel lebte eine Katze mit Jungen, die vom Patron brutal misshandelt wurde. Ich kümmerte mich um das arme Tier, und es schloss sich mir schon bald an. Deshalb bat mich die Hotelbesitzerin, ihr Lieblingskätzchen mit in die Schweiz in Sicherheit zu nehmen. Der Schmuggel gelang, und wir wurden zu echten Katzennarren. Unser Lebensziel ist es, ein Tierheim auf einer Insel im Süden zu gründen und zu leiten.
Seit Frühling 2005 gehe ich jeden Mittwoch und am Samstag oder Sonntag ins Zürcher Tierheim und versorge Katzen mit Streicheleinheiten. Am Wochenende begleitet mich meistens mein Mann Felix, der bei einer Zürcher Grossbank arbeitet. Ich hätte mich bestimmt nicht in ihn verliebt, wenn er kein Tierfreund wäre. Diese Aufgabe erfordert grosses Einfühlungsvermögen, denn die Katzen bleiben oft schreckhaft und können beissen und kratzen. Ich finde diese Tätigkeit jedoch überaus befriedigend, denn viele Katzen hungern geradezu nach Zuwendung und sind dafür sehr dankbar.
Mein ‚Dienst' kann bis zu vier Stunden dauern, je nach Anzahl Katzen und deren Bedürfnissen. Ich kenne ihre Wünsche und stelle mich darauf ein. Die einen sind verschmust und wollen gestreichelt werden, andere spielen lieber oder wollen hofiert werden. Auf Leberpain stehen alle! Ausserdem bürste ich ihnen das Fell, lasse die Gummimaus hüpfen oder spreche einfach ein wenig mit ihnen. Die Katzen leben in artgerecht eingerichteten Räumen oder zeitweise in der Quarantäneabteilung.
Den fünfjährigen ‚Bueb', ein besonders liebes Tier, konnte ich an meine beste Freundin vermitteln. Dort ist der Schmusekater, der lange im Heim war, gut aufgehoben. Sehen Sie diese rote Katze, die sich in dem Korb dort oben versteckt? Bis jetzt schaffte es nur mein Mann, das scheue Tier zu streicheln.»

Freund als Blitzableiter
Katja Woerz, Tierpflegerin

«Ich wollte schon früh Tierpflegerin werden. Da meine Eltern wünschten, dass ich zuerst einen ‚richtigen' Beruf erlerne, machte ich eine Lehre als Lüftungszeichnerin. Ich habe mich für diese Ausbildung entschieden, weil mein Vater auf diesem Gebiet tätig ist und ich gerne geometrisch zeichne. Anschliessend absolvierte ich eine Zweitausbildung in einer Tierpension in Benken im Kanton St. Gallen.
Im August 2003 begann ich im Zürcher Tierheim zu arbeiten. Ich arbeite voll, habe also eine Hundertprozentstelle. Es gefällt mir sehr gut hier, der Kontakt mit den Tieren und das Arbeitsklima sind super. Natürlich ist unser Berufsalltag hin und wieder mit unerfreulichen Ereignissen verbunden. Dann funktioniert jeweils mein Freund als Blitzableiter. Mein Hund ist vor zwei Jahren gestorben. Aber ich habe noch zwei Büsi und fünf Kaninchen, die selbstverständlich freien Auslauf im Garten haben. Da ich neben meinen Eltern wohne, hilft meine Mutter bei der Pflege der Tiere.»

Tiere einfacher als Menschen
Sonja Bugmann, Tierpflegerin

«Zuerst wollte ich eigentlich im sozialen Bereich tätig sein, dann merkte ich allerdings, dass Tiere mir besser liegen. Als Tierpflegerin hat man ausserdem Kontakt mit Tieren und Menschen. Den Umgang mit Zweibeinern finde ich manchmal schwierig, zum Beispiel wenn Leute, denen aus guten Gründen der Hund weggenommen wurde, rabiat werden. Oder wenn Interessenten, die dafür absolut ungeeignet sind, unbedingt ein Heimtier wollen. Besonders problematisch wird es, wenn es sich um die eigenen Patenhunde handelt, die man ins Herz geschlossen hat. Dann muss ich mich oft zwingen, objektiv zu bleiben, denn man will sich insgeheim nicht von diesem Tier trennen. Jede Pflegerin hat ein bis zwei sogenannte Patenhunde, mit denen sie spazieren geht, sie beschäftigt und sie hin und wieder sogar nach Hause nimmt.
Meine Ausbildung im Heim des Zürcher Tierschutzes dauerte drei Jahre. Anschliessend machte ich einen einwöchigen Lehrlingsausbildungskurs zur Weiterbildung. Ich schätze es, dass man in unserem Tierheim selbständig arbeiten und Verantwortung tragen kann.
Wir hatten daheim stets Katzen, heute begnüge ich mich mit unserer WG-Katze.»

Intensive Beziehungen
Elena Bieri, Tierpflegerin

«Im Tierheim des Zürcher Tierschutzes bin ich seit dem Mai 2004. Ich habe eine dreijährige Ausbildung als Tiermedizinische Praxisassistentin gemacht. Nachher war ich als Arztsekretärin in einer orthopädischen Klinik tätig. Ich finde es schön, dass im Tierheim die Beziehung zu den einzelnen Tieren viel intensiver ist als in Tierkliniken, wo sie naturgemäss flüchtig bleibt.
Ich habe einen zwölfjährigen Schäfermischling adoptiert, der nicht vermittelt werden konnte. Der Rüde war vermutlich während langer Zeit in einem Keller eingesperrt und misshandelt worden. Inzwischen hat er sich in einen lieben, zutraulichen Hund verwandelt. Wir dürfen unsere eigenen Hunde zur Arbeit mitnehmen. Meist stammen sie ja ohnehin aus dem Tierheim.
Zum Glück habe ich einen verständnisvollen Freund, der es mir nicht übelnimmt, wenn ich hin und wieder meinen Frust bei ihm ablade.»

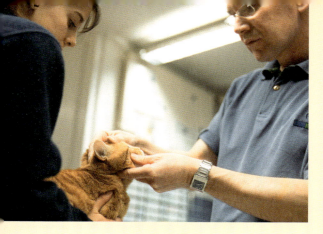

Tierarztvisite
Dr. Lutz Schröter, Veterinär

«Nach meinem Studium in Berlin und Zürich und einer anschliessenden fast vierjährigen Assistenzzeit am Tierspital der Universität Zürich habe ich vor 22 Jahren am Zürichberg meine eigene Klinik für Klein- und Heimtiere, Vögel, Reptilien und Exoten eröffnet.

Seit nunmehr 16 Jahren betreuen wir von der Klinik das Tierheim des Zürcher Tierschutzvereins. Zweimal pro Woche ist Tierarztvisite.

Alle Tiere, die entweder als heimatlose oder verwaiste Geschöpfe ins Tierheim aufgenommen oder von ihren Besitzern aus den unterschiedlichsten Gründen zur Weiterplazierung abgegeben werden, werden sowohl beim Eintritt und der Aufnahme ins Tierheim als auch später vor der Neuplazierung gründlich auf ihre gesundheitliche Verfassung kontrolliert. Der Nähr- und Pflegezustand wird geprüft.

Alle Hunde, Katzen und Kaninchen erhalten die notwendigen Impfungen und werden routinemässig entwurmt. Bei vielen Hunden und Katzen müssen die Zähne gereinigt oder gar das Gebiss saniert werden. Katzenschnupfen-Infektionen, Parasitenbefall, Ohrenentzündungen und Durchfallerkrankungen gehören zu den häufigsten Vorstellungsgründen bei der Tierarztkontrolle.

Bei schwerer erkrankten Tieren erfolgt die weitere diagnostische Aufarbeitung und Abklärung in der Klinik. Mit einem Therapieplan gehen die Tiere anschliessend wieder ins Tierheim zurück, wo sie von den Tierpflegerinnen sorgsam und zuverlässig weiterbetreut werden.»

Ein tierisch schönes Leben führen
Gerhard Möstl, Betriebsleiter

Eigentlich komme ich vom sozialen Bereich und bin von meinen Ausbildungen und meinem bisherigen beruflichen Werdegang her ein absoluter Quereinsteiger. Durch meine Tätigkeit als Leiter des Treffs von «insieme Zürich» bin ich es gewohnt, Kontakt mit den unterschiedlichsten Menschen, Institutionen und Behörden zu haben. Doch nach 15 Jahren suchte ich eine neue Herausforderung und war überglücklich, eine Arbeitsstelle in einem ganz anderen Bereich gefunden zu haben. Seit Anfang Dezember 2005 bin ich nun Betriebsleiter im Tierheim des Zürcher Tierschutzes.

Auch ein Tierheim ist ein gemeinnütziger und eigentlich sozialer Treffpunkt. Sicher geht es hier um andere Kunden, doch bei der selbständigen Führung in organisatorischen und personellen Belangen gibt es viele Parallelen. Um nur die wichtigsten zu nennen: Personalbetreuung, Organisation, Buchhaltung, Zusammenarbeit mit Ämtern, Kontakt mit Kunden, Unterhalt des Betriebs und der Umgebung.

Es macht mir ganz allgemein Freude, einen kleinen, überschaubaren Betrieb zu leiten, wo Flexibilität und Allrounder-Können gefragt sind. Als oberstes Ziel liegt mir ein offenes, angenehmes Betriebsklima am Herzen. In einer Umgebung, in

der das Team gerne arbeitet und sich einsetzt, strahlen Engagement und Begeisterung nach innen und aussen aus. Dies kommt unseren vierbeinigen Gästen und unseren Kunden zugute. Beim Erwerb eines Tieres sollen die Kunden kompetent und freundlich beraten werden und die Gewissheit haben, dass ihre Lieblinge in den Ferien bei uns bestens aufgehoben sind.

Das Umsorgen unserer Tiere im Elternhaus und auf den diversen Bauernhöfen meiner Verwandtschaft prägten mich. Um selber ein Tier zu halten, fehlt mir einfach die Zeit. Ausserdem reise ich gerne. Mich fasziniert die Vielfalt der Arten auf der ganzen Welt. So zum Beispiel bei meinen Tauchreisen in Indonesien, wo ich vor allem im Komodo-Nationalpark die verschiedensten Spezies beobachten konnte, von kleinsten Schnecken über Barracudaschwärme bis zu Mantas und Haien. Am meisten haben mich die Tintenfische begeistert: Wie sie zur Tarnung ihre Oberflächenstruktur und Färbung extrem schnell verändern können, ist einfach grandios. Die Lage unseres Tierheims mutet übrigens sehr exotisch an: Direkt bei Wald und Zoo gelegen, kann man zum hauseigenen Hundegebell Wolfsgeheul, Pfauen- und Affengeschrei sowie südländischen Vogelgesang hören.

Für die Zukunft wünsche ich mir, einige Ecken des

Tierheims noch attraktiver zu gestalten: für die vierbeinigen Bewohner und zur Optimierung und Erleichterung der Arbeit unseres Teams, aber auch fürs Auge. Und vielleicht wird es sogar einmal möglich sein, dass alle Haustiere zusammen mit den Menschen ein artgerechtes und tierisch schönes Leben führen können.»

Mit grossen Hunden arbeiten
Valentino Sivillica, Hundespaziergänger
und Wineloft-Geschäftsführer

«Eigentlich wollte ich im Tierheim des Zürcher Tierschutzes einen Hund kaufen. Da ich vorwiegend nachts arbeite, hätte ich tagsüber genügend Zeit, mich um ein Tier zu kümmern. Schliesslich kam ich jedoch zur Einsicht, dass es in meiner Situation gescheiter ist, auf einen eigenen Hund zu verzichten und sich stattdessen den Tierheim-Hunden zu widmen. Die haben es dringend nötig, ausgeführt zu werden.
Da ich früher in der Nähe des Tierheims wohnte und meinen Rottweiler, den ich elf Jahre lang hatte, häufig in der Umgebung ausführte, brachte ich ihn während der Ferien dorthin. Das Personal kannte mich deshalb schon ein wenig. Seit ungefähr fünf Monaten gehe ich zwei- bis dreimal pro Woche mit einem Hund rund zwei Stunden in den Wald. Dann geht die Post ab! Weil die Tierheim-Hunde im Freien prinzipiell angeleint sind, gebe ich ziemlich Dampf drauf, damit sie ihren natürlichen Bewegungsdrang trotzdem ausleben können.

Man gibt mir gerne die grossen, kräftigen Hunde. Man muss sehr feinfühlig, aber konsequent mit ihnen umgehen und arbeiten, dann machen sie meistens keine Schwierigkeiten mehr. Letzthin wollte ich einen Schäferrüden adoptieren, der mir aufs Wort gehorchte. Dann hat jedoch eine Mitarbeiterin des Tierheims Roy zu sich genommen, und das war auch okay. So behalte ich meine Freiheit und habe dennoch einen Hund, obwohl es nicht immer derselbe ist.
Die Aufgabe erfüllt mich total, deshalb opfere ich ihr gerne meine Freizeit. Sie ist ein idealer Ausgleich zu meinem Beruf. Ausserdem komme ich bestens mit dem Tierheim-Team aus, das mir voll vertraut.»

Ist das Haustier krank, verhält es sich eigenartig oder ist es gar entlaufen? Dank der neuen Medien kann der Zürcher Tierschutz noch besser und effizienter Hilfe leisten.

Multimediale Pionierleistungen des Zürcher Tierschutzes

Um noch intensiver über seine Ideen und Projekte zu informieren, hatte der Zürcher Tierschutz zur Jahrtausendwende ein ehrgeiziges Unternehmen ins Leben gerufen: den Tierschutzverlag Zürich, eine hundertprozentige Tochtergesellschaft des Zürcher Tierschutzes. Er ist seither die Plattform für eine neuzeitliche, multimediale Öffentlichkeitsarbeit.

Professionell und qualitätsbewusst

«Besser informieren, wirksamer kommunizieren, mehr Herzen bewegen, Menschen zur Aktion ermuntern, das ist unser Anliegen.» So der Präsident des ZT Hans H. Schmid über die Verlagsgründung. «Es geht darum, das Gefühl für den liebevollen Umgang mit Tieren, die Achtung vor dem Mitgeschöpf, die beglückende Bereicherung eines Zusammenlebens mit Tieren in neuzeitlicher Form an die Jugend und an erwachsene Tierfreunde heranzutragen. Ohne die bewährten Printmedien verlassen zu wollen, haben wir den Schritt in die neuen Medien gewagt. Nicht aus Angst, irgendwelche Neuzeitentwicklungen zu verpassen, nein, vielmehr aus Überzeugung, dass wir damit effizienter und zielgenauer arbeiten können.»

Der Tierschutzverlag Zürich ist das erste derartige Unternehmen im deutschsprachigen Raum, das professionell und dennoch gemeinnützig ein breites, qualitativ hochstehendes Sortiment an Büchern, Broschüren und Merkblättern, aber auch CDs, DVDs und Tonbändern entweder selber produziert oder mit Sorgfalt in ganz Europa auswählt. Ausserdem gibt es eine grosse Palette an Plüsch-, Holz- und Gummitieren für Kleinkinder, die selten in Kontakt mit echten Tieren kommen, sowie Spiele, Puzzles, Kunstkarten, Poster, Pins... Derzeit bietet der Tierschutzverlag Zürich im Internet rund 650 Artikel an, die online bestellt werden können.

Wissen kompakt

Mit der Herstellung und dem Verkauf von CD-Roms betrat der Tierschutzverlag Zürich neues Terrain. Begonnen hatte das Abenteuer mit der Heimtier-CD, die 1998 auf den Markt kam. Verlagsdirektor Bernhard Trachsel kommentierte ihre Geburt mit Erleichterung und Stolz: «Vorbei sind die zahllosen Tage und Nächte des Textens, der Korrekturen, der Bild-, Ton- und Videoaufnahmen und des Ausprobierens. Die grosse Heimtier-CD des Zürcher Tierschutzes existiert, hat ein Gesicht, ist greifbar. Tausende von Bildern und Texttafeln sowie an die hundert Tierstimmen und Videos sind miteinander vernetzt. Doch kommt die CD bei unserer Zielgruppe an? Die nächsten Monate werden es zeigen. Wir sind überzeugt, dass sich dieser Aufwand lohnt. Wir glauben daran, dass hier und dort grosse und kleine, wilde und domestizierte, kletternde, schwimmende und fliegende Tiere davon profitieren werden.»

Das interaktive Programm, das die Anschaffung von Heimtieren, die nicht artgerecht gehalten werden können, verhindern möchte, stiess auf reges Interesse: Bis zum Sommer 2006 wurden rund 10 000 Stück verkauft.

Voll ins Netz gegangen

Im Februar 1998 fand die Premiere des Zürcher Tierschutzes im World Wide Web statt. Im Vordergrund stand und steht die Dienstleistung für alle, die sich für Tiere interessieren oder diesbezügliche Beratung wünschen. Der ZT bietet im Internet mehr hilfreiche Informationen an als jede andere Tierschutzorganisation der Schweiz, und dies in Deutsch, Französisch, Italienisch und Englisch. Insbesondere die Kapitel Tierkrankheiten, Tierverhalten, Tiervergiftungen und Tiere im Recht – sie wurden von Zoologen, Ethologen, Tierärzten, Juristen und vielen anderen Spezialist(inn)en erarbeitet – werden tagtäglich konsultiert. Allein im Jahr 2005 wurden 1,8 Millionen Internetbesuche registriert.

International verwendet wird hauptsächlich die Datenbank über Tiervergiftungen, die dank einer Schenkung zustandekam. In Zusammenarbeit mit dem veterinärtoxikologischen Institut der Universität Zürich wurde ein Werk geschaffen, das zahllosen Tieren das Leben gerettet hat. Diese viersprachige Giftdatenbank ist europaweit das umfassendste derartige Verzeichnis.

Tiere suchen, finden, zurückführen oder neu plazieren

Das bedeutendste durch den Zürcher Tierschutz je realisierte Projekt wurde mit einem zweckbestimmten Nachlass finanziert. Mit den drei Nationalen Datenbanken für vermisste, gefundene und heimatlose Tiere wurde ein kantonsübergreifendes System geschaffen, das es ermöglicht, Hunde, Katzen und andere Heimtiere kostenfrei und bequem schweizweit zu suchen und zu finden oder zu vermitteln. Dahinter steht die Erfahrung, dass Grenzüberschreitungen bei entlaufenen Tieren wesentlich öfter vorkommen, als man denkt.

Die Nationalen Datenbanken sollen jedoch vor allem die Tierheime entlasten, bei denen die meisten entlaufenen Vierbeiner früher oder später landen. Sie können die Findeltiere zweifellos besser vermitteln, wenn ihr aktuelles «Angebot» mit Beschreibungen und Fotos per Mausklick abrufbar ist. Wer sich ein Haustier wünscht, hat heute die Wahl unter ungefähr tausend bebilderten, topaktuellen Anzeigen.

Die Zahlen sprechen für sich: Die landesweiten Datenbanken haben eindeutig dazu beigetragen, dass über 12 000 heimatlose Katzen, Hunde, Kleinsäuger, Vögel usw. rascher und besser plaziert wurden und die Rückführrate gefundener Tiere signifikant verbessert werden konnte. Seit der Inbetriebnahme der Datenbank heimatloser Tiere im Sommer 2003 und der Datenbanken vermisster und gefundener Tiere im Frühjahr 2005 wurden auf dieser Website über 24 000 Anzeigen publiziert. Dieses Jahr wird mit 3,2 Millionen Besuchen gerechnet. Zwei Drittel der Schweizer Bevölkerung aus 16 Teilnehmer-Kantonen profitieren vom Datenbanksystem des Tierschutzverlages Zürich. Noch konnten nicht alle Kantone zur Kooperation gewonnen werden. Die zahlreichen positiven Reaktionen von Tierheimen, Tierarztpraxen und Menschen, die auf diesem Weg ihren Liebling adoptiert haben, geben dem Tierschutzverlag Zürich jedoch den Mut, trotz politischer Hürden auf dem eingeschlagenen Weg zielstrebig voranzugehen.

tierschutz.ch – Schweizerische Tier-Datenbanken
3 Nationale Datenbanken zum Wohl unserer Haustiere

Tiere suchen, Tiere finden und zurückführen, Tiere neu platzieren
(in Deutsch und Französisch erhältlich),
Tierschutzverlag Zürich 2006
www.zuerchertierschutz.ch, www.tierschutz.ch,
www.tierschutzverlag.com, http://vermisst.tierschutz.ch, http://gefunden.tierschutz.ch,
http://heimatlos.tierschutz.ch

Hier konnten wir helfen...

Tierheim Gals

Immer wieder haben die Tierpflegerinnen des ZT die Aufgabe, auf Bauernhöfen und in Schrebergärten ganze Katzengruppen einzufangen. Viele Landwirte sind auch heute noch der Meinung, dass kastrierte Katzen keine Mäuse mehr jagen. Erst wenn die Vermehrung aus dem Ruder läuft und stört, wird der Tierschutz zu Hilfe gerufen. Da diese Katzen meist ohne Kontakt zu Menschen lebten, benötigt ihre Zähmung eine Menge Zeit und Geduld. Trotz grosser Zuwendung fassen viele nur zu ihrer Bezugsperson Vertrauen oder verlieren sogar ihre Scheu niemals mehr.

Die Tierheim-Mitarbeiterinnen finden immer wieder Menschen, die ein solches Tier bei sich aufnehmen, obschon sie es vielleicht lange Zeit nicht streicheln können. Gute Erfahrungen wurden im allgemeinen gemacht, wenn die «Wilde» an einen Ort kam, wo bereits eine zahme Katze vorhanden war. Durch Beobachten lernt die scheue Katze allmählich, dass sie vor den Menschen keine Angst zu haben braucht.

Dennoch sind zahlreiche verwilderte Katzen nicht plazierbar. Und weil im Zürcher Tierheim sowieso meist Platznot herrscht, muss für solche Problemfälle eine Lösung gefunden werden. Das Tierheim in Gals unter der Leitung von Mina Schreyer ist eine der wenigen Adressen, die solchen Aussenseitern eine Bleibe bietet. Auf einer Fläche von 5644 m² leben ungefähr 180 «Wegwerf-Katzen», die sich in der Regel erstaunlich gut vertragen. Der grosse, reich strukturierte Auslauf und die fürsorgliche Betreuung durch die Pflegerinnen fördern den Burgfrieden. Verwilderte Katzen in der Umgebung werden ebenfalls regelmässig gefüttert. Um die Kosten für Futter, tierärztliche Betreuung und das Personal tragen zu helfen, hat der Zürcher Tierschutz das Tierheim Gals in der Vergangenheit regelmässig unterstützt.

Tierheim Gals
Mina Schreyer
Kreuzweg 1
3238 Gals
www.tierheim-gals.ch

AAMOR Venezuela

In Sachen Tierschutz ist Venezuela ein Entwicklungsland, in dem erschreckende Zustände herrschen. Strassenhunde und heimatlose Katzen werden periodisch in «Säuberungsaktionen» beseitigt. Die Tierschutzorganisation Asilo para Animales maltratados y Organizacion de rescate (AAMOR) auf der venezolanischen Insel Margarita besteht aus einem Tierheim und einer kleinen Tierarztpraxis. Ihre wichtigste Aufgabe ist die Aufklärung der Bevölkerung über das Kastrieren und Sterilisieren von Haustieren. Da die finanziellen Mittel der Einheimischen, meist Fischer, knapp sind, wird ein Teil der Behandlungskosten mit Spendengeldern bezahlt.

1998 ist AAMOR mit der Bitte um Hilfe an den Zürcher Tierschutz gelangt und schrieb unter anderem: «Da es unmöglich ist, alle Hunde oder auch nur einen erheblichen Teil der Streuner zu retten, konzentrieren wir unsere Bemühungen auf die Tiere, die es am nötigsten haben und die Opfer menschlichen Missbrauchs sind. Ebenso retten wir Tiere, die dank ihres einigermassen guten Gesundheitszustands eine Überlebenschance haben (z.B. von Touristen gefüttert werden oder in der Nähe von Restaurants leben). Sie werden sterilisiert, geimpft, entwurmt und in ‚ihr Revier' zurückgebracht. Weiter bieten wir tierärztliche Versorgung und Sterilisationen für Tiere, deren Halter aus armen Verhältnissen stammen.»

Seit 1999 leistete der ZT wiederholt Beiträge, damit die Praxis renoviert sowie Medikamente und anderes Verbrauchsmaterial angeschafft werden konnte. Eine Mitarbeiterin von AAMOR bedankte sich bei den Spenderinnen und Spendern: «Ohne die konstante Hilfe des Zürcher Tierschutzes wäre unsere Arbeit vor allem zu Beginn unmöglich gewesen. Mit dem Zuschuss zum Erwerb des neuen Grundstücks wurde unser Überleben gesichert. Dank der Hilfe zum Bau unserer Quarantänestation und für die Durchführung von Kastrationsprojekten konnten wir viele Tiere retten.»

Tierheim AAMOR in Porlamar auf Margarita, Venezuela
www.geocities.com/asiloaamor/

Dimensione Animale

In Italien steckt der organisierte Tierschutz noch weitgehend in den Kinderschuhen. Nach wie vor werden Katzen und Hunde einfach ausgesetzt, wenn man ihrer überdrüssig geworden ist. Insbesondere die Katzen erwartet ein trauriges Schicksal, da sie sich in grosser Zahl vermehren. Viele verhungern, andere sterben an Infektionen oder anderen Krankheiten. 1997 gründete Antonella Trotta, eine bei Luino am Lago Maggiore lebende Tierschützerin, die private Organisation «Dimensione Animale», um die Katzenkolonien und streunenden Hunde entlang der Grenze zum Tessin zu betreuen. Innerhalb weniger Monate schlossen sich der Vereinigung über hundert Personen an. Viele Frauen stellten sich ehrenamtlich für die tägliche Fütterung und Pflege der Tiere zur Verfügung. Begrüsst wurde die Initiative auch von zahlreichen Tierärztinnen und Tierärzten der Region, die sich bereit erklärten, die medizinische Versorgung und die Kastration zu stark reduzierten Preisen zu übernehmen.

Als der Zürcher Tierschutz von «Dimensione Animale» hörte, unterstützte er die Initiative spontan. Antonella Trotta wusste die Hilfe aus dem nördlichen Nachbarland zu schätzen: «Dieses Geld ermöglichte es uns, unzählige Tiere vor dem sicheren Tod zu retten und unseren Mitgliederbestand durch Öffentlichkeitsarbeit zu erhöhen.» Mit der Zeit konnten auch andere Aufgaben wahrgenommen werden. «Dimensione Animale» setzt sich zum Beispiel auch dafür ein, dass für die Katzen und Hunde neue Heimplätze gefunden werden. Zahlreiche heimatlose Tiere haben auf diesem Weg ein Zuhause gefunden.

Dimensione Animale
Via Cervinia 27
I – 21016 Luino (VA)
www.dimensioneanimale.it

AAA–Asociación Amigos de los Animales

Am 10. März 1978 gründete das Ehepaar Zellweger-Quintanilla in Lima, Peru, einen Tierschutzverein, der durch eine private Trägerschaft finanziert wird und keinerlei staatliche Unterstützung erhält. Die Organisation leistete in Südamerika Pionierarbeit, indem sie sich in den verschiedensten Bereichen engagierte. Da es in der Siebenmillionenstadt von streunenden Hunden und Katzen wimmelt, litt das Tierheim bereits nach kurzer Zeit unter Platznot, worauf man eine neue, ideal gelegene Liegenschaft fand, die jedoch das Budget der Asociación Amigos de los Animales erheblich belastete. Angesichts des bewundernswerten Engagements und der geleisteten Arbeit entschied der Zürcher Tierschutz, der schon die Verwirklichung des ersten Heims unterstützt hatte, auch bei diesem wichtigen Schritt finanzielle Hilfe zu leisten.

In der Tierheim-Klinik sind mehrere Ärzte rund um die Uhr damit beschäftigt, Notfälle zu versorgen oder – falls keine andere Wahl bleibt – einzuschläfern. Eine fahrende Tierarztpraxis ist darauf spezialisiert, Hunde und Katzen zum Niedrigtarif oder kostenlos zu sterilisieren. Die Vermittlung von Heimtieren ist in einem Land, wo nur Rassentiere etwas gelten, eine schwierige Aufgabe, wird jedoch vom Personal mit grossem Einsatz betrieben. Die Mitarbeiterinnen und Mitarbeiter widmen sich ausserdem erzieherischen Aufgaben: Schulkinder werden zum Beispiel mit Dias und Filmen über die Bedürfnisse von Heim- und Wildtieren informiert mit dem Ziel, ihre Einstellung gegenüber der Natur und ihren Lebewesen positiv zu beeinflussen. Öffentlichkeitsarbeit ist ganz allgemein ein wichtiges Thema der Organisation, die sich über Radio, Fernsehen und Printmedien Gehör zu schaffen versucht.

AAA – Asociación Amigos de los Animales
Enrique Palacios 480
Miraflores
Lima/Peru
Tel. 4476030 – 2421952, www.animanaturalis.org

Anhang

Inhalt

Vorstand

Bibliographie

Verzeichnis ZT

Register

Bildnachweis

Dank

Impressum

Vorstand und Geschäftsleitung 2006

Hans H. Schmid, Rechtsanwalt
Präsident Zürcher Tierschutz

Vor 35 Jahren suchte der Vorstand wieder einen Juristen als Präsidenten für den expandierenden Kantonalen Zürcher Tierschutzverein, die bedeutendste Sektion des Schweizer Tierschutzes STS. Es ist mir vergönnt gewesen, zusammen mit den Vorstands- und Vereinsmitgliedern, Gönnern und Testatoren einen modernen und wissenschaftlich fundierten Tierschutz zu verwirklichen nach dem Motto «Tue Gutes und sprich darüber». Der Erfolg ist denn auch nicht ausgeblieben, wie dieses Buch eindrücklich belegt.

Elisabeth Lubicz
Architektin

Aufgewachsen in einem grosszügigen und toleranten Umfeld, mit Tieren grossgeworden und auch heute nie ohne Haustiere, war es für mich immer selbstverständlich, dass das Andersartige in unser Leben gehört und dass jedem Lebewesen und der Natur mit Respekt begegnet wird. Die Integrität der uns anvertrauten Tiere zu respektieren, gehörte in mein Leben lange bevor «Tier keine Sache» auf der politischen Ebene zum Thema wurde. Der Schutzgedanke an sich – des Schwächeren, des Bedrohten, des Geringgeschätzten – muss zentral sein. In meinem Beruf als Achitektin setze ich mich seit Jahren ein für einen sinnvollen Denkmal-, Umwelt- und Naturschutz. Im Vorstand des Zürcher Tierschutzes darf ich zusammen mit den Kolleginnen und Kollegen einstehen für die Würde und Integrität der Tiere.

Denis G. Humbert
Rechtsanwalt

Schon seit meiner frühesten Kindheit habe ich mich ausserordentlich stark für die Tierwelt interessiert und mir in der Jugendzeit ernsthaft überlegt, ob ich den Beruf des Zoologen oder des Tierarztes wählen soll. Obschon ich heute einen anderen Beruf ausübe, bietet mir meine Tätigkeit im Vorstand des Zürcher Tierschutzes zusammen mit meinen VorstandskollegInnen hinreichend Gelegenheit, mich für die wehrlose und schwache Kreatur «Tier» nicht nur als Anwalt, sondern in jeglicher Hinsicht einzusetzen und für die Verbesserung derer Lebensbedingungen zu kämpfen. Nicht die Starken bedürfen unseres Schutzes und unserer Hilfe, sondern die Schwachen.

Caroline Haus
Tierärztin

Ich mache beim Tierschutz mit, weil mir das Wohl der Tiere am Herzen liegt und weil ich der Meinung bin, dass wir einem uns anvertrauten Geschöpf nicht einfach unseren Willen aufzwingen dürfen, vor allem, wenn es nur zu unserem Vorteil, jedoch zu seinem Nachteil ist. Wenn wir schon ihr Leben in unsere Hände nehmen, dann zu ihren Bedingungen und nicht zu unseren. Zudem bin ich auch der Meinung, dass wir unseren Kindern nicht einfach einen «leergeräumten Planeten» überlassen dürfen, sondern dass auch sie ein Recht darauf haben, die Schönheiten geniessen zu dürfen, die auch wir kennenlernen konnten, und dazu gehört auch die Tierwelt. Rücksicht sollte man nicht nur gegenüber den Mitmenschen nehmen, sondern vor allem auch gegenüber den Tieren, weil sie die Schwächeren sind.

Andrea Widmer Graf
Departementsleiterin an der Pädagogischen Hochschule, Mathematikerin

Kischa, unsere Golden-Retriever-Hündin, ist eine Bereicherung für unsere ganze Familie und zeigt mir, wie wichtig es ist, dass bereits Kinder und Jugendliche eine gute Beziehung zu Tieren aufbauen und Verantwortung für eine artgerechte Tierhaltung übernehmen. Seit vielen Jahren arbeite ich im Zürcher Tierschutz mit, weil mir die Erhaltung der Natur und der Artenvielfalt ein grosses Anliegen ist. Wegen meines politischen Engagements im Kantonsrat und meiner beruflichen Tätigkeit an der Pädagogischen Hochschule befasse ich mich im Vorstand vor allem mit Tierschutzanliegen, welche die Politik oder die pädagogische Arbeit betreffen.

Marianne Hartmann
Zoologin

Seit meiner frühen Kindheit haben mich Tiere fasziniert und Beziehungen zu ihnen mein Leben bereichert. Dieser Linie folgend habe ich später das Studium des Tierverhaltens zu meinem Beruf gemacht. Bei aller Faszination, die die Forschung mit sich bringt, habe ich aber nie die Augen verschlossen vor dem Tierleid auf dieser Welt. Ein besonderes Anliegen war mir immer die grosse Verantwortung für die Tiere in unserer Obhut. So habe ich mich denn auch in meiner Forschung auf die artgerechte Wildtierhaltung spezialisiert. Die Arbeit im Zürcher Tierschutz macht mir viel Freude, denn der Verein macht genau das, was ich unter echtem Tierschutz verstehe: wissenschaftlich fundierte Arbeit, die langfristig wirksame Veränderungen bringt.

Sandra Gloor
Wildtierbiologin

Tiere haben in meinem Leben immer dazugehört, am Anfang eine eigensinnige Hauskatze, später auch die Wildtiere, die wir mit den Eltern beobachteten. In der Schule kam schliesslich das Interesse für Tier- und Naturschutz hinzu. Daraus entstand der Wunsch, mich auch beruflich für Tiere und ihre natürlichen Lebensräume einzusetzen. Als Wildtierbiologin arbeite ich heute sowohl in Naturschutz- als auch in Tierschutzprojekten, zwei Themenfelder, die oft sehr eng zusammengehören. Als Vorstandsmitglied des Zürcher Tierschutzes habe ich die Möglichkeit, meine Berufserfahrungen in die Beurteilung von Projekten einzubringen, die der Zürcher Tierschutz unterstützt oder selber initiiert. Projekte, die sich zum Ziel gesetzt haben, der Bevölkerung Tiere und ihre Bedürfnisse näher zu bringen, liegen mir dabei speziell am Herzen.

Claudio Chicchini
Bankfachmann

Als ich vor drei Jahren vom Präsidenten angefragt wurde, als Quästor beim Zürcher Tierschutz einzusteigen, dachte ich zuerst, dass meine Arbeit u.a. darin bestehen könnte, aktiv an Demonstrationen gegen das Pelztragen oder bei einer nächtlichen Befreiungsaktion von nicht artgerecht gehaltenen Wildschweinen teilzunehmen. Doch weit gefehlt. Ich war von der professionellen Arbeit des Vorstandes tief beeindruckt. Mit der gleichen Professionalität wird das Vereinsvermögen bewirtschaftet mit dem Ziel, die zahlreichen Projekte des Zürcher Tierschutzes jederzeit finanzieren zu können. Für diese tolle Aufgabe darf ich meine Fähigkeiten zur Verfügung stellen.

Thomas Grieder
Landwirt

Ich habe mich mit Überzeugung auf dem zweiten Bildungsweg zum Landwirt ausbilden lassen und betreibe mit meiner Familie den Bauernhof meiner Schwiegereltern. Ebenso überzeugt haben wir von Milchproduktion auf Mutterkuhhaltung umgestellt, und ich freue mich über die steigende Akzeptanz von ökologisch und biologisch erzeugten Produkten bei den Konsumentinnen und Konsumenten. Als erster landwirtschaftlicher Vertreter im Vorstand des Zürcher Tierschutzes kann ich die Chance wahrnehmen, den Nutztieren – aber nicht nur diesen – eine «Stimme zu geben». Ein Grundsatz meines Lebens heisst: «Hilf denen, die sich nicht selber helfen können.»

Bernhard Trachsel, Zoologe,
Geschäftsführer Zürcher Tierschutz

Tiere faszinieren mich schon seit meiner Kindheit, und sie haben mir auch während meiner Ausbildung zum Zoologen so viele spannende Momente und Erlebnisse bereitet. Für mich stand immer das Tier als Ganzes und seine Auseinandersetzung mit sich und seiner belebten und unbelebten Umwelt im Zentrum des Interesses. Auch wenn wir Menschen die Sprache der Tiere nicht auf Anhieb verstehen, teilen sie sich uns ständig mit und offenbaren uns ihre Bedürfnisse. Für die Tierschutzarbeit heisst dies, hineinzuhorchen, tiefzublicken und das Wahrgenommene im Umgang und bei der Haltung von Tieren möglichst umfassend einzubringen. Eine Aufgabe, die herausfordert und trotz kleiner Schritte stets befriedigt.

Vorstand und Geschäftsleitung

Quellen und weiterführende Literatur

Ammann, Daniel; Keller, Christoph; Koechlin, Florianne, Gefahrenzone – Risiken der Gentechnologie, Untersuchungen in der Schweiz, Rotpunktverlag, Zürich 1992

Bontadina, Fabio; Hotz, Therese; Märki, Kathi, Die Kleine Hufeisennase im Aufwind, Verlag Paul Haupt, Bern 2006

Cerruti, Herbert, Wenn Elefanten weinen, 30 erstaunliche Tiergeschichten, NZZ Libro, 2003.

Committee on Pain and Distress in Laboratory Animals, Institute of Laboratory Animal Resources, Commission on Life Sciences, National Research Council, Recognition and Alleviation of Pain and Distress in Laboratory Animals, National Academy Press, Washington, D.C. 1992

Feddersen-Petersen, Dorit, Hunde und ihre Menschen, Franckh-Kosmos, Stuttgart 1992

Gebhard, Jürgen, Fledermäuse, Birkhäuser Verlag, Basel 1997

Gloor, Sandra; Bontadina, Fabio; Hegglin, Daniel, Stadtfüchse – Ein Wildtier erobert den Siedlungsraum, Verlag Paul Haupt, Bern 2006

Goetschel, Antoine F. (Hrsg.), Recht und Tierschutz – Hintergründe, Aussichten, Verlag Paul Haupt, Bern 1993

– und Gieri Bolliger, Das Tier im Recht – 99 Facetten der Mensch-Tier-Beziehung von A bis Z, Orell Füssli Verlag, Zürich 2004

– und Gieri Bolliger, Die TIER-CD-ROM über das Tier in Gesellschaft und Recht, Stiftung für das Tier im Recht, Zürich 2004

Grabe, Herbert und Worel, Günther (Hrsg.), Die Wildkatze – Zurück auf leisen Pfoten, Mit einem Beitrag von Marianne Hartmann-Furter über Biologie und Verhalten von Wildkatzen in Gehegen, Buch- & Kunstverlag Oberpfalz, Amberg 2001

Gruber, F. P. und Spielmann, H. (Hrsg.), Alternativen zu Tierexperimenten, Spektrum Verlag, Heidelberg, Berlin, Oxford 1996

Haid, Hans, Vom neuen Leben – Alternative Wirtschafts- und Lebensformen in den Alpen, Haymon-Verlag, Innsbruck 1989

Hediger, Heini, Tiere verstehen, Kindler Verlag, München 1980

Hofmann, Heini, Die Tiere auf dem Schweizer Bauernhof, AT Verlag, Aarau 1991

Hohmann, Ulf und Ingo Bartussek, Der Waschbär, Verlagshaus Reutlingen, Oertel + Spörer, Reutlingen 2001

Hürlimann, Lea und Heinzpeter Studer, Tiernutz – Tierschutz? KAG, St. Gallen 1997

Ineichen, Stefan, Die wilden Tiere in der Stadt – Zur Naturgeschichte der Stadt, Verlag im Waldgut, Frauenfeld, 1997

Krepper, Peter, Zur Würde der Kreatur in Gentechnik und Recht, Helbing & Lichtenhahn, Basel 1998

Kurt, Fred, Abschied von den wilden Tieren – Über die Erforschung und Erhaltung bedrohter Arten, Knaur 1993

Lange, Christine, Horsemanship – Partnerschaft mit Pferden, Verlag Albert Müller, Rüschlikon 1996

Macdonald, David, Unter Füchsen – Eine Verhaltensstudie, Knesebeck Verlag, München 1993

Morgenegg, Ruth, Artgerechte Haltung – ein Grundrecht auch für (Zwerg-)Kaninchen, Buch 2000, Affoltern am Albis 2005

–, Artgerechte Haltung – ein Grundrecht auch für Meerschweinchen, Buch 2000, Affoltern am Albis 2005

Morris, Pat, Alles über Igel, Verlag Albert Müller, Rüschlikon 1987

Moser, Peter, Der Stand der Bauern – Bäuerliche Politik, Wirtschaft und Kultur gestern und heute, Huber Verlag, Frauenfeld 1994

Ochsenbein, Urs, ABC für Hundebesitzer und solche, die es werden wollen, Verlag Albert Müller, Rüschlikon 1989

Perler, Dominik und Markus Wild, Der Geist der Tiere – Philosophische Texte zu einer aktuellen Diskussion, Suhrkamp Verlag, Frankfurt am Main 2005

Richarz, Klaus und Alfred Limbrunner, Fledermäuse – Fliegende Kobolde der Nacht, Franckh-Kosmos, Stuttgart 1992

Rifkin, Jeremy, Das biotechnische Zeitalter – Die Geschäfte mit der Gentechnik, Goldmann Verlag, München 1998

Robin, Klaus; Müller, Jürg Paul; Pachlatko, Thomas, Der Bartgeier, Robin Habitat AG, Uznach 2003

Röthlin, Othmar und Müller, Kurt Zoo Zürich – Chronik eines Tiergartens, NZZ Verlag, Zürich 2000

Rübel, Alex, Mensch und Tier, Zürich, Vontobel-Schriftenreihe, Vontobel-Stiftung, Zürich 2005

Russell, W. M. S. und Burch, R. L., The Principles of Humane Experimental Technique, Methuen & Co, London 1959; neu aufgelegt von der Universities Federation for Animal Welfare (UFAW), GB-Herts 1992

Sambraus, Hinrich, Atlas der Nutztierrassen, Verlag Eugen Ulmer, Stuttgart 1986, 2001

– und Andreas Steiger (Hrsg.),
Das Buch vom Tierschutz, Enke-Verlag, Stuttgart 1997

Schenda, Rudolf, Das ABC der Tiere – Märchen, Mythen und Geschichten, Verlag C. H. Beck, München 1995

Schmidt, Philipp, Das Wild der Schweiz, Hallwag Verlag, Bern 1976

Schneider, Manuel (Hrsg.), Den Tieren gerecht werden, Zur Ethik und Kultur der Mensch-Tier-Beziehung, Universität Gesamthochschule Kassel, Tierhaltung Band 27, Witzenhausen 2001

Schnieper, Claudia, Unsere Wildtiere – Mit Schweizer Forschern unterwegs (2 Bände), Mondo Verlag, Vevey 1989

–, Natur im Kanton Zürich – Die schönsten Natur- und Landschaftsschutzgebiete, Pro Natura/Th. Gut Verlag, Stäfa 1996

–, Zoo Schweiz – Tiere, Menschen, Visionen, Mondo-Verlag, Vevey 2001

–, Heilige Tiere – Mythen aus aller Welt, Mondo Verlag, Vevey 2005

– und Werner Spohr (Fotos), Tiere in der Stadt – Eine Nische für Wildtiere, Kinderbuchverlag Luzern, Aarau 1997

Schweizerische Vogelwarte Sempach, Vögel – unsere Nachbarn, Wie sie leben, was sie brauchen, Schweizerische Vogelwarte, Sempach 2004

Serpell, James, Das Tier und wir – Eine Beziehungsgeschichte, Verlag Albert Müller, Rüschlikon 1990

Simantke, Christel und Fölsch, Detlef W. (Hrsg.), Pädagogische Zugänge zum Mensch-Nutztier-Verhältnis, Universität Gesamthochschule Kassel, Tierhaltung Band 26, Witzenhausen 2000

Spirig, Marianne und Natalie Hofbauer, Der Igel & Naturpfad, Igelzentrum Zürich, Zürich 2004

Stamp Dawkins, Marian, Die Entdeckung des tierischen Bewusstseins, Spektrum Verlag, Heidelberg 1994

–, Leiden und Wohlbefinden bei Tieren, Verlag Eugen Ulmer, Stuttgart 1982

Straub, Max, Fischatlas des Kantons Zürich, Th. Gut Verlag, Stäfa 1993

Stutz, Hanspeter und Marianne Haffner, Arealverlust und Bestandesrückgang der Kleinen Hufeisennase in der Schweiz, Jahrbuch der Naturforschenden Gesellschaft Graubünden 1985

Teutsch, Gotthard M., Die «Würde der Kreatur» - Erläuterungen zu einem neuen Verfassungsbegriff am Beispiel des Tieres, Verlag Paul Haupt, Bern 1995

Turner, Dennis C., Turners Katzenbuch, Wie Katzen sind, was Katzen wollen – Informationen für eine glückliche Beziehung, Franckh Kosmos Verlag, Stuttgart 2004

Patrick Bateson (Hrsg.), Die domestizierte Katze – Eine wissenschaftliche Betrachtung ihres Verhaltens, Albert Müller Verlag AG, Rüschlikon 1988

Weggler, Martin, Brutvögel im Kanton Zürich, Zürcher Vogelschutz, Zürich 1991

Weidt Heinz, Der Hund mit dem wir leben: Verhalten und Wesen, Verlag Paul Parey, Hamburg, Berlin 1989

Wolf, Ursula, Das Tier in der Moral, Vittorio Klostermann, Frankfurt am Main 2004

Publikationen des Zürcher Tierschutzes und des Tierschutzverlags Zürich:

Bucher, Fritz, Zoogeschichten, 1998

Cimerman, Zvjezdana und Daniel Ammann, Das Tier in der zeitgenössischen Kunst, mit einem Essay von Adolf Muschg, 2002

Dossenbach, Hans und Monika, Tiere in Zoo und Wildpark, 1996

Frey, Marc, Zukunftschance Tierwohl, 2004

Keller, Max; Sollberger, Arthur, Wunder der Arena, 2001

Müri, Helen und Rolf Zeller, Das geheime Leben unserer Wildtiere, 1995

Schellenberg, Lotty, Der Wolf und das schlaue Füchslein, 15 neue Fabeln, mit Illustrationen von Annemarie Speerli, 2006

Schenkel, Rudolf; Nievergelt, Bernhard; Bucher, Fritz, 8 Hörner auf 5 Nasen – Ein Nashornbuch, 2006

Schumacher, Hans, Die armen Stiefgeschwister des Menschen – Das Tier in der deutschen Literatur, 1977

Schürch, Hans, Ein bunter Strauss Gutenacht-Tiergschichte, 1991

–, En Chratte mit 52 neue Guetnacht-Tiergschichte, 1992

In der reich bebilderten Broschüren-Reihe des Zürcher Tierschutzes sind erschienen:

Gloor, Sandra; Silvia, Weber und Christoph Schweiss, Wildtiere als Stadtbewohner, 1994

Speich, Christian, Fährtenleser, 2006

–, Fuchs, du hast die Gans gestohlen, Fabeln, Vorurteile und Forschung, 2006

–, Semien – Afrikas bedrohte Alpenwelt, 2005

–, Glückwünsche zum Vierzigsten, Waschbär!, 2005

–, Lewa – Zukunft für Mensch und Tier, 2004

–, Der Wassermarder kommt – Ist die Schweiz fischottertauglich? 2004

–, Langohr mit vier Buchstaben – Noch lebt das Rätseltier, 2002

–, Die Zürcher Stadtmusikanten oder Pablos Traum, 2003

–, Biber weisen uns den Weg – Aufbruch zu neuen Ufern, 2001

–, Krähenvolk – Eine Lanze für Verfemte, 2000

–, Wie «Dominik Dachs» wirklich lebt, 1999

–, Die schwierigen Fünf, 1998

–, Wildschweine, Geheimagenten der Natur, 1997

–, Tiere in Zoo und Wildpark, 1996

Die grosse Heimtier-CD, Doppel-CD-ROM in Hochdeutsch und Mundart, 1998

Register

A

Abendsegler, Grosser 63
Agrarpolitik 166, 176
Alternative Forschungsmethoden 38, 43, 44, 131, 136, 137, 159, 166
Amery, Carl 167
Anden-Tapir 45
Antisemitismus 33, 34
Arbeitsgruppe, Schweizerische, Gentechnologie (SAG) 136
Artenschutz 42, 60, 105, 123, 145, 159
Artenschwund 66, 74, 79
Artensterben 42, 163
Artgerechte Haltung 24, 95, 97, 106, 141, 146 f., 150 f., 170 f.
Ascitesmaus 137
Äthiopien 75, 78

B

Bachforelle 118
Ballenberg, Freilichtmuseum 174, 176
Bankivahuhn 168
Bär, Braunbär 45, 93
Bartgeier 45, 107
– Markierung 107
Batteriehaltung 167 ff.
– Huhn 116, 158, 168, 169
Bauen, tierfreundliches 62, 183
Beck, Claude M. 160
Becker, Jakob 40 ff.
Bentham, Jeremy 27
Berufsfischer, Schweizer 90, 116 f., 121
Biber 84, 86, 91 f., 160
Biber- und Fischotteranlage Sihlwald 92
Biolandbau 166
Biomedizinische Forschung 131, 137
Blanc, Anne-Marie 41
Boesch, Christophe 80
Boveri, Anne-Marie 40 f.

Boveri, Walter E. 40
Breitmaulnashorn 65, 70 ff., 74; → Nashorn
Bruderhaus, Wildpark 106
Bundesgesetz über Jagd- und Vogelschutz 37

C

Carson, Rachel 167
Chicchini, Claudio 199
Chimären 127
Chinchilla 155, 158, 162
CITES Artenschutzkonferenz 42, 123
Clownfisch 145
Craig, Familie 66, 70 f., 74

D

Dählhölzli, Tierpark 13, 87
Damenmode 38, 155 ff.
Darwin, Charles 28
Datenbanken, Nationale 44, 193
DDT 42, 58 f.
Delphin 2, 115, 123
Diethelm, Martin 168
Direktvermarktung 169, 175, 177
Ditfurth, Hoimar von 167
Dolly, Klon-Schaf 130
Domestikation 98, 178
3R-Prinzip 128, 137

E

Eber 169, 178
Echoortung der Fledermäuse 49
Elefant, Afrikanischer 65, 68, 78
Elfenbeinküste 80
England, Engländer 29, 35, 38, 71, 86, 133, 167
Erhaltungszucht 144
Esel 32, 148, 151 ff., 176
Ethik 24, 117, 120, 125, 132, 159
Ethologie 94 ff., 152, 178; → Verhaltensforschung

Europäische Tierschutzunion (EUPA) 38, 160, 163
Evolution 28, 129, 163
Exoten 145 f., 150, 190
Extremadura 79

F

fair-fish 111 ff.
Falk, Hans 41
Falke 54, 143
Fallen 97, 155 f., 159 ff.
Familienstall, Stolba- 178
Fanel, Naturschutzgebiet 86
Felchase, Feldhasenprojekt 93, 178 f.
Ferkelkastration 169
Fernsehen, Schweizer 41, 195; → Medien
Findlinge, Findeltiere 45, 60, 108, 182, 186, 192
Finning 113, 115
Fisch 86 ff., 111 ff.,
Fischer, Hans (Fis) 41
Fischer, René 137
Fischerei, Fischfang 111 ff.
Fischotter 38, 45, 79, 82 ff.
Fischotteranlage 92
Fischottergruppe Schweiz 84
Fischzucht 116 f.
Fledermäuse 45 ff.
Fledermausschutz 56 f., 60
Fledermausschutz-Notstation 57
Fölsch, Detlev 168
Fonds für versuchstierfreie Forschung (FFVFF) 127 f., 136
Forschungsinstitut für biologischen Landbau (FiBL) 179
Freilandhaltung 99 ff., 104, 106, 116, 168 ff., 176, 183
Frettchen 141, 150
Freunde der Serengeti Schweiz (FSS) 78
Frey, Marc 176 f.

Frösche 35, 38, 130, 171
Fuchs → Rotfuchs
Fütterungskonzept fürs Gehege 104

G

Gals, Tierheim 194
Garten, Naturgarten 51 ff., 61, 174, 194
Gecko 145
Gehege 99, 101 f., 104 ff., 146 f., 150, 170, 182 f.
Genschutz-Initiative 127
Gentech-Lobby 43
Gentechnik, Gentechnologie 125 ff.
Gepard 154/155
Geschäftsleitung des Zürcher Tierschutzes 25, 148, 199
Geschäftsstelle des Zürcher Tierschutzes 60
Gewässer, Gewässerschutz 38, 83 ff., 115, 118, 145
Giraffe 68, 75
Gloor, Sandra 25, 92, 199
Goetschel, Antoine F. 138
Goldfisch 141
Goldhamster 144, 147; → Hamster
Gompertz, Louis 29
Goodall, Jane 5
Grauvieh, Rätisches 172
Grevy-Zebra 75 f.
Grieder, Thomas 199
Grob, Bernhard 41
Grosse Heimtier-CD 192
Grossen Fünf, die 65, 68, 76
Grzimek, Bernhard 34, 167
Gysel, Paul 42

H

Hai 113, 115, 171, 190
Haldimann-Stiftung 151
Hamster 35, 141, 144 ff.; → Goldhamster

Harrison, Ruth 167
Hartmann, Friedrich und Hedy 178
Hartmann, Marianne 95 ff.
Haus, Caroline 198
Hauskatze 15, 98, 99, 142, 161, 186
Hausrind 44, 70, 74, 128, 131, 144, 169, 172, 176 f.
Hausschwein 44, 127, 129, 166 ff., 176, 178
Haustier → Heimtier
Hediger, Heini 38, 142
Heimatlose Tiere 39, 45, 150, 182, 190, 193 ff.
Heimtier, Heimtierhaltung 147 ff., 185 ff.
– Handel 145
Hemingway, Ernest und Mary 66, 70
Hesse, Hermann 114
Hiltbrunner, Hermann 41
Hobbyangeln, Sportangeln 117 ff.
Hochlandrind, Schottisches 172
Hofmann, Heini 174, 176
Hohler, Franz 13
Homepage des Zürcher Tierschutzes 44
Hornlose Kühe 179
Horus, ägyptische Gottheit 143
Huchel, Peter 14
Hürlimann, Lea 168
Hufeisennase, Grosse 49
Hufeisennase, Kleine 56 ff.
Huhn 35, 44, 116, 131, 158, 166 ff., 176
Humanatura, Stiftung 152
Humanitas, Tierschutzvereinigung 36
Humbert, Denis G. 198
Hummer 113, 116 f.
Hund 40, 45, 75, 78, 98, 142, 145 ff., 157, 161, 182 ff., 195
Hundert-Jahr-Jubiläum des Zürcher Tierschutzes 40
Hyäne 76

I

IEMT Schweiz 151
I.E.T. Insititut 152
Igel 45 ff.
Igelzentrum Zürich (IZZ) 54, 61
Illich, Ivan 167
Iltis 37
Italien 37, 45, 193, 195

J

Jagd, Jäger 36 f., 66, 71, 75, 78, 123, 156, 163
Jagdgesetz 36 f.
Jugend 28, 32, 41, 107, 153, 174, 192; → Kinder
Jura 86, 90, 97

K

Kälbermast 171
Kaffernbüffel 65, 68
kagfreiland, KAG 116, 168 ff.
Kalmar 118
Kaninchen 35, 44, 131, 141, 145 ff., 150, 169 f., 176
– Gehege 170, 182 f., 190
Kastration von Ferkeln 169
Katze 14, 28 f., 39 f., 43, 45, 56, 95, 98, 145 f., 152, 157, 161, 182 f., 186 ff., 194 f.
Kaviar → Stör
Kenia, Kenya 42, 65 f., 70 f., 74 ff.
Kinder 17, 32, 45, 57, 61, 77, 92, 107, 120, 128, 144, 146 ff. 150 ff., 192, 195; → Jugend
Klonen 130 f., 137
Konsumenten 116 f., 122, 136, 155, 159, 162 f., 168, 171, 175 ff.
Kramel-Kruch, B. D. 158
«Krebsmaus» 127
Kruuk, Hans 86
Kuba 137
Kudu, Grosser 80
Kuh, enthornte 179
Kunst, zeitgenössische, und Tier 41, 126 ff., 138, 163

L

Labormäuse 137
Labortiere 35 f., 36, 86, 134 ff.
Laborversuche 86
Lachs, Lachszucht 116 f.
Landmann, Salcia 34
Landenberg, Wildpark 31, 92 f., 105 f.
Landwirtschaft 24, 39, 43 f., 48, 78 f., 128 ff., 136, 165 ff.
Langohr-Fledermaus 46
Laubscher, Karl Adolf 41
Laufstall 148, 179
Lewa Wildlife Conservancy (LWC), Lewa Downs 42, 65 ff.
Linné, Carl von 28
Löwe 65, 70, 76 f.
Lorenz, Konrad 151
Lubicz, Elisabeth 25, 182, 198
Luchs 40, 79, 93, 97, 105 f., 156, 160 f.

M

Makame Forest 78
Marc Aurel, Kaiser 9
Marder 37, 62; → Fischotter (Wassermarder)
Marine Stewardship Council (MSC) 113
Massai 77 f.
Massai-Löwe → Löwe
Massentierhaltung 41, 43, 166, 171
Maultier 32, 148
Maus 87, 97 ff., 127, 131 f., 137, 141, 194
Mauersegler 62
Mc Intyre, Joan 2
Meadows, Denis 167
Medien 41 f., 44, 54, 86, 92, 138, 152, 192, 195
Meeressäuger 123; → Delphin, Wal
Meerschweinchen 144 ff., 150, 182
Merz, Anna 72
Miesmuschel 115
Migration 78
Milchpreis 166
Miniatursender 51, 58
Molz, Adam Friedrich 29
Monitoring 59 f., 90, 178
Monoklonale Antikörper (Mak) 137
Morgenegg, Ruth und Gottfried 150
Morgenstern, Christian 10
Muschg, Adolf 138
Museumspädagogik 151
MUT Stiftung 170 f., 177 f.
Mutterkuhhaltung 171

N

Nackthund, Chinesischer 147
Nager 147, 150, 153, 158
Nager-Notstation 150
Narkose für Ferkel 169
Nashorn 42, 65 ff.
Nationale Datenbanken 44, 193
Naturschutz 24, 38, 44 f., 62, 77 f., 86, 91, 144, 172
Nebelparder 97, 156
Nerz, Nerzzucht 86, 155, 158, 160, 162
Netzgiraffe 68, 75
Neuenburgersee 84, 86
Neuer Tierschutzverein 40
Ngare-Ndare-Waldreservat 75
Ngare Sergoi Rhino Sanctuary 71
Nutztier 43, 117, 128 ff., 144, 164 ff.
– Ethologie 178 f.
– Rassen 172 ff.

O

OceanCare 123

Öffentlichkeitsarbeit 61, 151 f., 192, 195
Ökologie 60 f., 116, 121, 171, 177 f.
Ökotourismus 70, 77 f.
Orelli, Carl von 31
Ornithologie 37 f.
Otter → Fischotter

P

Panda 36, 135
PCB (polychloriertes Biphenylen) 84, 86
Pelz, Pelztiere 43, 155 ff.
Pelzlobby 160 f.
Pestizide 57, 167
Peru 45, 158, 195
Pestalozzi, Martin 168
Pferd 35, 39, 45, 66, 93, 148 f., 153, 174, 175
Pferdefleisch 33
Pflegestation 108, 152 f.
Pirogenfischer, senegalesische 121
Politischer Arbeitskreis für Tierrechte in Europa (PAKT) 144
Plazierung von Tieren 45, 190
Pro Igel 60
Pro Lutra 90 ff.
ProSpecieRara 172

Q

Qualzucht 146
Quäl-Tabu 120

R

Radiotelemetrie 58, 87, 106
Ranger, Wildhüter 72, 75, 78
Ratte, Laborratte 35, 43, 146
Raubkatze 97, 106, 146, 159
Raubtier 86, 97, 99
Regenwald, afrikanischer 45, 183; → Tropenwald
Reitpferd 148 → Pferd

Renaturierung 83, 90
Ressourcen, natürliche 113, 121
Revierjagd 37
Renovieren, tierfreundliches 62
Rätisches Grauvieh 172
Rhinozeros → Nashorn
Rhippos, Artenschutzprojekt 58 ff.
Riesenotter 156
Rilke, Rainer Maria 6
Rissi, Mark M. 160 f.
Robbe 87, 123, 160 f.
Roccoli 38
Rotfuchs 37, 44, 54, 93, 156, 158, 161
Rucksackschule 108

S

Safari 66, 77
Savanne 66, 68, 75
Schadstoffe 86
Schächten 33 ff., 53
Schaf 44, 128, 130 f., 169, 176
Schildkröte 45, 141, 145 ff., 171
Schimpanse 5, 35, 45, 72, 80, 142
Schirmakazie 75
Schlachthäuser, -höfe 29, 32 f., 39, 167, 174, 178
Schmerzempfinden 113 f.
Schmid, Hans 91
Schmid, Hans H. 18, 44, 192, 198
Schmidt, Philipp 38
Schneeleopard 156, 163
Schumacher, Hans 41
Schutzprojekte 60, 65 ff., 105, 121 → Artenschutz
Schwanenkolonie an der Limmat 32
Schwarzwassergebiet 86
Schweizer Tierschutzverein 31
Schweizerische Arbeitsgruppe Gentechnologie (SAG) 136
Schweizerische Gesellschaft zur Förderung des Tierschutzes 40

Schweizerische Interessengemeinschaft Eselfreunde (SIGEP) 152
Schweizerische Tierschutzblätter 31
Schweizerische Vogelwarte 178 f.
Seezunge 118
Semien 79 → Simen-Nationalpark
Sendermarkierung → Radiotelemetrie, Telemetrie
Senegal 121 f.
Serengeti 78
– Freunde der (FSS) 78
Siedlungsraum 44, 48, 52, 54 f., 62, 107
Sihlwald, Naturzentrum 92
Simen-Nationalpark 78 f.
Sinclair, Upton 33
Singvogeljagd 37
Soergel, W. 156
Sozialisierung 182, 185 f.
Speich, Christian 78, 84, 86 f., 92, 179
Speisefisch → Fisch
Spitzmaulnashorn 71 ff.; → Nashorn, Breitmaulnashorn
Sportangeln, Hobbyangeln 117 ff.
Spring, Marianne 54
Stadt, Siedlung 60 f., 90, 92, 107 f., 122
Stadtfuchs 44
Stadtigel 50 f, 61
Ställe 32, 43, 148, 152, 167, 170, 176 ff.
Steinacher, Paul 42
Steinbrüchel, Franz 45, 182
Steiner, Richard 40 ff, 44, 160
Steppenzebra 75 f.
Stern, Horst 167
Stiefelgeiss 172
Stifter, Adalbert 17
Stör 112 f.
Stolba-Familienstall 178
Streuli, Schaggi 41
Studer, Heinzpeter 116, 121

Suter, Gottlieb 42
Sympathietier, Sympathieträger 55, 76, 83, 148

T
Tarangire-Nationalpark 78
Telemetrie 58, 87, 106
Tellereisen 156
Territorium 107, 144, 162
Thierschutzblätter, Schweizerische 31
Tier im Recht, Stiftung für das 138
Tieranwalt 40, 138
Tierarzt, Veterinär 45, 54, 60, 138, 150, 153, 168, 174, 182 f., 190, 193 ff.
Tierbefreiungsaktionen 134
Tierfreund, Zeitschrift 31
Tierfürsorge 24
Tiergärten 90, 97, 104 f., 107, 144, 174, 176; → Tierpark, Wildpark, Zoo
Tierheim 24, 39 f., 45, 153, 181 ff.
Tier-Informations-Zentrum (TIZ) 153
Tierpark 31, 87, 93, 104 f., 107, 144, 174, 176
Tierpflege 183, 185 ff, 194
Tierpsychologie 40, 152
Tierquälerei 29, 43, 159 f., 167
Tierschutz, Weltbund für 39
Tierschutzbeauftragter 132
Tierschutzgesetz, Zürcher 30, 32, 42
Tierschutzkongress, Internationaler 31
Tierschutzunion, Europäische (EUPA) 38, 160, 163
Tierschutzverein, Neuer 40
Tierschutzverein, Schweizer 29, 31, 35
Tierschutzverein, Zürcher 30, 32, 36, 39, 190
Tierschutzverlag Zürich 138, 177, 192 f.

Tierspital Zürich 150, 190
Tierversuch 24, 35 f., 43, 127 f., 131 ff.
Tierversuchskommission 125, 127
Tierwürde 127, 132 f., 138
Tiger 156
Tiger, Dr. 150
Trachsel, Bernhard 25, 41, 148
Tropenwald 44, 47, 80, 189
Tschudi, Friedrich von 28
Turner, Dennis C. 152

U
Ultraschall (Fledermäuse) 49
Umweltbildung 55

V
Vegetarismus 38
Venezuela 45, 194
Verhaltensforschung → Ethologie
Vermenschlichung → Tierwürde
Versuchstiere 24, 127 f., 130 f., 136
Veterinär → Tierarzt
Vivisektion 35 f.
Vogelgrippe 174
Vögeli-Holzhalb, Frau 30
Vogelschutz 36 ff.
Vogelschutzabkommen, internationales 38
Volieren Mythenquai und Seebach 108
Vorderrheintal 87
Vorstand des Zürcher Tierschutzes 25, 33, 40, 45, 92, 106, 182, 198 f.

W
Wald, Lebensraum 57 ff., 75, 79, 91 ff., 95, 97 f., 104, 106, 108
Wal, Walfang 115, 123, 138
Walschutzkoalition 123

Walliser Landschaf 176
Website des Zürcher Tierschutzes 193
Weiss, Hans 166
Weltbund für Tierschutz 39
Widmer Graf, Andrea 198
Wiederansiedlung von Wildtieren 84, 91, 104 ff., 144
Wiesenweihe 79
Wild Chimpanzee Foundation (WCF) 80
Wilderei, Wilderer 65, 70 f., 75, 77 f., 80, 142 166, 181
Wildhüter → Ranger
Wildhund 76
Wildkatze, Europäische 94 ff.
→ soziales Verhalten 101 ff.
Wildlife-Korridor 75
Wildpark 91; → Tiergarten, Tierpark, Zoo
Wildpark Bruderhaus 106
Wildpark Langenberg 92 f., 105 f.
Wildpark Peter und Paul 105 f.
Wildschwein 13, 86, 93, 168, 178
Wildtier 62, 66, 70, 75, 79, 93, 106, 145 ff., 150, 160 ff., 166, 177, 179, 185, 195
Wipkingen 51, 61
Wolf, Europäischer 79, 93, 98, 106, 127, 146 f., 162
Wolff, Philipp Heinrich 18, 30 ff. 41 f., 45
WWF (World Wildlife Fund) 40, 163

Z
Zahn, Uwe 168
Zebra 65, 75 f.; → Grevy-, Steppenzebra
Zierfische 122, 141, 144 f.
Zoo 95, 97, 99 f., 104, 106 f., 142
Zoo Zürich 39, 97, 142, 181 f., 190

Zoohandel 142, 144 f., 147, 153; → Tierhandel
Zoologisches Institut der Universität Zürich 178
Zucht 74 f., 93, 107 f., 111, 113, 116 f., 120, 129, 138, 144 ff., 153, 156, 158 ff., 172, 174, 176
Zürcher Tierschutz, Mitgliederzeitschrift 41, 156 ff.
Zürichseejagd 37
Zwergkaninchen 141, 145, 147, 182

Bildnachweis

Adrian Aebischer, Naturhistorisches Museum Freiburg i. Ue., S. 32 unten rechts;
Doug Allan / naturepl.com S. 161 unten;
Ralf Alsfeld / bioland.de S. 178 links;
Béat App S. 86;
Jakob Bärtschi, MUT Stiftung, S. 175 oben;
Zhao Bandi, Zhao Bandi and Panda, 1999, Courtesy Shangart, Shanghai, S. 135;
Frank Baranyovits S. 58 (mit freundlicher Genehmigung des Firmenarchivs der Novartis AG, Basel, Bestand Geigy, PA 73/3);
Jordan Baseman, The Cat and the Dog, 1995, The Saatchi Gallery, London, S. 157;
Alessandro Bee S. 7;
Niall Benvie / naturepl.com S. 91 links;
O. Beraud S. 144 oben links;
bioland.de S. 177 oben;
Urs Bischof S. 67;
Joe Blossom / NHPA/ SUTTER S. 89 oben;
Christophe Boesch / Wild Chimpanzee Foundation S. 35, 80;
Fabio Bontadina / www.swild.ch S. 18 unten, 47, 48, 50, 51 links, 52 (2), 53 (2), 59 (2), 60 links, 61 rechts, Hintergrund 62, 88;
Katharina Büche, Lass mich raus!, 1998, Courtesy Katharina Büche, S. 163;
Henri Cartier-Bresson, Odysseus Paris, 1989, ©Henri Cartier-Bresson / Magnum, S. 139;
CITES S. 42 links (freundlicherweise zur Verfügung gestellt);
Brandon Cole / naturepl.com S. 3, 118 unten;
Stewart Cook / IFAW (Keystone) S. 161 oben (2);
Corel Corporation S. 192;

Susanne Danegger / SUTTER S. 15 und Schutzumschlag-Hinterseite (Katze);
John Downer / naturepl.com S. 154/166;
Eric Dragesco / SUTTER S. 147 oben;
Endoxon AG S. 66 (bearbeitet von P. Jaray);
Fledermausschutz Zürich / www,fledermausschutz.ch S. 46, 56, 57 oben, 60 Mitte, Hintergrund 60/61, 63;
Ford Motor Company (Switzerland) SA S. 34 unten Mitte;
Fotolia.de S. 140;
Fotonature.de S. 141;
Owen Franken S. 114 links;
Jürgen Freund / naturepl.com S. 115;
Gerbils daughter / www,wikipedia.ch S.150 links;
Sandra Gloor S. 32 oben, 55 unten rechts, 108 rechts;
Gnushi / www.wikipedia.ch S. 144 rechts;
www.gotthardbahn.ch S. 31 unten Mitte;
Amanda Grobe / www.wikipedia.ch S. 150 rechts;
Grün Stadt Zürich S. 51 rechts;
Thomas Grünfeld, Misfit (St Bernhard), 1994, The Saatchi Gallery, London (Foto: Stephen Whinte) S. 124/125;
Marianne Haffner S. 39, unten links;
Angela Hampton / SUTTER S. 146;
Marianne Hartmann S. 94-105, 106 links, 109;
Roland Hausheer / www.illustream.ch S. 36 unten;
Daniel Hegglin / www.swild.ch 107 links;
Damien Hirst, This little Piggy went to market, this little Piggy stayed at home, 1996, The Saatchi Gallery, London (Foto: Stephen White) S. 129;
Otto Holzgang, Schweizerische Vogelwarte, S. 178 rechts;
Dieter Huber, Klone # 45, 1996, Courtesy Dieter Huber, S. 126;

IEMT Schweiz / www.iemt.ch S. 151 links;
I.E.T. / www.Turner-IET.ch S. 152 links;
Igelzentrum Zürich IZZ S. 54, 55 oben und unten links, 61 links;
IUCN S. 38 unten rechts (freundlicherweise zur Verfügung gestellt);
M. W. Jürgens / www.m-w-juergens.de S. 114 rechts;
Eduardo Kac, GFP Bunny, 2000, Courtesy Julia Friedman Gallery, Chicago, S. 136 links;
kagfreiland S. 148 rechts, 169 oben;
Kiryu / Greenpeace S. 30 unten rechts, 170;
Claudia Kistler / www.swild.ch 92 links, 93;
David Kjaer / naturepl.com S. 169 unten;
Rolf Koepfle / SUTTER S. 149;
Edward Lipski, Poodle, 1999, Collection Stedelijk Museum het Domein, Sittard, S. 133;
Michel Loup S. 8 und Schutzumschlag Hinterseite (Hecht);
Elisabeth Lubicz S. 195 rechts;
Robert Maier / SUTTER S. 153;
Beatrice Miranda, Pro Igel, S. 60 rechts;
Verein Natur liegt nahe / www.natur-liegt-nahe.ch S. 107 rechts;
Yves Netzhammer; Ohne Titel, 1999, Courtesy Yves Netzhammer, S. 138 rechts;
Bernhard Nievergelt S. 78 rechts;
Dietmar Nill / linnea images S. 49, 57 unten;
Dietmar Nill / naturepl.com S. 148 links;
OceanCare / www.oceancare.ch S. 123;
Österreichisches Jüdisches Museum S. 34 oben (mit freundlicher Genehmigung, Faks. der Vogelkopf-Haggada, Süddeutschland, Ende 13. Jahrhundert, fol 21r., Original im Israel Museum, Jerusalem);

Jan Pfeifer / www.tierschutzbilder.de, S. 136 rechts;
www.picswiss.ch S. 44 unten;
Photonatur.de S. 62;
www.prepolino.ch S. 37 unten links;
Ei. Q. / bioland.de S. 168 oben links;
Petri Heil, Fischerei-Magazin, S. 117 oben;
ProSpecieRara / www.psrar.org S. 172 (2);
Reinhard / ARCO / www.naturepl.com S. 167;
Michel Roggo S. 116 links, 119;
Gabriel Rojo / www.naturepl.com S. 144 unten;
Rucksackschule / www.rucksackschule.ch S. 108 links;
Stefan Saner, Konzept Dolly, 1999, Stefan Saner & Galerie Schedler, Zürich, S. 130;
Alain Saunier / SUTTER S. 11 und Schutzumschlag Hinterseite (Schaf);
Ulrike Schanz / www.naturepl.com S. 158;
Claudia Schnieper S. 175 unten;
Gerhard Schulz, Schulz Naturphoto, Schutzumschlag Vorderseite, S. 12, 82/83, 85, 87, 90, 92 rechts, 168 oben rechts;
Schweizerische Vereinigung der Ammen- und Mutterkuhhalter SVAMH S. 171 oben;
Peter Scoones / www.naturepl.com S. 116 rechts;
Anup Shah / www.naturepl.com S. 4;
Niels Sloth, / www.biopix.dk S. 89 unten, 118 oben, 145 rechts;
John Sparks / www.naturepl.com S. 112;
Annemarie Speerli S. 45 rechts;
Staatsarchiv Schwyz S. 29 unten Mitte;
Georg Staerk, Horgen, S. 127, 180-191 (mit Ausnahme von 188 rechts), 194 links, 195 links, 198/199 (10);
C. Steimer / ARCO S. 145 links;
Siftung für das Tier im Recht S. 138;

Lynn M. Stone / www.naturepl.com S. 164/165;
Heinzpeter Studer, fair-fish, S. 110/111, 117 unten, 120 (2), 121;
Jir Szeppan, Ludwig, 2000, Courtesy Jiri Szeppan, S. 132;
Tierschutzbildarchiv.de / www.TierschutzReporter.de S. 160 (2);
Andreas Tille, wikipedia.ch, S. 106 rechts;
David Tipling / www.naturepl.com S. 168 unten;
Bernhard Trachsel, ZT, S. 22/23, 42 oben, 64/65, 68-77 (10), 78 links und Mitte, 79, Hintergrund 78-80, 81, 152 rechts, 171 unten;
Gabi Trachsel 188 rechts;
U.S. National Archives S. 41;
RG 77-AEC S. 38 unten Mitte;
Raymond Valter / SUTTER S. 147 unten;
Otto Volling / www.bioland.de S. 179;
Kuno von Wattenwyl / www.swild.ch S. 36 oben, 42 unten Mitte, 122 (2);
Jörg Wegner / ARCO / www.naturepl.com S. 91 rechts, 173;
Adam White / naturepl.com S. 16 und Schutzumschlag Hinterseite (Bub);
Hanna Zelenko S. 194 rechts;
Zoologisches Museum der Universität Zürich (Objekt im Besitz der Universität Freiburg i. Ue.) S. 143, 151 rechts;
The Zootrotters / www.zootrotters.nl S. 45 unten links;
ZT / www.pelzinfo.ch S. 44, 159.
Alle übrigen Bilder wurden dem Archiv des Zürcher Tierschutzes entnommen.

Dank

Die Redaktionsgruppe dankt allen, die zum Gelingen unseres Jubiläumsbuchs beigetragen haben, ganz herzlich. Insbesondere danken wir unseren langjährigen Vorstandsmitgliedern und heutigen Ehrenmitgliedern Jakob Becker, Richard Steiner und Fritz Bucher für ihre Unterstützung bei der Aufarbeitung der Geschichte des Zürcher Tierschutzes. Richard Steiner verdient hier besondere Erwähnung für seine Mitarbeit bei der Konzeption des Buchs und das Zusammentragen des Anschauungsmaterials aus den letzten 150 Jahren des Zürcher Tierschutzes.

Danken möchten wir allen in den vorgestellten Projekten involvierten Wissenschaftlerinnen, Wissenschaftlern, Fachleuten und Organisationen für ihre Beratung bei den Projektbeschrieben und das umfangreiche Bildmaterial, das sie uns zur Verfügung gestellt haben. Speziell erwähnen möchten wir Dr. Fabio Bontadina (SWILD, Zürich), Heinzpeter Studer (fair-fish), Dr. Hanspeter B. Stutz (Stiftung zum Schutze unserer Fledermäuse in der Schweiz SSF), kagfreiland (Schweizerische Nutztierschutz-Organisation) und die Schweizerische Vereinigung der Ammen- und Mutterkuhhalter SVAMH.

Ein herzlicher Dank geht an Gerhard Möstl, Betriebsleiter des Tierheims, und die Mitarbeiterinnen des Tierheims und der Geschäftsstelle für ihre Unterstützung beim Kapitel über das Tierheim. Hanspaul Schellenberg, Verwaltungsratspräsident des Tierschutzverlags Zürich, danken wir für seine Inputs zum Text über den Verlag. Dr. Ulrich E. Gut und Dr. Denis G. Humbert, Verwaltungsräte des Tierschutzverlags Zürich, danken wir für die Unterstützung bei der Produktion des Buchs.

Georg Staerk danken wir vielmals für die schönen und stimmungsvollen Bilder zum Kapitel des Tierheims und die Portraits von den Mitgliedern des Vorstands und den Mitarbeiterinnen und Mitarbeitern der Geschäftsstelle und des Tierheims.

Für die Mitarbeit bei der Bildredaktion danken wir Kuno von Wattenwyl und für das Lektorat Dr. Nadja Roemer ganz herzlich. Der Arbeitsgemeinschaft SWILD, Zürich, danken wir für die Unterstützung bei der Endproduktion des Buchs.

Ein grosser Dank geht an Frank Heins, Leiter Marketing und Vertrieb des Haupt Verlags, und Regine Balmer, Leiterin Lektorat, für die erfreuliche Zusammenarbeit und die Unterstützung bei der Vermarktung und dem Vertrieb des Jubiläumsbuchs und weiterer Werke aus dem Tierschutzverlag Zürich.

Impressum

Autorin: Claudia Schnieper
Redaktionsteam: Sandra Gloor, Elisabeth Lubicz, Bernhard Trachsel
Gestaltung: Peter Jaray, Jaray Design
Lektorat: Elisabeth Lubicz, Nadja Roemer
Bildredaktion: Sandra Gloor, Claudia Schnieper
Satz und Druck: rva Druck und Medien AG, CH-9450 Altstätten

Bibliographische Information der Deutschen Bibliothek
Die Deutsche Bibliothek verzeichnet diese Publikation in der Deutschen Nationalbibliographie; detaillierte bibliographische Daten sind im Internet über http://dnb.ddb.de abrufbar.

ISBN-10 3-908157-09-9
ISBN-13 978-3-908157-09-0

Alle Rechte vorbehalten
Copyright © 2006 by Tierschutzverlag Zürich
Der Verlag des Zürcher Tierschutzes
www.tierschutzverlag.ch
www.zuerchertierschutz.ch